W0049529

Wolfgang Münchau
Das Ende der Sozialen Marktwirtschaft

Wolfgang Münchau

Das Ende der Sozialen Marktwirtschaft

HANSER

Bibliografische Information Der Deutschen Bibliothek
Die Deutsche Bibliothek verzeichnet diese Publikation in der
Deutschen Nationalbibliografie; detaillierte bibliografische Daten
sind im Internet über http://dnb.ddb.de abrufbar.

Dieses Werk ist urheberrechtlich geschützt.
Alle Rechte, auch die der Übersetzung, des Nachdruckes und der Ver-
vielfältigung des Buches oder Teilen daraus, vorbehalten. Kein Teil des Werkes
darf ohne schriftliche Genehmigung des Verlages in irgendeiner Form
(Fotokopie, Mikrofilm oder ein anderes Verfahren), auch nicht für Zwecke
der Unterrichtsgestaltung – mit Ausnahme der in den §§ 53, 54 URG genannten Sonderfälle –, reproduziert oder unter Verwendung elektronischer
Systeme verarbeitet, vervielfältigt oder verbreitet werden.

© 2006 Carl Hanser Verlag München Wien
Internet: http://www.hanser.de
Lektorat: Martin Janik
Herstellung: Ursula Barche
Umschlaggestaltung: Büro plan.it, München
Satz: Presse- und Verlagsservice, Erding
Druck und Bindung: Friedrich Pustet, Regensburg
Printed in Germany

ISBN-10: 3-446-40559-3
ISBN-13: 978-3-446-40559-2

Inhalt

Einleitung

Ich bin für den Fortschritt. Ich mag nur nicht,
wenn sich Dinge verändern.

Mark Twain

Dies ist kein Buch über Reformen. Zu diesem Thema gibt es viel zu viele Bücher. Es gibt auch zu viele Reformen, vor allem schlecht umgesetzte Reformen. Knapp zehn Jahre, nachdem der ehemalige Bundespräsident Roman Herzog in einer berühmten Rede forderte, „durch Deutschland muss ein Ruck gehen"[1], stelle ich fest, dass der Reformprozess in Deutschland politisch und ökonomisch gescheitert ist – und zwar bevor er überhaupt erst richtig begonnen hat.

Das Scheitern des Reformprozesses in Deutschland ist die Konsequenz eines grundlegenden Irrtums in der deutschen Wirtschaftsdebatte. Es ist der oft wiederholte Fehler, die Debatte über das Wirtschaftssystem und das Sozialsystem in einen Topf zu schmeißen. Hierbei handelt es sich um ein Phänomen, das man in der Philosophie als einen Kategorienirrtum bezeichnet.

Anstatt das Wirtschaftssystem zu reformieren – Bürokratie, einen vorsintflutlichen Finanzmarkt, hohe Markteintrittsbarrieren, vor allem aber eine unerträglich dogmatische Wirtschaftspolitik –, beschränkten wir uns fast ausschließlich auf Reformen des Sozialsystems und auf Sparreformen. Anstatt die deutsche Wirtschaft leistungsfähiger zu gestalten und uns somit in die Lage zu versetzen, die Sozialsysteme zu finanzieren, verfolgten wir den umgekehrten Weg. Wir schwächten die Sozialsysteme, um Deutschland wetterfest zu machen gegen eine lange Durststrecke schwachen Wachstums. Hier wackelte also der sozialpolitische Schwanz mit dem wirtschaftspolitischen Hund. Dass so etwas nicht funktionieren kann, ist offensichtlich.

Dieser Kategorienirrtum hatte in Deutschland eine katastrophale politische und ökonomische Konsequenz. Die ökonomische bestand darin, dass Menschen, die glauben, in Zukunft ärmer zu werden, auch weniger Geld ausgeben. Die Deutschen haben sich mit ihrer Konsumzurückhaltung und ihrer „Geiz ist geil"-Mentalität völlig rational verhalten. Sozialreformen ohne Wirtschaftsreformen bedeutet weniger Einkommen, weniger Konsum und weniger Investitionen. Es ist das todsichere Rezept für eine lang anhaltende Depression.

Die politischen Folgen ergeben sich daraus automatisch. Für Reformen gibt es in Deutschland mittlerweile keine politischen Mehrheiten mehr. Die letzten beiden Bundestagswahlen haben das gezeigt. Neun Jahre nach Herzogs Ruck-Rede ist es jetzt mit den Reformen vorbei.

Was Deutschland hätte machen sollen, wäre genau der umgekehrte Weg: zunächst das Wirtschaftssystem zu reformieren, um das nötige Wirtschaftswachstum zu erzeugen. Und in dieses Wirtschaftswachstum hinein hätte man viele der Sozialreformen der letzten Jahre relativ problemlos lancieren können. Dieser Zug ist nun abgefahren.

Was glauben Sie, liebe Leserin und lieber Leser, wer den wirklichen Reformen in Deutschland im Weg stand? Linke, Gewerkschafter, Sozialdemokraten? Zum Teil sicherlich auch. Aber vor allem waren es Arbeitgeberverbände, Industrieverbände, die deutsche Autoindustrie und die Mehrheit der deutschen Banken. Die wahren Reformverhinderer in Deutschland tragen keine Latzhosen, sondern Nadelstreifen.

In diesem Buch werde ich versuchen, die Wirtschaftsdebatte in Deutschland vom Kopf wieder auf die Füße zu stellen.

Ich argumentiere, dass die ursächlichen Probleme der deutschen Wirtschaft nicht in unserem Sozialstaat liegen, sondern
an unserem Wirtschaftssystem, der Sozialen Marktwirtschaft.

Hierbei handelt es sich um einen missverständlichen Ausdruck. Denn die Soziale Marktwirtschaft ist weder sozial, noch
ist sie eine Marktwirtschaft. Die Soziale Marktwirtschaft ist ein
deutscher Sonderweg unter den internationalen Wirtschaftssystemen. Charakteristisch für die Soziale Marktwirtschaft sind
auf keinen Fall die angeblich hohen sozialen Transferleistungen oder großzügige soziale Sicherungssysteme. Was die Soziale Marktwirtschaft in ihrem Wesen ausmacht, ist eine vorkapitalistische Vetternwirtschaft, ein dicht vernetzter Klüngel
von Banken, Unternehmen und Politik, und eine Wirtschaftspolitik, die schon seit Jahrzehnten nicht mehr auf dem neuesten Stand der wissenschaftlichen Forschung beruht.

Ich übe hier eine grundsätzliche Systemkritik. Die Soziale
Marktwirtschaft hat sich in den 50er und 60er Jahren gut und
in den folgenden zwei Jahrzehnten noch relativ gut bewährt.
Sie war ein funktionierendes System für eine mittelständisch
geprägte Industriegesellschaft. Sie entpuppte sich letztendlich
aber als eine Schönwetterkonstruktion in Zeiten des Wandels.

Scheitern wird die Soziale Marktwirtschaft an der Globalisierung. Ein Physiker würde sagen: Hier trifft eine unwider-
stehliche Kraft auf ein unbewegliches Objekt. Mit Globalisierung ist nicht allein die Globalisierung des Handels gemeint.
Exportieren konnten wir Deutsche schon immer gut. Gemeint
ist damit ein neues Phänomen, die Globalisierung von Arbeitsmärkten und Kapitalmärkten, verbunden mit einer Verbreitung moderner Kommunikationstechnologien. Diese Trends
werden erheblich dadurch verstärkt, dass in China, Indien,
Brasilien und Russland jedes Jahre zig Millionen Menschen
der modernen Industriegesellschaft beitreten, ein Trend, der
noch viele Jahre weiterbestehen wird. Für diese Welt ist die

Soziale Marktwirtschaft nicht mehr das geeignete Wirtschaftssystem. Sie wird, so ist meine Prognose, das 21. Jahrhundert
nicht überleben, wahrscheinlich nicht einmal seine erste
Hälfte.

Was wäre denn die Alternative zur Sozialen Marktwirtschaft? Die Frage lässt sich einfach beantworten. Es ist die
Marktwirtschaft ohne Adjektiv.

Heißt das die unsoziale Marktwirtschaft? Der Nachtwäch-
terstaat? Der angelsächsische Kapitalismus? Mehr Armut?
Stärkere Einkommensunterschiede?

Nein. Ich rede nicht vom angelsächsischen Kapitalismus.
Und schon gar nicht plädiere ich für ein anderes Sozialsystem.
Es ist momentan Mode, das skandinavische Sozialmodell als
möglichen Ersatz des deutschen Modells über alle Grenzen
hinaus zu loben. Ich halte von der Idee nichts. Auch hierin ver-
birgt sich letztlich der Versuch, nicht das eigentliche Problem
zu lösen – die niedrigen Wachstumsraten –, sondern an den
Symptomen herumzufummeln – der Nicht-Finanzierbarkeit
unseres Staates.

Wovon ich rede, ist die Kombination eines freien Marktes
mit dem Sozialsystem unserer Wahl. Ich versuche, in diesem
Buch aufzuzeigen, dass die Marktwirtschaft ohne Adjektiv sozialer sein kann als die Soziale Marktwirtschaft. Sie ist sozialer, weil sie Vollbeschäftigung ermöglicht, vor allem aber, weil
sie die Bedingungen dafür schafft, dass Wirtschaftspolitik wieder ihre Handlungsspielräume zurückgewinnt, um auf globale
Schocks zu reagieren.

Warum funktioniert die Soziale Marktwirtschaft nicht mehr
im Zeitalter der Globalisierung? Der Grund liegt in ihrer fundamentalen Inflexibilität. Denn die moderne Form der Globalisierung erfordert von allen Volkswirtschaften einen bisher
nicht bekannten Grad an Flexibilität. Andererseits erzeugt die
Globalisierung ein Bedürfnis nach verstärkter sozialer Sicher-

heit. Unser Problem ist, dass wir sowohl unflexibel als auch
verunsichert sind.

Meine Kritik an der Sozialen Marktwirtschaft hat also sowohl eine mikroökonomische als auch eine makroökonomische Komponente. Es handelt sich hier aber nicht um zwei
unterschiedliche Phänomene. Denn Soziale Marktwirtschaft
bedeutet Inflexibilität. Ein inflexibler Arbeitsmarkt ist lediglich
die Kehrseite einer inflexiblen Geldpolitik. Der eigentliche
Grund für die seit Jahrzehnten falsche Wirtschaftspolitik in
Deutschland liegt in der Philosophie der Sozialen Marktwirtschaft. Ein inflexibler europäischer Stabilitätspakt oder eine inflexible Geldmengenpolitik der Zentralbank sind nicht Ursache unserer wirtschaftlichen Probleme, sondern die Konsequenz einer heute nicht mehr zeitgemäßen Weltanschauung.

Den Versuch, die Debatte über Wirtschaftspolitik wieder
zurechtzurücken, führe ich mit Hilfe der wesentlichen grundlegenden Irrtümer in der deutschen Wirtschaftsdebatte. Viele
dieser Irrtümer haben mittlerweile den Status von Binsenweisheiten erreicht und haben sich dadurch in der deutschen Diskussion verfestigt. Ich habe insgesamt zehn solcher Irrtümer
identifiziert. Sie bilden den ersten Teil des Buches:

Irrtum 1: Die Soziale Marktwirtschaft ist das Wirtschaftssystem Europas.
Nein, Sie ist das Wirtschaftssystem Deutschlands und Frank-
reichs, nicht Europas.

Irrtum 2: Die Soziale Marktwirtschaft ist sozial.
Nein. Was wir unter dem Wort „sozial" verstehen, hat mit der
Sozialen Marktwirtschaft nichts zu tun.

Irrtum 3: Die Soziale Marktwirtschaft ist eine Marktwirtschaft.
Nein, die Soziale Marktwirtschaft ist nur bedingt eine Markt-

wirtschaft. Der Grund dafür liegt in unserer tiefen Freiheits-
skepsis. In diesem Abschnitt gehe ich insbesondere auf die
Unterschiede der Philosophien hinter der Sozialen Marktwirtschaft und der Marktwirtschaft ohne Adjektiv ein.

Irrtum 4: Globalisierung ist ein Wettlauf zur Armut.
Nein, die neue Form der Globalisierung ist ein Wettlauf zu
Wohlstand und Reichtum. Sie ist weit mehr als die uns ver-
traute Form, nämlich die Globalisierung des Handels.

Irrtum 5: Wir brauchen Reformen, um wettbewerbsfähiger zu
werden.
Nein. Hierbei handelt es sich um einen der am häufigsten in
der deutschen Wirtschaftsdiskussion anzutreffenden Irrtümer.
Wettbewerbsfähigkeit ist eines der wenigen Probleme, das
Deutschland nicht hat. Globalisierung verlangt von uns nicht
mehr Wettbewerbsfähigkeit, sondern mehr Flexibilität.

Irrtum 6: Der Mittelstand ist die Säule unserer Wirtschaft.
Nein. Der Mittelstand ist Teil unseres Problems. Der Mittelstand ist ein charakteristisches Merkmal der Sozialen Marktwirtschaft und mittlerweile eines der großen Strukturpro-
bleme in Deutschland.

Irrtum 7: Kooperieren ist besser als konkurrieren.
Nein, zu viel Kooperation führt zu einer Vetternwirtschaft.

Irrtum 8: Deutschland hat Universalbanken und braucht deswegen keinen modernen Finanzsektor.
Nein. Die Soziale Marktwirtschaft ist der Versuch, eine Volkswirtschaft des 21. Jahrhunderts mit einem vorsintflutlichen Finanzsektor zu lenken.

Irrtum 9: Die Soziale Marktwirtschaft hat eine ökonomische
Fundierung.
Nein. Die Argumentationsweisen innerhalb der Sozialen

Marktwirtschaft basieren auf einem längst nicht mehr aktuellen ökonomischen Wissensstand.

Irrtum 10: Die Soziale Marktwirtschaft lässt sich reformieren. Nein. Die Soziale Marktwirtschaft wird scheitern. Reformen werden ihr Scheitern eher beschleunigen, ähnlich, wie die Reformen von Michail Gorbatschow das Ende der Sowjetunion beschleunigten.

Daraus ergibt sich, dass es zu einem Systemwechsel kommen wird. Wie das passieren wird, ist Inhalt des zweiten Teils des Buches über den Wandel der Sozialen Marktwirtschaft.

Hier beschäftige ich mich zunächst mit den Krisenszenarien, die den Systemwandel auslösen können.

Zum Schluss stelle ich die Frage: Wie funktioniert eigentlich eine Marktwirtschaft ohne Adjektiv. Eine solche Wirtschaft kann sozialer sein als die Soziale Marktwirtschaft. Ich werde an drei konkreten Beispielen aufzeigen, wie ein Markt sozialen Zielen dienen kann. Hierbei handelt es sich um die Frage der Reduzierung der Armut Geringverdienender, der Finanzierung von Renten und der Finanzierung von Privateigentum. Ich plädiere dafür, dass wir den Markt als eine Chance begreifen, nicht nur, um die Ressourcen für soziale Umverteilung zur Verfügung zu stellen – was ein altbekanntes Argument ist –, sondern vor allem als Chance, soziale Ziele direkt zu verwirklichen.

Teil 1:
Die zehn Irrtümer der Sozialen Marktwirtschaft

Irrtum 1: Die Soziale Marktwirtschaft ist das Wirtschaftssystem Europas

Wir glauben in Deutschland, die Soziale Marktwirtschaft sei so eine Art „Nonplusultra"-Wirtschaftssystem, das beste der Welt. So behauptete der ehemalige CDU-Vorsitzende und heutige Innenminister Wolfgang Schäuble:[2]

> Wir wissen, die Soziale Marktwirtschaft ist die sozial gerechteste und effizienteste Ordnung.

Die CDU-Vorsitzende Bundeskanzlerin Angela Merkel pries Deutschlands Wirtschaftsordnung sogar als Modell für Europa. So sprach sie im Frühjahr 2005 von der Notwendigkeit,[3]

> Europa als Wertegemeinschaft, aber auch als ein Modell für das, was wir Soziale Marktwirtschaft nennen, nämlich als Sozialstaatsmodell durchzusetzen.

Im Ausland gilt die Soziale Marktwirtschaft als Auslaufmodell. Vor allem wird sie dort nicht mit dem freien Markt in Verbindung gebracht. Mit dem Zusammenbruch des Kommunismus endete international die jahrzehntelange Systemdebatte. In der Systemdebatte gesiegt hat nicht der deutsche Ordoliberalismus. Gesiegt haben der Liberalismus ohne Vorsilbe und die Marktwirtschaft ohne Adjektiv. Die Soziale Marktwirtschaft existiert in Deutschland und in etwas abgeänderter Form auch noch in Österreich. Die Franzosen haben ein anderes System, in dem der Staat eine größere Rolle spielt. Aber auch dort sind die Denkmuster der Sozialen Marktwirtschaft tief in der Gesellschaft verankert. Es ist daher in Ordnung, auch Frankreich als eine Soziale Marktwirtschaft aufzufassen trotz der erheblichen Unterschiede zwischen den beiden Systemen.

Nach dem Zusammenbruch der kommunistischen Regime in Osteuropa hatten sich deutsche und französische Politiker ausgerechnet, die Soziale Marktwirtschaft würde ihren Siegeszug in Osteuropa antreten. Diese Annahme sollte sich als eine der großen Fehleinschätzungen unserer Zeit herausstellen.

Als Journalist der Londoner *Times* schrieb ich Anfang der 90er Jahre regelmäßig über die in London ansässige Bank für Wiederaufbau und Entwicklung, die auf Betreiben des Mitterrand-Beraters Jacques Attali gegründet wurde und deren erster Präsident er war.

Attali war ein Bilderbuch-Sozialist französischer Prägung. Er war hochintelligent und kultiviert und hatte einen großen historischen Sachverstand. Er sah es als einen Auftrag der Bank an, die Werte des alten Europa nach Osteuropa zu transportieren. Er war ein erbitterter Gegner von Radikalreformen, wie sie damals in Russland versucht wurden und auch anderswo beliebt waren.

Ich erinnere mich noch an einen Besuch mit Attali in Prag, an dem ich als Journalist als Teil der offiziellen Delegation teilnehmen durfte. Dort trafen wir mit führenden Regierungsmitgliedern zusammen. Attali empfand die proamerikanische Haltung der damals noch tschechoslowakischen Regierung in Wirtschaftsfragen als vulgär. Wie viele andere europäische Intellektuelle hat auch er die Attraktion unseres Wirtschaftssystems für die Osteuropäer falsch eingeschätzt.

Ein ähnliches Problem trat mehrere Jahre später auf, als sich der französische Präsident Jacques Chirac darüber beschwerte, dass die Osteuropäer die USA im Krieg gegen den Irak unterstützen. Vor dem Krieg veröffentlichten eine Reihe europäischer Regierungschefs aus Osteuropa zusammen mit dem britischen Premierminister Tony Blair, dem damaligen spanischen Premierminister José María Aznar López und dem italienischen Regierungschef Silvio Berlusconi einen gemeinsamen Brief im *Wall Street Journal*[4], in dem sie sich ausdrücklich zu ihrer Allianz mit den USA bekannten. Chirac sagte später in diesem Zusammenhang über die Osteuropäer[5]:

> Sie verpassten eine gute Gelegenheit, die Klappe zu halten.

Die Deutschen und Franzosen haben die politischen und wirtschaftlichen Ambitionen der Osteuropäer grundlegend falsch eingeschätzt. Wir waren uns der Überlegenheit unseres Systems und unserer Grundwerte dermaßen sicher, dass wir nicht auf die Idee gekommen sind, dass sich neue Demokratien und aufstrebende Wirtschaftsnationen für ein anderes Modell als unseres entscheiden könnten. Wir hielten diese Idee für abwegig.

Genau das aber ist passiert. Fast alle ehemaligen kommunistischen Staaten haben sich für die reine Marktwirtschaft entschieden. Dasselbe gilt in noch stärkerem Ausmaß für die neuen Industriestaaten Asiens und Lateinamerikas. Dort herrscht der freie Markt in einer Form, wie man ihn selbst in den USA als zu radikal und unsozial betrachten würde.

In Europa ist Deutschland von Staaten mit reinen marktwirtschaftlichen Systemen nur so umzingelt. Im Jahre 1990 prophezeite der heutige tschechische Präsident und damalige Finanzminister Václav Klaus[6], die große Mehrheit der osteuropäischen Länder würde die Soziale Marktwirtschaft deutscher Machart ablehnen und sich anstatt dessen für die reine Marktwirtschaft entscheiden.

Ich muss zugeben, dass ich das damals selbst nicht glaubte. Auch ich dachte, dass gerade die Tschechen, die eine ähnliche Industriegeschichte haben wie die Deutschen, die Soziale Marktwirtschaft deutscher Prägung annehmen würden.

Klaus ist ein Marktradikaler, der seine volkswirtschaftliche Ausbildung an der University of Chicago absolvierte, einem Mekka der konservativen Wirtschaftswissenschaften. Es ist kein

Wunder, dass er so dachte. Vielleicht war bei seiner Prognose der Wunsch Vater des Gedankens.

Interessant ist aber, dass in der Tschechischen Republik und anderen osteuropäischen Ländern auch viele linke Intellektuelle so dachten. Václav Havel, sein Vorgänger als tschechischer Präsident und mit Sicherheit kein Marktradikaler, schrieb im Jahre 1992[7]:

> Obwohl mein Herz links schlägt, habe ich immer gewusst, dass die Marktwirtschaft das einzige Wirtschaftssystem ist, das funktioniert … Es ist das einzige, das zu Wohlstand führt, weil es das einzige ist, das die Natur des Lebens selbst widerspiegelt.

Havels Aussage ist eine, die kaum ein deutscher Intellektueller in dieser Form hätte treffen können. Es ist das Bekenntnis eines Linken zum freien Markt.

Damit ist Havel in der Welt nicht einzigartig. Auch die britische Labour Party unter Tony Blair akzeptiert heute die freie Marktwirtschaft ohne Wenn und Aber. Dabei ist das moderne Großbritannien unter New Labour kein kapitalistischer Moloch, sondern ein Sozialstaat mit einer höheren Quote öffentlicher Investitionen als Deutschland.

Die Befürworter der Sozialen Marktwirtschaft in Deutschland leben noch in einer Welt, in der das Gegenstück der Sozialen Marktwirtschaft die Planwirtschaft war. Für sie ist die Soziale Marktwirtschaft daher eine liberale Wirtschaftsform, deren Gegnerschaft links positioniert ist. Doch in der globalisierten Welt von heute ist das wahre Gegenstück die reine Marktwirtschaft. Eine planwirtschaftliche Alternative existiert heute noch in Diskussionen, aber nicht mehr in der Realität.

Im Gegensatz zu Havel haben deutsche und französische Intellektuelle den Markt immer verspottet. Die öffentliche und veröffentlichte Meinung hierzulande verharrt weiter auf dem Diskussionsstand der 70er Jahre. Es war typisch für das statische Denken einer Generation, die sich nie die Mühe machte, die Marktwirtschaft und deren ökonomische Prozesse in ihrem Wesen zu begreifen.

Damals war es unter Intellektuellen schick, das Nullwachstum zum wirtschaftspolitischen Ziel zu erheben. Diese wirtschaftlich absurde Position basierte zu einem großen Teil auf dem berühmten Club-of-Rome-Report[8] über die Grenzen des Wachstums, ein im Jahre 1972 veröffentlichtes Buch mit einer Weltauflage von über zwölf Millionen. Das Buch kritisierte den Raubbau natürlicher Ressourcen und prognostizierte ein frühzeitiges Ende von Kohle und Öl, es sei denn, die Menschen änderten ihr Konsumverhalten radikal.

Die Autoren des Club-of-Rome-Berichts haben 30 Jahre nach der Veröffentlichung ihre Meinung in einem neuen Buch zum Teil stark revidiert.[9] Das hielt die Befürworter der Nullwachstumsromantik allerdings nicht davon ab, ihre auswendig gelernten Thesen weiterzuverbreiten. Gerade unter einigen europäischen Grünen sind die Thesen immer noch beliebt.

Europäische Intellektuelle sprechen auch nicht von Marktwirtschaft, sondern vom Kapitalismus wie einst Karl Marx. „Ismen" beschreiben Machtstrukturen. Wie im Kommunismus Macht von der Gemeinschaft ausgeübt wird, liegt im Kapitalismus die Macht bei denen, die über Kapital verfügen. Kapitalismus ist also nicht lediglich ein unfeiner Name für eine freie Marktordnung. Er beschreibt die Unterdrückung derjenigen ohne Kapital durch diejenigen mit Kapital.

Die Sprache der „Kapitalismus"-Kritiker ist voll von Reizwörtern, wie Kapitalismus selbst, die unpräzise sind oder die Wahrheit entstellen. Der Literaturnobelpreisträger Günter Grass beschrieb in einem Artikel[10] in der Wochenzeitung *DIE ZEIT* die Börse als ein Grundübel unserer Gesellschaft, gegen das die Demokratie hilflos ist.

[Das Parlament] ist von den mächtigen Wirtschaftsverbänden, den Banken und Konzernen abhängig, die keiner demokratischen Kontrolle unterliegen. So macht sich der Gesetzgeber zum Gespött. So missrät das Parlament zur Filiale der Börse. So unterwirft sich die Demokratie dem Diktat des global flüchtigen Kapitals.

Für Grass ist die Börse ein allseits verständliches Schimpfwort, das keiner weiteren Erklärung bedarf, ebenso wie das „global flüchtige Kapital". Er braucht seine eigentlich ungeheure These – dass die Demokratie nicht mehr funktioniert – nicht einmal zu begründen. Es reicht völlig, Reizwörter wie Börse und Kapital einfach in den Raum zu stellen, um die Empörung seiner mit Zustimmung nickenden Leser zu gewährleisten.

Die Kapitalismuskritiker sind nicht nur Linke. Auch einige von Deutschlands Konservativen haben ein Problem damit. Der ehemalige christdemokratische Arbeitsminister Norbert Blüm sagte in einem Interview[11]:

Der Kapitalismus hat sich längst selbstständig gemacht. Wenn die Pensionsfonds aus Mexiko ihr Kapital abziehen, ist der mexikanische Staat im Eimer. Was ist daran demokratisch legitimiert? Diesem Fatalismus, wir müssten uns damit abfinden, kann ich nicht zustimmen.

Selbst der deutsche Philosoph Jürgen Habermas, in seiner Fähigkeit zu präzisen Formulierungen selten übertroffen, verfällt bei dieser Systemdebatte ebenfalls in alte Anti-Kapitalismus-Klischees. So schrieb er im Zusammenhang mit dem französischen Referendum zum geplanten Verfassungsvertrag der Europäischen Union, dass sich[12]

eine Linke, die den Kapitalismus zähmen und zivilisieren will, mit einem „Nein" zur europäischen Verfassung zum falschen Zeitpunkt für die falsche Seite entscheiden würde.

Das Argument, während der Kampagne von linken Intellektuellen vielfach vorgetragen, hat am Ende sein Ziel verfehlt. Die Franzosen votierten gegen die europäische Verfassung, allerdings ironischerweise genau aus dem von Habermas vorgetragenen Argument für ein Ja-Votum. Sie dachten, dass sie mit einem Nein den globalen Kapitalismus wirkungsvoller bezwingen. Es ging in der französischen Debatte überhaupt nicht darum, ob man für oder gegen den Kapitalismus ist. Es ging immer nur darum, wie man ihn am besten bekämpft.

Die Äußerungen von Grass und Habermas entstanden im Frühjahr 2005, als sowohl in Deutschland als auch in Frankreich die Debatte um den Einfluss des angelsächsischen Kapitalismus einen Höhepunkt erreichte. In beiden Ländern stellt mittlerweile ein großer Anteil der Bevölkerung die Marktwirtschaft in Frage und sehnt sich zurück nach einem Wirtschaftssystem mit eingeschränkten Marktfreiheiten.

In Deutschland bezeichnete der ehemalige SPD-Chef Franz Müntefering eine Reihe vorwiegend jüdisch-amerikanischer Investoren als Heuschrecken. Laut Umfragen unterstützt eine große Mehrheit der Deutschen die These, dass Unternehmen aus reiner Profitgier Arbeitsplätze abbauen.[13]

Auch die französische Debatte unterscheidet sich von der deutschen in diesem Punkt nur wenig. Keiner hat die tiefe Verachtung vor dem Markt stärker auf den Punkt gebracht als der ehemalige französische Ministerpräsident Édouard Balladur, der einst in einem Interview mit der *Financial Times* sagte[14]:

> Was ist der Markt? Es ist das Gesetz des Dschungels, das Gesetz der Natur. Und was ist Zivilisation? Es ist der Kampf gegen die Natur.

Dies ist umso bemerkenswerter, als Balladur kein Sozialist, sondern ein Konservativer ist.

Balladurs Aussage erinnert mich an eine der schauerlichsten Zitate, die ich je in diesem Zusammenhang gelesen habe. Sie entstammt dem Buch „Der Weg zur Knechtschaft" des Wirtschaftsnobelpreisträgers Friedrich von Hayek.[15] Hayek zitiert Wilhelm Ostwald, den deutschen Chemienobelpreisträger, wie folgt:

> Deutschland möchte Europa organisieren, dem es bislang an Organisation gefehlt hat. Ich werde Ihnen Deutschlands großes Geheimnis erklären: Wir oder eher die deutsche Rasse hat die Bedeutung der Organisation entdeckt. Wohingegen andere Nationen noch unter dem Regime des Individualismus leben, haben wir schon das der Organisation erreicht.

Wenn man von diesem Zitat die rassistischen Töne abzieht, dann unterscheiden sich Ostwald und Balladur in ihrer Kernaussage nicht. Beide behaupten, es gebe eine zivilisatorische Evolution vom Individualismus hin zur Organisation, also von einem freien Markt hin zu einer irgendwie gemanagten Form der Wirtschaft.

Hayek gehörte zu den Denkern, die die intellektuelle Auseinandersetzung des 20. Jahrhunderts nicht als eine Auseinandersetzung zwischen links und rechts auffassten, sondern, wie der Philosoph Karl Popper es formulierte, als eine Auseinandersetzung der offenen Gesellschaft und ihrer Feinde.[16] Wenn man Poppers Klassifizierung akzeptiert, dann muss man einen Großteil der deutschen und französischen Intellektuellen zu den Gegnern der offenen Gesellschaft rechnen. Die Intellektuellen in den USA und Großbritannien, aber vor allem auch in Indien und China, gehören in die andere Kategorie. Wir sind in Deutschland mit unserer Sozialen Marktwirtschaft nicht nur auf einem Sonderweg. Wir denken auch ganz anders. Vor allem argumentieren wir aus einer ganz anderen philosophischen Tradition.

Deutsche und französische Intellektuelle haben sich über

die freiheitliche Philosophie des 19. Jahrhunderts und die sich daraus ergebenden philosophischen Grundlagen der Marktwirtschaft hinweggesetzt. Der schottische Moralphilosoph David Hume und der englische Philosoph John Stuart Mill werden hierzulande kaum gelesen, im Gegensatz zu den deutschen und französischen Idealisten, Marxisten und Strukturalisten. Selbst der große deutsche Freiheitstheoretiker Wilhelm von Humboldt ist hierzulande kaum bekannt. Kennen Sie, lieber Leser, jemanden in Ihrem Bekanntenkreis, der Adam Smith gelesen hat, den großen Theoretiker der Marktwirtschaft? Ich bin mir sicher, dass Sie mehr Leute kennen, die Marx gelesen haben als Smith.

Deutsche und französische Intellektuelle halten Smith für einen kapitalistischen Einfaltspinsel, ohne auch nur eine Zeile von ihm zu kennen. Gewappnet mit Ignoranz, haben sie den Markt, seine wesentlichen Komponenten wie die Finanzmärkte und seine Institutionen wie die Börse nie richtig begriffen. Vor allem aber haben sie sie unterschätzt. Sie haben insbesondere unterschätzt, dass diese Marktwirtschaft sich auch in Europa durchsetzen wird.

Irrtum 2: Die Soziale Marktwirtschaft ist sozial

Worin genau liegt der Unterschied zwischen einer Sozialen Marktwirtschaft und einer reinen Marktwirtschaft? Der charakteristische Unterschied liegt auf keinen Fall da, wo die meisten Menschen ihn vermuten, nämlich im Grad der sozialen Transferleistungen. Deutschland ist keineswegs „sozialer" als andere europäische Länder. Der Grad an sozialen Transferleistungen ist zum Beispiel höher in Schweden als in Deutschland, obwohl Schweden keine Soziale Marktwirtschaft hat.

Der Unterschied besteht auch nicht prinzipiell in unserem Arbeitsmarkt. Die Arbeitsmärkte in vielen anderen europäischen Ländern sind zum Teil noch viel inflexibler. Deutschland ist ein Land ohne garantierte staatliche Mindestlöhne, im Gegensatz zu den USA und Großbritannien. Es gibt in Deutschland keine Mindestrente, im Gegensatz zu Frankreich. Auch die Regelungen zur Sozialhilfe sind in Deutschland im europäischen Vergleich eher streng. Deutschland ist zwar ohne Zweifel ein Sozialstaat, aber ragt in diesem Punkt keineswegs aus dem europäischen Durchschnitt heraus.

Die Soziale Marktwirtschaft war auch keine Erfindung von Linken, sondern von Deutschlands Konservativen. Die große Mehrheit konservativer Wirtschaftswissenschaftler, Politiker, Notenbanker und Unternehmer bekennt sich ausdrücklich zu diesem System. Als Antwort auf unsere wirtschaftlichen Probleme fordern sie eine Rückkehr zur Sozialen Marktwirtschaft von Ludwig Erhard, dem ehemaligen Wirtschaftsminister und späteren Bundeskanzler, dem Vater des deutschen Wirtschaftswunders in den 50er und 60er Jahren.

Ist mit dieser Forderung etwa der Versuch gemeint, mehr

sozial zu sein? Natürlich nicht. Sie sehnen sich zurück in eine Zeit, als die Geschäfte noch um 18.30 Uhr zumachten. Damals verbrachten Hausfrauen den Tag damit, einkaufen zu gehen und zu kochen. In der viel besungenen Sozialen Marktwirtschaft vergangener Zeiten durften Händler keine Rabatte gewähren. Die Wirtschaft bestand in erster Linie aus patriarchalischen mittelständischen Industriebetrieben, wo der Chef noch Chef war und sein Sohn der Juniorchef. Jeder hatte in dieser Gesellschaft seinen fest vorgeschriebenen Platz. Um diese Scheinidylle wiederherzustellen, fordern sie die Erneuerung der Sozialen Marktwirtschaft.

Im Ausland ist unser Wirtschaftssystem im Übrigen auch nicht als Soziale Marktwirtschaft bekannt. Denn ein Ausdruck wie *social market economy* ergäbe im Englischen zum Beispiel überhaupt keinen Sinn. Im Ausland spricht man heute häufiger vom rheinischen Kapitalismus. Dieser Ausdruck wurde im Jahre 1992 von dem französischen Intellektuellen Michel Albert[17] zum ersten Mal als charakterisierende Beschreibung des deutschen Wirtschaftssystems in Abgrenzung zum angelsächsischen Kapitalismus benutzt.

Was bedeutet rheinischer Kapitalismus? Wie eingangs beschrieben, hat es nichts mit unserem Renten- oder Gesundheitssystem zu tun, auch nichts mit dem, was man allgemein als den Sozialstaat bezeichnet. Der rheinische Kapitalismus ist die dichte Vernetzung von Politik, Unternehmen und Banken, verbunden mit dem Versuch, die Wirtschaft zu regeln. Was unser Wirtschaftssystem ausmacht, ist nicht der Sozialstaat, sondern die Art und Weise, wie in Deutschland Wirtschaft organisiert wird.

Hierzu ein paar Beispiele. In der Wirtschaftspolitik bedeutet Soziale Marktwirtschaft den Versuch, die Geldpolitik oder die Haushaltspolitik starren Regeln zu unterwerfen. In der Ökonomie tobt schon seit Jahrzehnten eine Debatte über den

Sinn und Unsinn von Regeln. Es gibt gute Argumente auf beiden Seiten. Wir Deutschen stehen in dieser Debatte am extremen Rand der Befürworter von Regeln. So verfolgte die Deutsche Bundesbank als einzige Notenbank der Welt in den 90er Jahren noch eine Politik der Geldmengensteuerung – wonach man den jährlichen Anstieg des im Umlauf befindlichen Geldes kontrolliert, um somit mittelfristig die Inflation zu begrenzen. Andere Zentralbanken hatten dies längst aufgegeben, denn was in der Theorie hätte funktionieren sollen, funktioniert in der Praxis dann doch nicht.

Der Grund für die trotzige Beibehaltung der Geldmengensteuerung hatte mit dem Klüngel im deutschen Finanzsektor zu tun, der von einem engen Netzwerk aus Banken beherrscht wird. Im Gegensatz zu anderen Zentralbanken, die ihre Politik an den globalen Finanzmärkten ausrichteten, hatte die Bundesbank immer die nationalen Banken im Auge. Man kann mit Regeln keinen Markt steuern, aber so doch ein Oligopol.

Ein zweites Beispiel ist die Volkswagen AG. Kaum ein deutsches Unternehmen ist repräsentativer für den rheinischen – in diesem Fall den niedersächsischen – Klüngel. In Deutschland operiert Volkswagen zwar als Aktiengesellschaft, ist jedoch durch den Aktienbesitz des Landes Niedersachsen ein quasi halbstaatliches Unternehmen. Es gibt sogar ein Volkswagen-Gesetz, gegen das die Europäische Kommission mittlerweile klagt, das Volkswagen vor einer feindlichen Übernahme schützt.

Die Frage ist: Ist so etwas sozial? Augenscheinlich zunächst ja, weil es die Arbeitnehmer von Volkswagen davor schützt, dass Arbeitsplätze ins Ausland verlagert werden. Wenn man hinter die Kulissen blickt, ist das aber überhaupt nicht mehr so. In den letzten Monaten hat es bei VW an allen Ecken und Enden gekriselt.

Peter Hartz, ehemaliger Arbeitsdirektor bei VW, Freund des ehemaligen Bundeskanzlers Gerhard Schröder und Autor der berüchtigten Hartz-Reformen, musste wegen eines unangenehmen Skandals zurücktreten. Die Staatsanwaltschaft ermittelte gegen ihn und eine Reihe anderer VW-Mitarbeiter.

Es sah so aus, als ob Betriebsräte ihre privilegierte Stellung dazu benutzten, sich auf Kosten der Belegschaft zu amüsieren und dabei unrechtmäßige Spesen abzubuchen und sogar selbst Firmen gründeten, mit Hilfe derer sie VW als Lieferant übervorteilten. Das Netz von Betriebsräten, Aufsichtsräten und Politikern war gerade bei VW Teil eines nicht endenden Sumpfes. Ohne den Regierungswechsel in Hannover im Jahre 2004 wäre der ganze Skandal wahrscheinlich überhaupt nicht an die Öffentlichkeit gekommen. Der Skandal ist Konsequenz des Klüngels, eines dichten Netzes, in dem eine Hand die andere wäscht und in dem es keine Kontrolle gibt.

Wirtschaftsskandale gibt es in jedem System, insbesondere Betrugsskandale wie etwa den Enron-Skandal in den USA. Deutschlands Soziale Marktwirtschaft ist besonders anfällig für „Klüngel"-Skandale wie den bei VW. Er hat der Firma und seinen Mitarbeitern großen Schaden zugefügt und wird mittelfristig den Arbeitnehmerrechten bei VW nicht nützen. Sozial ist das nicht.

Ein drittes Beispiel betrifft den Markt für Wohneigentum. Da die Soziale Marktwirtschaft gerade im Finanzsektor zu starken Seilschaften geführt hat, hat Deutschland einen unterentwickelten Finanzmarkt, jedenfalls im Vergleich mit den USA oder Großbritannien. In diesen beiden Ländern ist der proportionale Anteil der Menschen, die über Hauseigentum verfügen, auch größer als in Deutschland. Ist das ein Zufall? Natürlich nicht. Eigentumsraten und Struktur eines Finanzmarktes hängen nämlich eng zusammen.

Als wir noch fleißig bausparten, gab es in den USA und Großbritannien gerade für Berufsanfänger Hypotheken, die 100 Prozent des Eigentumswertes ausmachten. Für junge Menschen lohnt es sich dadurch fast immer, möglichst kurz nach Berufseintritt in Wohneigentum zu investieren.

Warum soll das sozial sein? Der Grund dafür ist, dass Eigentum die beste Alterssicherung ist – und im Allgemeinen auch eine der besten sozialen Absicherungen überhaupt. Wer kein Eigentum hat, ist später auf eine hohe Rente angewiesen. Eigentum macht unabhängiger. Die geringe Eigentumsquote gerade unter Geringverdienern und deren geringere soziale Absicherung sind also eine direkte Konsequenz unseres Wirtschaftssystems. In diesem Punkt ist die Soziale Marktwirtschaft also betont unsozial.

Was heißt denn nun Soziale Marktwirtschaft überhaupt? In Deutschland verbindet man den Namen Soziale Marktwirtschaft mit Ludwig Erhard. Der Erfinder des Namens war nicht Erhard selbst, sondern der Überlieferung nach Alfred Müller-Armack, zunächst Professor der Wirtschafts- und Sozialwissenschaften in Münster und Köln und später Staatssekretär in Erhards Wirtschaftsministerium.[18] Die genauen Umstände der Erfindung dieses Ausdrucks sind allerdings nicht genau geklärt.[19] Müller-Armack war jedenfalls der Erste, der den Ausdruck Soziale Marktwirtschaft in einer Veröffentlichung benutzte. Müller-Armack war es auch, der für die Schreibweise verantwortlich war. Seitdem schreibt sich die „Soziale Marktwirtschaft" mit einem großen „S".

Der Ausdruck „Soziale Marktwirtschaft" ist nicht selbstdefinierend. Zum Ersten ist nicht klar, was mit dem Wort „sozial" gemeint ist. Zum Zweiten herrscht Unklarheit über die sprachliche Funktion des Adjektivs „sozial". Ist es beschreibend, einschränkend, bedingend, ergänzend oder gar überflüssig? Handelt es sich um eine Marktwirtschaft, die als solche natürlich auch sozial ist? Oder eine Marktwirtschaft, deren Funktionsweise sozialen Zielen unterworfen wird? Oder, ein wenig nuanciert, eine Marktwirtschaft, die nur dann eine sein

darf, solange sie sozial ist? Oder schließlich eine Marktwirtschaft, der man eine soziale Komponente hinzufügen muss?

So ergeben sich eine ganze Reihe von Kombinationen, die
wie Friedrich von Hayek, der große Theoretiker der Freiheit,
korrekt voraussagte, fast jedem wirtschaftspolitischen Geschmack gerecht werden und somit das freiheitliche Prinzip
unterwandern. Die Soziale Marktwirtschaft wurde konzipiert
als eine Marktordnung für Linke und für Rechte, für Arbeitgeber und Arbeitnehmer. Es war somit auch keine Wirtschaftsordnung, eher eine große Koalition aus Wirtschaftsordnungen,
für jeden etwas. Und somit ergab sich nach mehreren Jahrzehnten die Soziale Marktwirtschaft heutiger Ausprägung –
der Versuch, durch Regeln und Vetternwirtschaft den Markt
zu ordnen.

Der CSU-Politiker Peter Gauweiler benutzte den Ausdruck Soziale Marktwirtschaft während des Wahlkampfes
2005 als Abgrenzung der bürgerlichen Parteien zur „Umver-
teilungspartei", womit er die Linkspartei meinte.[20] Gleichzeitig reklamiert auch Oskar Lafontaine, der ehemalige SPD-
Vorsitzende und Spitzenkandidat der Linkspartei im Bundes-
tagswahlkampf, den Ausdruck für sich.[21]

Der Ausdruck „Soziale Marktwirtschaft" wurde von Erhard
ganz bewusst benutzt, um politische Widerstände zu überbrü-
cken. Da man Ende der 40er Jahre in Deutschland selbst innerhalb der CDU keinen Konsens über das zukünftige Wirtschaftssystem hatte[22], benötigte man einen konsensfähigen
Namen. Der Ausdruck Soziale Marktwirtschaft war in diesem
Sinne genial. So betonte Müller-Armack die soziale und die
christliche Komponente der Sozialen Marktwirtschaft weitaus
stärker als Erhard selbst.

Karl Kardinal Lehmann, Bischof von Mainz, beschrieb in
einem bemerkenswerten Vortrag[23] den Hintergrund.

Müller-Armack geht jedenfalls von der Tatsache aus, dass das Soziale nicht nur eine allgemeine Beiordnung, sondern ein ebenbürtiges Prinzip wirtschaftlicher Aktivität darstellt. Jedenfalls erscheint der Begriff Soziale Marktwirtschaft bei Müller-Armack zum ersten Mal in schriftlicher Form. Bis dorthin spricht er selbst eher von „gesteuerter Marktwirtschaft".

Also danach scheint zumindest das Wort „sozial" eine gewisse Bedeutung gehabt zu haben. Aber Erhard selbst sah das anders. In seiner exzellenten Erhard-Biografie beschreibt der amerikanische Wirtschaftshistoriker Alfred C. Mierzejewski[24], wie Erhard die Soziale Marktwirtschaft zunächst auffasste, nämlich als einen Namen für eine reine Marktwirtschaft.

Der Markt sei sozial, weil er die Bedürfnisse der Menschen befriedige und ihren Lebensstandard anhebe. Friedrich von Hayek, Theoretiker der freien Marktwirtschaft, fragte Erhard einmal nach diesem Konzept. Hayek berichtet, Erhard habe geantwortet: „Ich hoffe, Sie missverstehen mich nicht, wenn ich von der Sozialen Marktwirtschaft spreche. Ich meine, dass der Markt an sich sozial ist, nicht dass er sozial gemacht werden muss." Erhard konkretisierte diesen Gedanken, indem er betonte, „je freier die Wirtschaft, umso sozialer ist sie auch".

Danach ist die Soziale Marktwirtschaft eine Tautologie, wie die grüne Wiese und die gute Butter. Die Marktwirtschaft ist eben sozial, und somit gebe es keinen realen Unterschied zwischen der reinen, freien Marktwirtschaft, etwa der Art, wie sie Hayek selbst befürwortete, und der Sozialen Marktwirtschaft Erhards.

Auch die christliche Soziallehre, die einen großen Einfluss auf die Soziale Marktwirtschaft hatte, ist nicht sozial in dem Sinne, wie viele Menschen den Ausdruck heute verstehen. Der ehemalige Präsident der Deutschen Bank, Hans Tietmeyer, heute Präsident des Fördervereins der Initiative Neue Soziale

Marktwirtschaft, eine konservative Lobbygruppe, hatte während seiner Zeit bei der Bundesbank häufig über die Rolle der christlichen Soziallehre für die Wirtschaftspolitik gesprochen. Aufschlussreich ist Tietmeyers Sichtweise der sozialen Gerechtigkeit[25]:

> Ich komme aus der katholischen Soziallehre. Mein akademischer Lehrer war Alfred Müller-Armack, der zusammen mit Erhard das Ordnungskonzept der Sozialen Marktwirtschaft entwickelt hat. Eine richtig gestaltete Marktwirtschaft, vom Wettbewerb getrieben und mit einer funktionsfähigen Ordnung, produziert Wohlfahrt und auch ein hohes Maß an sozialer Gerechtigkeit. Aber soziale Gerechtigkeit darf man nicht so verstehen, wie viele das verstehen, dass sozusagen jeder das Gleiche hat. ... [Soziale] Gerechtigkeit ist eigentlich eine Frage der Leistungsgerechtigkeit.

Leistungsgerechtigkeit bedeutet nichts anderes, als dass jemand, der mehr leistet, auch mehr verdient. Ausgenommen von dieser Regel werden nur die, die aufgrund widriger Umstände zu Leistungen nicht in der Lage sind. Mit diesem Sozialbegriff kann man genauso gut den amerikanischen Sozialstaat beschreiben, der ebenfalls auf einer protestantischen Arbeitsethik basiert.

Soziale Gerechtigkeit, so definiert, ist schließlich nichts anderes als eine milde Variante von *friss oder stirb*.

In der christlichen Soziallehre spielte auch das Konzept des „Dogmas", der unwiderruflichen Lehrmeinung, eine wichtige Rolle. Sie hatte vor allem auch Auswirkungen auf die Wirtschaftspolitik, die in Deutschland dogmatischer war als etwa in anderen Wirtschaftssystemen.

Das äußerte sich zum Beispiel in der eingangs beschriebenen regelgebundenen Geldpolitik, einer Politik, zu deren Advokaten Tietmeyer selbst zählte.

Diese Betrachtungen helfen uns ein gutes Stück weiter für ein Verständnis dessen, was wir unter Sozialer Marktwirtschaft heute verstehen im Gegensatz zu dem, was sie ursprünglich war. Die Soziale Marktwirtschaft ist ein Wirtschaftssystem, das versucht, verschiedene Interessengruppen unter einen Hut zu bringen, aber das nicht in seinem Wesen sozial ist. Die Soziale Marktwirtschaft ist sicherlich nicht unsozial, aber das Soziale ist nicht ihre entscheidende Qualität.

Irrtum 3: Die Soziale Marktwirtschaft ist eine Marktwirtschaft

Wenn die Soziale Marktwirtschaft nicht besonders sozial ist, dann sollte man zumindest erwarten, dass sie eine Marktwirtschaft ist. Auch dies ist nicht wirklich der Fall. Der Grund dafür liegt in ihrer Philosophie.

Die Philosophie der Sozialen Marktwirtschaft ist nicht liberal

Im Jahre 1999 verfasste der bekannte amerikanische Ökonom und heutige Kolumnist der *New York Times*, Paul Krugman, einen Artikel mit dem Titel: „Why Germany Kant Kompete" (Warum Deutschland nicht im Wettbewerb bestehen kann).[26] Keine Tippfehler übrigens! Krugman argumentierte hier tatsächlich, dass der große deutsche Philosoph Immanuel Kant schuld sei an der misslichen Lage der deutschen Wirtschaft.

Nun, hier ist meine Theorie: Der wirkliche Unterschied zwischen erfolgreichen Wirtschaftssystemen wie der USA und den gegenwärtigen problematischen Systemen wie Deutschlands, sind nicht politisch, sondern philosophisch, also nicht Adam Smith gegen Karl Marx, eher der kategorische Imperativ von Immanuel Kant gegen den Pragmatismus von William James. Die Deutschen brauchen ihre klaren Prinzipien: Regeln, die bestimmen, was wahr ist, was moralisch ist, wann die Geschäfte geöffnet sein dürfen und was eine D-Mark wert ist. Amerikaner sind im Gegensatz dazu philosophisch faul. Sie akzeptieren das, was mehr oder weniger funktioniert. Wenn Leute um

> 23 Uhr einkaufen gehen wollen, dann ist das in Ordnung. Wenn
> der Dollar manchmal 80 Yen, manchmal 150 Yen wert ist,
> dann ist das auch in Ordnung.

Ich bin mir nicht sicher, ob Krugman hier selbst ein wenig philosophisch faul ist und den großen Kant hier missinterpretiert. Kant steht nämlich in der Tradition des europäischen Liberalismus. Friedrich Hegel hätte zu Krugmans Argument besser gepasst, nur dessen Name hätte zu einer Alliteration in der Überschrift des Artikels nicht getaugt.

In einem entscheidenden Punkt hat Krugman aber Recht. Man sollte den Unterschied der Wirtschaftssysteme zunächst in der Philosophie suchen und nicht in der Politik. Denn die Philosophie der Sozialen Marktwirtschaft unterscheidet sich in einigen Punkten grundsätzlich von der Philosophie der Marktwirtschaft ohne Adjektiv. Um die Frage zu beantworten, inwieweit die Soziale Marktwirtschaft überhaupt eine Marktwirtschaft ist, sollte man sich daher mit den großen Vordenkern der beiden Systeme beschäftigen, und zwar mit Friedrich von Hayek und Milton Friedman, den wichtigsten Vordenkern liberaler Wirtschaftssysteme im 20. Jahrhundert, sowie mit Walter Eucken, dem deutschen Wirtschaftstheoretiker.

Hayek und Friedman

Friedrich von Hayek gehörte zu den großen Philosophen der Ökonomie des 20. Jahrhunderts. Neben Ludwig von Mises war er einer der bekanntesten Philosophen der Freiheit, und als Forscher in der Konjunkturtheorie gehörte er während der 30er Jahre ebenfalls zu einem der einflussreichsten Ökonomen seiner Zeit. Im Jahre 1974 wurde er für seine Arbeit mit dem Nobelpreis für Ökonomie ausgezeichnet.

Hayeks Philosophie war tief verwurzelt in der Tradition des

europäischen Liberalismus. Seine Theorie des Marktes hatte wichtige Parallelen mit der Freiheitsphilosophie von John Stuart Mill. In seinem berühmten Essay „On Liberty", übersetzt „Über die Freiheit", präsentierte Mill die bis zum heutigen Tage einflussreichsten Argumente für eine freie Meinungsäußerung. Hier geht es nicht allein um Meinungsäußerung als einfacher Bestandteil der Freiheit. Mill behauptet, freie Meinungsäußerung sei eine Voraussetzung für die Wahrheitsfindung. Denn niemand habe ein Monopol auf die Wahrheit.

Jetzt mag man sich fragen: Was hat Meinungsfreiheit mit Marktwirtschaft zu tun? Hat das etwas mit der Freiheit der Werbung zu tun? Sicherlich auch, aber darum ging es Hayek nicht. So, wie Mill die Meinungsfreiheit als einen dynamischen Prozess, als eine Entdeckungsreise zur Wahrheit auffasste, so fasste Hayek die Freiheit des Marktes auf als eine Entdeckung von Angebot, Nachfrage und Preis. Genauso, wie bei Mill kein Mensch ein Monopol über die Wahrheit besitzt, hat laut Hayek kein Mensch, auch kein Staat, ein Monopol über das Wissen über den Markt. So wie die Wahrheit bei Mill sind bei Hayek Angebot, Nachfrage und die sich daraus ergebenden Preise grundsätzlich nicht vorhersehbar.

Diese Einsicht hat in der Praxis enorme Konsequenzen für die Wirtschaftspolitik. In seinem auf Deutsch verfassten Aufsatz „Wettbewerb als Entdeckungsprozess"[27] schreibt Hayek:

Dass es sich beim Wettbewerb immer um ein solches Entdeckungsverfahren handelt, mag zunächst so selbstverständlich erscheinen, dass es kaum Hervorhebung verdient. Aus der ausdrücklichen Feststellung ergeben sich jedoch sofort Folgerungen, die keineswegs selbstverständlich sind. Die erste ist, dass Wettbewerb nur deshalb und insoweit wichtig ist, als seine Ergebnisse unvoraussagbar und im Ganzen verschieden von jenen sind, die irgendjemand bewusst hätte anstreben können, sowie auch, dass sich seine wohltätige Wirkung darin zeigen muss, dass er gewisse Absichten vereitelt und gewisse Erwartungen enttäuscht.

Eine wichtige Konsequenz ist die Unmöglichkeit der Klassifizierung menschlicher Bedürfnisse. Wir wissen natürlich, dass Menschen Grundbedürfnisse haben wie Nahrung und Unterkunft. Wir sind trotzdem nicht in der Lage, die Bedürfnisse einer Gesellschaft vollständig zu klassifizieren[28], denn die Ergebnisse eines Entdeckungsverfahrens sind unvoraussagbar. Es kann sein, dass Menschen morgen Bedürfnisse entwickeln, von denen sie heute noch keine Ahnung haben.

Daraus zieht Hayek gravierende Konsequenzen für die gerade heute aktuelle Debatte über soziale Gerechtigkeit. Er hält von der ganzen Idee gar nichts.[29]

Ungeachtet der verschiedenen Bedeutungen, die die Sozialphilosophen diesem Begriff zu geben versuchten, hat er in der Praxis doch fast nur eins bedeutet: nämlich den Schutz von einigen Gruppen von Menschen gegen die Notwendigkeit eines Abstiegs von der absoluten oder relativen materiellen Lage, die sie bisher eingenommen hatten. Dies ist jedoch ein Prinzip, das nicht allgemein durchgeführt werden kann, ohne die Grundlagen der Marktordnung zu zerstören.

Hayeks Definition von Wettbewerb als Entdeckungsprinzip hatte weitreichende Konsequenzen für das von ihm postulierte Wirtschaftssystem. Erstens beschränkt es den Staat. Selbst die in Deutschland durch Eucken propagierte Ordnungspolitik (mehr dazu im nächsten Abschnitt) ist nach Hayek eine unzulässige Einflussnahme, da sie das Ergebnis des dynamischen Aufeinandertreffens der Marktakteure unzulässigen Regeln unterwirft.

Es hat auch direkte Konsequenzen für das Verhalten von Unternehmen. Wohingegen in der Sozialen Marktwirtschaft von Unternehmen erwartet wird, dass sie sich für die soziale Gerechtigkeit einsetzen, ist das bei Hayek überhaupt nicht so. Milton Friedman, der aus einer Hayek'schen Denkweise heraus argumentiert, sorgte für helle Aufregung, als er in seinem berühmten Buch „Capitalism and Freedom" behauptete, Unternehmen hätten nur eine einzige soziale Pflicht, nämlich möglichst hohe Profite zu erwirtschaften und sonst gar nichts. Hayek und Friedman lehnen also die gerade in Deutschland übliche gesellschaftliche Verantwortung eines Unternehmens ab. Die einzige Beschränkung laut Friedman ist, dass sich Unternehmen an die geltenden Gesetze halten.

Gerade für Deutsche, geübt in den Denk- und Sprachschemen der Sozialen Marktwirtschaft, ist eine solch plakative Negierung jeglicher sozialen Verantwortung inakzeptabel. Schließlich sind wir daran gewöhnt, dass Bundespräsident und Bundeskanzler regelmäßig an die Wirtschaft appellieren, mehr zu investieren oder jungen Leuten Lehrstellen zur Verfügung zu stellen. Unsere Gesellschaft verlangt jedenfalls von den Unternehmen weitaus mehr als die Maximierung der Gewinne. Große Unternehmen in Deutschland unterhalten Stiftungen, mit deren Hilfe sie ihre gesellschaftliche Verantwortung demonstrieren, wie etwa die Bertelsmann Stiftung oder die Herbert-Quandt-Stiftung von BMW.

Einige Leser mögen jetzt sagen, Friedman und Hayek sind eh stockkonservative Schönredner des freien Marktes. Friedman war schließlich der Begründer des Monetarismus in der Geldtheorie, eine Theorie, die man lange als Gegenstück zum „linken" Keynesianismus ansah. Hier spricht also ein Extremkapitalist.

Wer das behauptet, unterschätzt Friedmans formidablen Intellekt.

Die Argumentation, die Friedman für seine These über die soziale Verantwortung von Unternehmen liefert, ist äußerst subtil. Im Gegensatz zu Hayek akzeptiert Friedman zumindest das Prinzip, dass ein Unternehmer soziale Verantwortung trägt. Doch er argumentiert, dass ein Unternehmer durch Gewinnmaximierung der Gesellschaft mehr nutzt als durch andere Aktivitäten. Adam Smith hatte schon bemerkt, dass ein Unternehmer,

> indem er seinen eigenen Interessen nachgeht, oft das Wohl der Gemeinschaft effizienter verfolgt, als würde er es bewusst verfolgen. Ich habe nicht erlebt, dass Gutes dabei herauskommt, wenn sich einer für das öffentliche Gut einsetzt.

Das Argument ist im Grunde ein Argument für Arbeitsteilung. Unternehmen sollen ihre Gewinne maximieren, weil genau das die Aktivität ist, von der sie etwas verstehen. Um das öffentliche Wohl soll sich der Staat kümmern. So schreibt Friedman[30]:

> Wenn Unternehmer eine soziale Verantwortung über die Gewinnmaximierung hinaus hätten, woher wüssten sie eigentlich, was sie tun müssten? Können selbst erwählte Individuen bestimmen, was das soziale Interesse ist? Können sie entscheiden, welche Last sie sich selbst und ihren Aktionären auflasten, um dem sozialen Interesse zu dienen? Ist es erträglich, dass diese öffentlichen Funktionen der Steuereinnahme, der Ausgaben und der Kontrolle von Leuten exerziert werden, die zufällig in einem bestimmten Moment ein bestimmtes Unternehmen führen, auserwählt von privaten Gruppen? Wenn sich Manager wie Beamte verhalten anstatt wie Angestellte ihrer Aktionäre, dann werden sie in einer Demokratie, früher oder später, auch durch öffentliche Verfahren bestimmt, sei es durch Wahlen oder Ernennung.

Friedman erklärt sein Argument anhand eines Bleistifts. Ein Bleistift besteht aus mehreren Komponenten, die in unterschiedlichen Teilen auf der Erde hergestellt werden. Das Holz stammt von einem südamerikanischen Baum. Das Gummi kommt von einer Kautschukplantage aus Indonesien. Das Blei im Bleistift ist im Übrigen kein Blei, sondern Graphit. Es entstammt somit aus dem Kohlebergbau. Weder der Holzfäller noch der Besitzer der Kautschukplantage oder der Bergarbeiter wissen irgendetwas darüber, was mit ihren Produkten am Ende geschieht. Jeder von ihnen arbeitet für sich und ist lediglich an seinem eigenen Wohlergehen interessiert. Was diese unterschiedlichen Interessen zusammenbringt, ist der Markt. Dadurch, dass jeder im Rahmen der Gesetze seine Gewinne maximiert, dient er dem öffentlichen Wohl.

Friedmans Bleistift-Geschichte ist ein Paradebeispiel der Hayek'schen Weltanschauung, über die Rolle des Marktes als Entdeckungsprozess und über die Ablehnung einer gesellschaftlichen Verantwortung des Unternehmers.

Jetzt kann man die Fragen stellen: Hat ein Unternehmer keine Verantwortung seinen Mitarbeitern gegenüber? Darf ein Unternehmer nicht als Sponsor eines Konzertes oder eines Sportereignisses auftreten? Natürlich darf es das, auch mit Friedmans Logik. Wenn eine Firma der Überzeugung ist, dass es ihrem Ruf in der Gesellschaft nützt, sich als Sponsor zu zeigen, dann ist das in Ordnung. Es ist auf jeden Fall in Ordnung, wenn sich ein Unternehmen um seine Mitarbeiter kümmert, denn es sind schließlich die Mitarbeiter, die den Profit erwirtschaften. Es ist ebenfalls in Ordnung, wenn ein Unternehmen eine politische Partei mit Spenden unterstützt, von der es sich geringere Steuern oder ein günstigeres Umfeld verspricht.

Friedman spricht hier von gesellschaftlichen Funktionen, die nicht mehr mit dem Profitmotiv zu erklären sind. Hier könnte man zum Beispiel die Motivation einiger deutscher Industriestiftungen hinterfragen oder die Rolle von Großbanken als Käufer teurer Kunstwerke.

Friedmans Buch gehört sicher zu den provozierendsten Darstellungen der modernen Marktwirtschaft im Zeitalter der Globalisierung. Es ist auch in den USA ziemlich kontrovers. Beim Internet-Buchhändler Amazon.com hat die letzte Ausgabe aus dem Jahre 2002 insgesamt 78 Leserrezensionen provoziert, weniger als Harry Potter, aber weitaus mehr als selbst die meisten Bestseller.

Man kann allein schon an diesem Beispiel erkennen, dass wir in Deutschland in einem anderen System leben, vor allem aber auch mit einer anderen Weltanschauung. Bei uns ist Friedmans Buch als Primitivkapitalismus verschrien, sofern es überhaupt gelesen wird.

Auch das konservative Deutschland steht hier in einer ganz anderen Tradition. Diese wurde maßgeblich von Walter Eucken beeinflusst.

Eucken

Einer der wichtigsten Philosophen der Sozialen Marktwirtschaft ist Walter Eucken, der mit seiner „Freiburger Schule" den größten intellektuellen Einfluss auf Ludwig Erhard ausübte. Eucken ist heute unter konservativen deutschen Ökonomen so eine Art Ikone.

Im Ausland ist Eucken unbekannt. Er hat nicht in internationalen akademischen Journalen publiziert, auch nicht nach dem Zweiten Weltkrieg, als dies möglich wurde. Eucken hat das Ausland genauso ignoriert wie das Ausland ihn. Man gebe den Namen Walter Eucken in die Internet-Suchmaschine *Google* ein, man findet fast nur deutsche Internet-Seiten. Die meisten englischen Texte sind die in englischer Sprache verfassten Seiten des Walter Eucken Instituts in Freiburg.

Diese Diskrepanz zwischen hoher nationaler Bedeutung und internationaler Bedeutungslosigkeit prägt die Soziale

Marktwirtschaft mehr als alles andere. Der Grund dafür, dass unser Wirtschaftssystem ein Sonderweg ist, liegt zu einem großen Teil an Eucken und seiner Freiburger Schule.

Walter Eucken wurde am 17. Januar 1891 in Jena als Sohn des Philosophen und späteren Literaturnobelpreisträgers Rudolf Eucken geboren. Eucken wurde stark beeinflusst durch den großen deutschen Philosophen Johann Gottlieb Fichte, einer der bedeutendsten Vertreter des deutschen Idealismus sowie des „neuen Idealismus" seines Vaters mit seiner Forderung nach einer aktiven geistigen Lebenshaltung, die sich über die Natur erhebt.

Er studierte Volkswirtschaft in Kiel, Bonn und Jena, beeinflusst von der damals vorherrschenden historischen Schule. Historische Schule ist ein Euphemismus für etwas, was man heute mit deskriptiver Wirtschaftswissenschaft bezeichnen würde. Im Jahre 1927 wechselte er an die Universität von Freiburg und arbeitete dort unter anderem mit dem Juristen Franz Böhm über das Thema der Kontrolle der privaten Macht in einer freien Gesellschaft. Zusammen mit Böhm war er einer der Mitbegründer der Freiburger Schule, die sich später für eine liberale Marktordnung in der Bundesrepublik stark gemacht hat.

Eucken war einer der Autoren der im Jahre 1944 veröffentlichten „Freiburger Denkschrift". Initiiert ursprünglich durch den später von den Nazis ermordeten Berliner Pfarrer Dietrich Bonhoeffer, bildete sich im Jahre 1942 der Freiburger Bonhoeffer-Kreis. Seine Aufgabe war es, eine Programmschrift für eine auf christlichen Grundsätzen beruhende Politik zu erarbeiten, die als Beratungsgrundlage für eine Weltkirchenkonferenz nach dem Krieg gedacht war. Der von Eucken maßgeblich gestaltete wirtschaftspolitische Teil der „Freiburger Denkschrift" hatte in der Tat großen Einfluss auf die tatsächliche nach dem Krieg entstandene Wirtschaftsordnung.

Eucken starb am 20. März 1950 an einem Herzanfall in London während einer Vortragsreise an der London School of Economics, die er auf Einladung Hayeks unternommen hatte. Philosophisch stand Eucken in der Tradition des deutschen Idealismus, während Hayek in der Tradition des europäischen, insbesondere des britischen Liberalismus stand. Eucken hegte ein Maß an Verachtung gegenüber den großen Liberalen wie John Stuart Mill, die insbesondere die österreichische Schule unter Hayek und seinem Mentor Ludwig von Mises beeinflusst haben. So schrieb Eucken in seinem Hauptwerk „Grundsätze der Wirtschaftspolitik"[31]:

> Die Liberalen des 19. Jahrhunderts waren zumeist Anhänger des Laissez-faire. Sie waren zwar gestützt auf eine große Tradition; aber manche von ihnen waren Epigonen. Im Ganzen ist der Liberalismus aus dieser Zeit nur ein Ast an einem großen Baum der europäischen Kultur, die auf Freiheit beruht, seit sie besteht, und die nur dann bedroht war oder verfiel, wenn die Freiheit verfiel. Die neue geschichtliche Lage macht es notwendig ..., die massive Bedrohung der Freiheit durch neue, positive Mittel abzuwenden.

Worum ging es Eucken? Wie diese Passage ausdrückt, ging es Eucken, wie auch Hayek, zunächst um die Schaffung einer freien Wirtschaftsordnung. Eucken und Hayek waren nicht durch die intellektuelle Gegnerschaft zueinander motiviert, sondern durch eine Abgrenzung zu totalitären Systemen, des Kommunismus und des Faschismus. An der Passage wird aber auch deutlich, dass Eucken allerdings einen ganz anderen Weg einschlug als Hayek.

Eucken war geprägt von der deutschen Geschichte, insbesondere der Katastrophe zweier Weltkriege und dem Zusammenbruch der Demokratie. Wohingegen Adam Smiths unsichtbare Hand des freien Marktes in anderen Ländern zu

Wohlstand führte, führte sie in Deutschland zur wirtschaftlichen und politischen Katastrophe.

Die klassischen *Laissez-faire*-Liberalen wiesen dem Staat lediglich die Funktion zu, Rahmenbedingungen für die Marktwirtschaft zu setzen. Innerhalb dessen sollte sich die freie Marktwirtschaft nach ihren eigenen Regeln entwickeln. Eucken hingegen glaubte, dass der Staat mehr tun muss, als Rahmenbedingungen zu setzen. Er muss durch aktives Eingreifen die Marktordnung aufrechterhalten, sonst zerbreche sie an inneren Widersprüchen.

Der Grund für Euckens Laissez-faire-Skepsis war Deutschlands historische Erfahrung mit Monopolen einerseits und was er „experimentelle Wirtschaftspolitik" während der Weimarer Republik nannte.

Eine der grundsätzlichen Fragen, mit der sich jeder Theoretiker der Freiheit beschäftigte, war das Problem von Freiheitskartellen. Was passiert, wenn sich zwei Leute freiwillig einigen, die Freiheit eines Dritten zu beschränken?

Im Deutschland des 19. Jahrhunderts ist genau das passiert. Es formierten sich Kartelle, um Märkte zu schließen. So betrug der Anteil kartellisierter Unternehmen in der Papiererzeugung 90 Prozent, im Bergbau 74 Prozent und in der Stahlerzeugung 50 Prozent.[32]

Die deutsche Justiz hat diese Praxis häufig noch sanktioniert. Auch die Abwesenheit einer klaren Wirtschaftsverfassung in der Weimarer Republik, verbunden mit einer willkürlichen Wirtschaftspolitik, veranlasste Eucken zu der Annahme, dass die reine Marktwirtschaft, auf sich allein gestellt, nicht funktioniert. Der Grund dafür ist der Missbrauch privater Macht und eng damit verbunden politischer Macht.

Daraus schloss Eucken, dass man ein liberales Wirtschaftssystem nicht sich selbst überlassen darf. Es reicht auch nicht, ihm einen Rahmen zu geben. Man muss ständig eingreifen, allerdings zielgerichtet. Ziel muss es immer sein, die freie Marktordnung aufrechtzuerhalten.

Insofern ist Euckens Modell kein rein ökonomisches, sondern eines, das Ökonomie und Recht miteinander verbindet. Der Ökonom ist für den Markt zuständig, der Jurist für den ordnungspolitischen Rahmen. Das erklärt zum Teil auch den hohen Anteil von Juristen etwa im deutschen Finanzministerium, im Wirtschafts- und Arbeitsministerium sowie beim Bundeskartellamt. Im Vergleich zu anderen Ländern ist dieser zum Teil ungewöhnlich hoch. In seinen „Grundsätzen" beschrieb Eucken als Grundprinzip der freien Marktordnung ein „funktionsfähiges Preissystem vollständiger Konkurrenz", ein Prinzip, von dem niemals abgewichen werden darf.

Ausgangspunkt ordoliberalen Denkens ist eine Auseinandersetzung mit der Macht und ihrem Missbrauch. Hier geht es einerseits um privatwirtschaftliche Kartelle, die ihre Marktmacht auf Kosten der Freiheit Dritter erhöhen. Zum Zweiten geht es um die Macht von Kollektiven wie Gewerkschaften oder Industriekollektiven, die zentrale Entscheidungen treffen, die für ihre Mitglieder bindend sind. Und zum Dritten geht es um die Macht des Staates gegenüber dem Einzelnen.

Ordnungspolitik ist somit der Versuch, die Macht all dieser Akteure zu begrenzen, einschließlich der privaten Akteure. Als Konsequenz dessen postuliert die Ordnungspolitik zwar einen schlanken Staat, im Sinne eines beschränkten Aktionsradius, aber gleichzeitig einen starken Staat, der den mächtigen Akteuren Einhalt gebieten kann.

Einer der häufigsten Kritikpunkte an der Ordnungspolitik ist der mögliche Widerspruch zwischen Ordnung und Freiheit. In dem Moment, in dem ich in die Wirtschaft eingreife, beraube ich wirtschaftliche Akteure der Freiheit. Für Eucken sind Freiheit und Ordnung keine Gegensätze, sondern sie bedingen einander.

Bis zu diesem Punkt ist Euckens Politik noch weitgehend liberal. Was sie im weiteren Verlauf weniger liberal macht, sind Ansätze der Überfrachtung mit anderen Zielen. Zum Beispiel akzeptiert auch Eucken, dass große Einkommensunterschiede ein Problem sind. Ordnungspolitik wird nicht nur benutzt, um einen freien Markt zu gewährleisten, sondern auch, um zu verhindern, dass Menschen zu reich und damit zu mächtig werden. Als Beispiel hierfür könnte man Microsoft anführen. Das amerikanische Wirtschaftssystem begünstigte Microsoft. In Deutschland wäre dieses Unternehmen an der Ordnungspolitik gescheitert. Insofern begreifen Anhänger der Sozialen Marktwirtschaft Ordnungspolitik auch als Beitrag zur Lösung des Problems der sozialen Gerechtigkeit. Eucken ging sogar noch weiter.[33]

> Die Wirtschaftspolitik aber soll die freie natürliche gottgewollte Ordnung verwirklichen.

Spätestens hier ist klar, dass Eucken mit seiner Ordnungspolitik weitaus mehr bezwecken will als das, was wir heute unter einer freien Marktwirtschaft verstehen. Obwohl Eucken nicht zu denen gehörte, die die Beziehung zwischen Marktwirtschaft und christlicher Sozialethik in den Mittelpunkt ihrer Philosophie rückten, ist Euckens Ordnung alles andere als wertneutral.

Das wirkliche Problem Euckens ist der innere Widerspruch einer zielgerichteten Ordnungspolitik. Er verlangt von Ordnungspolitikern, sich auf eine bestimmte Weise zu verhalten. Aber was passiert, wenn Wähler eine Regierung wählen, die die ordnungspolitischen Prinzipien Euckens in Frage stellt oder gar konterkariert?

Genau das ist schließlich in Deutschland passiert. Grundprinzipien existieren in Verfassungen. Politik, auch Ordnungspolitik ist variabel und unterliegt den Stimmungen der Wähler. Wähler haben das Recht, sich gegen Eucken und seine ordoliberale Schule zu entscheiden. Wer garantiert, dass sich ein Wirtschaftsminister im Sinne Euckens verhält?

Somit liefert Euckens Konzept des Ordoliberalismus gleichzeitig das Instrumentarium seiner eigenen Zerstörung. Euckens System enthielt die grundsätzliche Möglichkeit, dass sich die Soziale Marktwirtschaft der 50er Jahre zu dem entwickeln konnte, was sie heute ist.

Einer der größten Kritiker der Sozialen Marktwirtschaft war Hayek, der sie abkanzelte als[34]

> eine Tarnung für Bestrebungen, die mit dem gemeinsamen Interesse sicherlich nichts zu tun haben.

Eucken und Hayek sind sich in einigen wichtigen Punkten zwar ähnlich, sie hegten persönlich auch einige Sympathien füreinander.[35] Doch es gibt große prinzipielle Unterschiede. Sie haben sich, obwohl sie sich nach dem Zweiten Weltkrieg gut kannten, in ihren Veröffentlichungen ignoriert. Sie forschten am gleichen Thema, aber aneinander vorbei.

Eucken hatte im Vergleich zu Hayek ein großes Defizit, an dem die deutsche Wirtschaftsdebatte auch heute noch leidet. Eucken war im Gegensatz zu Hayek kein Ökonom in dem Sinne, wie wir das heute verstehen, als ein in ökonomischen Modellen denkender Ökonom.

Auch heute noch ist die Abwesenheit einer wissenschaftlich-ökonomischen Schiene in Euckens Werk eines der Probleme der Sozialen Marktwirtschaft. Unökonomisches Denken hat die Soziale Marktwirtschaft für immer und ewig vergiftet. Es ist einer der wesentlichen Gründe ihrer fehlenden Reformierbarkeit.

Auch wenn es die Anhänger des deutschen Modells nicht oder nur ungern zugeben: Der internationale Einfluss Hayeks war weitaus größer als der Euckens, der außerhalb Deutschlands unbekannt ist. Das könnte an seinem relativ frühen Tod im Alter von 59 Jahren liegen. Ich bezweifele allerdings, dass Eucken aufgrund seiner in der deutschen Geistesgeschichte verankerten, von Deutschlands spezieller historischer Erfahrung geprägten, zum Teil sprachlich unklaren und unübersetzbaren Thesen und Begriffe und seines unökonomischen Ansatzes in anderen europäischen Ländern oder den USA jemals die Aufmerksamkeit erfahren hätte, die er in Deutschland erhielt.

In der deutschen Diskussion über Wirtschaftssysteme war Eucken ein großer Fisch in einem kleinen Teich. Er war der Begründer eines Wirtschaftssystems, das heute in der Welt ziemlich isoliert dasteht.

Warum Wettbewerb nicht unlauter ist

Die Soziale Marktwirtschaft und die reine Marktwirtschaft unterscheiden sich nicht nur in der Theorie, sondern auch in der Praxis fundamental voneinander. Ich führe hier als Beispiel die deutsche Wettbewerbsgesetzgebung an, die bis vor kurzem so strikt war, dass man eigentlich kaum noch von einer Marktwirtschaft sprechen konnte.

Als die Bundesrepublik gegründet wurde, hatte man sich zwar ein neues Grundgesetz gegeben, aber es gab auch Gesetze, die man vom Naziregime direkt übernommen hatte. Dazu gehörten das im Jahre 2001 abgeschaffte Rabattgesetz und die damit verbundene Zugabeverordnung. Dieses Gesetz war von den Nazis im Jahre 1933 erlassen worden, um deutsche Kleinkaufleute vor jüdischen Großkaufleuten zu beschützen. Das Rabattgesetz beschränkte die erlaubten Rabatte auf drei Prozent des Kaufwertes. Die Zugabeverordnung verbot es dem

Verkäufer, materielle Geschenke als Teil eines Kaufs anzubieten. Ein Beispiel dafür waren Flugmeilen, die man in Deutschland längere Zeit nicht anbieten durfte.

Die ursprünglichen Nazigesetze waren antisemitisch motiviert. Es ist interessant, dass diese Denkweise, die Kleinen vor den Großen zu schützen, auch nach dem Krieg noch weiterhin akzeptiert wurde mit dem einzigen Unterschied, dass es sich dann nicht mehr um jüdische Kaufleute handelte, vor denen man sich schützen wollte. Das Prinzip des Schutzes des Kleinen vor dem Großen galt grundsätzlich, selbst dann, wenn die Kleinen nicht wettbewerbsfähig waren. Hier geht es um weitaus mehr als um die Vermeidung von Kartellen. Es ist eine Denkweise, die gerade unter deutschen Wettbewerbsjuristen immer noch aktuell ist. Parallelen zu Eucken sind offensichtlich.

Die Zugabeverordnung basierte auf der Annahme eines unmündigen Verbrauchers, der nicht in der Lage war, zu verstehen, dass Geschenke von Händlern keine Geschenke sind, sondern Teil eines komplexen Angebotes. Das Gesetz unterstellt, dass der Verbraucher nicht in der Lage ist, den Wert eines solchen Angebotes zu errechnen.

Diese Annahme ist natürlich völliger Unsinn. Verbraucher können sehr gut rechnen, denn sonst würden sie nicht auf einen teuren Linienflug mit Bonusmeilen verzichten, um einen Billigflug ohne Meilen zu buchen. Auch wenn sich Verbraucher gelegentlich irren, sie irren nicht immer.

Rabattgesetz und Zugabeverordnung waren Teil eines Systems, das Marktmechanismen effektiv aushebelte. Interessanterweise wurden diese Nazigesetze nicht durch ordoliberale Politiker im Wirtschaftsministerium abgeschafft, sondern durch die rot-grüne Bundesregierung. Der Grund war nicht eine plötzliche Bekehrung zum freien Markt. Der Grund war ein sich abzeichnendes Wettbewerbsproblem im elektronischen Handel. Wenn deutsche Anbieter keine Rabatte gewähren durften, dann würde dieser Handel ins Ausland abfließen. Hier musste Deutschland widerwillig, letztlich aufgrund einer technischen Entwicklung und der Globalisierung des Handels, einen wesentlichen Bestandteil seiner Sozialen Marktwirtschaft opfern. Hier haben wir also schon ein erstes konkretes Beispiel dafür, dass Globalisierung und Soziale Marktwirtschaft miteinander inkompatibel sind.

Mit der Abschaffung dieser beiden von ordoliberalen Wirtschaftsministern wie Otto Graf Lambsdorff lange aufrechterhaltenen Wettbewerbsgesetze hat Deutschland allerdings noch keine freie Wettbewerbsordnung. Deren Kern ist nämlich ein Gesetz, zu dem es in vielen Ländern keine Parallelen gibt, das Gesetz gegen den unlauteren Wettbewerb (UWG).

Zunächst ist dieser Name sehr typisch für die deutsche Denk- und Sprechweise. Ähnlich wie mit der Sozialen Marktwirtschaft weiß man nicht ganz genau, wie dieses Adjektiv gemeint ist. Ist Wettbewerb an sich unlauter? Müssen wir ihn per Gesetz lauter machen? Am besten wählen Sie sich Ihre Lieblingsbedeutung selbst aus. In der Sozialen Marktwirtschaft ist fast nichts so formuliert, wie es gemeint ist.

Man kann dieses Gesetz letztlich in einem Satz zusammenfassen. In Deutschland ist alles verboten, es sei denn, es ist erlaubt. Zum Beispiel darf ich keine vergleichende Werbung unternehmen. Ich darf nicht sagen, dass ich etwas kann, was mein Konkurrent nicht kann.

Jetzt hört man häufig von Betriebswirten den Einwand, die betriebswirtschaftliche Forschung hätte ergeben, dass vergleichende Werbung eh nicht funktioniert. Wenn das so wäre, warum existiert ein so hoher Anteil an vergleichender Werbung in den USA? Und wer verbietet mir, mich gegen die betriebswirtschaftlichen Forschungsergebnisse zu stellen?

Auch wird mittlerweile das deutsche Verbot langsam aufgeweicht durch EU-Gesetzgebung. Aber der Grad der vergleichenden Werbung wird immer geringer sein als in den USA.

In den USA wird Werbung ganz im Sinne von Mill als Meinungsfreiheit aufgefasst oder im Sinne von Hayek als Entdeckungsprozess. In Deutschland verbieten wir einen wichtigen Teil der Meinungsfreiheit, um Firmen zu beschützen.

Die im Jahre 2004 vom Bundestag beschlossene Verstärkung des UWG verbietet Schleichwerbung jeglicher Art, Werbung, die auf Jugendliche abzielt, auch Telefonmarketing. Als ich in den USA und Großbritannien lebte, war ich zwar auch empört über die allabendlichen Anrufe von Telefonmarketingfirmen. Derartiges aber per Gesetz zu verbieten ist allerdings Ausdruck einer totalitären Geisteshaltung. Nach der Gesetzesnovelle sollte es auch nicht erlaubt sein, Gewinnspiele mit dem Erwerb einer Ware zu verkoppeln. Hier haben wir ihn wieder, Deutschlands unmündigen Verbraucher, der nicht für sich selbst entscheiden kann, was für ihn richtig ist, sondern der Gesetze bedarf, die ihn vor dem freien Markt schützen.

Willkommen in der Sozialen Marktwirtschaft.

Irrtum 4: Globalisierung ist ein Wettlauf zur Armut

In Deutschland glauben viele, Globalisierung bedeutet, dass Chinesen T-Shirts und andere Billigprodukte produzieren, dass Inder die Call-Center bedienen und dass wir die Ingenieure und Wissenschaftler stellen.

Diese Einschätzung ist falsch. Die Ambitionen der Chinesen und Inder gehen nicht in Richtung des Niedriglohnsektors. Sie konkurrieren mit uns dort, wo wir selbst unsere Stärken wähnen. China hat sich vorgenommen, einen Großteil der globalen Autoproduktion bei sich anzusiedeln. Indiens nächste Phase der Industrialisierung zielt auf die Automobilzulieferindustrie ab. Gerade in den Ingenieur- und Naturwissenschaften spielen die Chinesen eine immer stärkere Rolle. In einigen Hochtechnologiebereichen sind sie mittlerweile stärker als Deutschland.

Die Form der Globalisierung, die wir heute erleben, hat mit der Globalisierung vergangener Zeiten nichts mehr zu tun. Die moderne Globalisierung ist uns nicht nur fremd. Wir sind wegen unserer Sozialen Marktwirtschaft darauf nicht einmal im Ansatz vorbereitet.

Eine Anekdote vom Fuxing-Park, Schanghai

Einer der prägenden Eindrücke der Globalisierung kam mir während eines Besuches in Schanghai im Dezember 2003. Es war am letzten Tag unserer Reise, ein Sonntag. Meine Frau und ich waren an diesem Tag besonders früh unterwegs, weil wir uns noch vor unserem Abflug am Mittag den alten französischen

Distrikt ansehen wollten. Auf dem Weg dorthin gingen wir durch einen von Schanghais ältesten und berühmtesten Parks, den Fuxing-Park. Es war kurz nach sechs Uhr morgens.

Kurz nachdem wir den Park betraten, hörten wir aus einiger Entfernung Tangomusik, der wir uns langsam näherten. Wir kamen auf einen kleinen Platz im Park, auf dem mehrere chinesische Paare zu Tangomusik tanzten, die aus einem großen altmodischen Transistorradio erschallte. Wir schauten uns das Spektakel ein paar Minuten an und gingen weiter. Die Musik wurde hinter uns leiser, aber jetzt ertönte von vorn der Kaiserwalzer. Wir gelangten an einen noch größeren Platz im Park, voll mit Walzer tanzenden chinesischen Paaren. Unser Spaziergang führte uns noch auf einen Platz mit Foxtrott sowie einen mit Rumba und Cha-Cha-Cha.

Zwei Jahre später sind es die Tänzer vom Fuxing-Park und nicht die Skyline oder die ultramodernen Shoppingzentren, die uns nach einer Woche Aufenthalt in Schanghai am meisten in Erinnerung geblieben sind. Dabei fehlt es Schanghai keineswegs an Bemerkenswertem. Die Stadt hat längere Highways und höhere Wolkenkratzer als New York und mehr Designer-Boutiquen als Paris. Mit der zwischen Pudong International Airport und der Innenstadt verkehrenden Magnetschwebebahn Transrapid hat Schanghai ein schnelleres und bequemeres Transportmittel, als es München und Düsseldorf je erfahren werden. In Schanghai stoßen die Kolonialwelt und die Moderne aufeinander wie in wenigen anderen Städten der Welt.

Aber all das kennen wir im Prinzip von anderswoher auch. In Schanghai ist alles größer dimensioniert, wie früher eben alles größer dimensioniert war in den USA. Diese Tänzer waren aber von einer anderen Qualität. Vor allem ergab es zunächst überhaupt keinen Sinn. Wer tanzt schon um sechs Uhr morgens, zu dieser unsagbaren Zeit, und dann noch an einem Sonntag in einem öffentlichen Park? Zu einer Musik, die einem

Chinesen ähnlich exotisch vorkommen muss wie uns die Musik in einer chinesischen Oper? Es dauerte einige Zeit, bis ich auf diese Fragen eine Antwort hatte.

Genau 18 Monate später, im Sommer 2005, traf in einer eleganten Großstadt des alten Europa eine kleine Gruppe bekannter Politiker, Künstler und Unternehmer zu einem privaten Gedankenaustausch zusammen. Das Publikum bestand aus Mitteleuropäern. Unter den Gästen als einzige Nicht-Europäerin war eine in Amerika geborene, chinesische Fernsehmoderatorin und Unternehmerin, die schon seit über 20 Jahren in Schanghai lebt. Ihr Name ist Kan Yue-Sai.

Im chinesischen Fernsehen CCTV portraitiert sie berühmte Persönlichkeiten aus dem Westen, Leute wie die französische Schauspielerin Cathérine Deneuve oder die jordanische Königin Noor. Ihre Sendungen haben eine geschätzte Einschaltquote von über 300 Millionen Menschen, knapp das Vierfache der Einwohnerzahl Deutschlands. *Time Magazine* nannte sie die „Königin des Mittelreiches“. In China ist sie bekannter als Oprah Winfrey in den USA oder Sabine Christiansen in Deutschland.

Yue-Sai behauptet von sich, dass sie wenig von internationaler Politik versteht, und von Volkswirtschaft verstehe sie erst recht nichts. Aber man sollte Yue-Sai nicht unterschätzen. Sie versteht die Regeln der Globalisierung wie kaum jemand anders, und vor allem versteht sie, warum wir in Europa und in Deutschland damit Probleme haben.

Während die erlauchte Runde mit großem technischen Sachverstand über die vielschichtigen Probleme und Aufgaben Europas philosophierte, meldete Yue-Sai sich zu Wort und sagte Folgendes:

Das Problem mit euch Europäern ist, dass ihr euren Blick nach innen werft. Ihr interessiert euch sehr wenig dafür, was außerhalb Europas und besonders bei uns in Asien passiert. Der großen Unterschied zu uns ist, dass wir neugierig sind, hungrig regelrecht, auf Europa und Amerika, die Welt. In China kennt jedes Kind die Namen mindestens dreier großer europäischer Komponisten. Eure Kinder wissen von uns überhaupt nichts, und sie kennen keinen einzigen unserer Komponisten.

Der Kommentar sorgte für Unruhe unter den Teilnehmern. Denn es ist selten, dass man uns Europäern vorwirft, nicht weltoffen zu sein. Das wirklich Interessante an ihrer Beobachtung ist nicht einmal diese Kritik. Über die Amerikaner könnte man diesbezüglich sicher genauso lästern, wenn nicht noch mehr.

Das wirklich Interessante ist ihre Beschreibung der aufstrebenden chinesischen Mittelklasse, ihrer Neugier und ihres kulturellen Hungers, vor allem ihres nimmersatten Hungers nach europäischer Kultur. Genau das traf eben auf die Tänzer vom Fuxing-Park zu. Sie tanzen am Sonntag um sechs Uhr morgens, weil das die Zeit ist, in der Leute, die sieben Tage in der Woche arbeiten, Freizeit genießen können. Sie tanzen europäische und lateinamerikanische Tänze, weil sie einen Nachholbedarf nach der globalen und vor allem europäischen Kultur haben.

Yue-Sai sagte mir, die Kinder von Chinas schnell wachsender Mittelschicht lernen fast ausnahmslos ein musikalisches Instrument, zumeist Klavier oder Geige. Die Nachfrage nach Klavieren ist mittlerweile so groß, dass die Produzenten mit der Produktion nicht nachkommen.

Der Kontrast zu Deutschland könnte kaum größer sein. Die Bertelsmann Stiftung hatte eine Studie in Auftrag gegeben über die Qualität des Musikunterrichts an den Schulen in Nordrhein-Westfalen. Die Studie ergab, dass nur 20 Prozent aller Schulkinder überhaupt noch Musikunterricht haben.

Selbst bei unserer eigenen Kultur, in der wir glauben, ein Monopol zu besitzen, sind wir mittlerweile starker Konkurrenz ausgesetzt.

Was man in China erlebt, ist mit Worten wie Arbeitseifer und Fleiß überhaupt nicht zu beschreiben. Damit lässt sich allenfalls das deutsche Wirtschaftswunder der 50er und 60er Jahre erklären. Ich bin immer noch nicht ganz sicher, was die Chinesen derart antreibt. Aber dahinter steckt eine ungeheure Energie, wie wir sie in Deutschland und Europa überhaupt nicht mehr kennen. Es ist diese Energie, mit der die Globalisierung angetrieben wird.

Globalisierung ist eine wirtschaftliche Kräfteverschiebung

Der Ausdruck Globalisierung taucht zum ersten Mal in einem amerikanischen Lexikon im Jahre 1961 auf.[36] Derjenige, der ihn popularisierte, war der britische Soziologe Anthony Giddens, ehemaliger Direktor der London School of Economics, Berater des britischen Premierministers Tony Blair und berühmter Befürworter eines dritten Weges zwischen Kommunismus und Kapitalismus.[37]

Auch wenn die zentrale These dieses Buches ist, dass Globalisierung und Soziale Marktwirtschaft miteinander nicht vereinbar sind, so haben sie zumindest eines gemeinsam. Es handelt sich in beiden Fällen um missverständliche Begriffe. Im letzten Kapitel habe ich versucht, zu erklären, was Soziale Marktwirtschaft ist und welches Gedankengut hinter ihr steckt. In diesem Kapital will ich erklären, was Globalisierung bedeutet und warum sie wichtig ist. Giddens nennt die Globalisierung[38]

die Intensivierung der weltweiten sozialen Beziehungen, die
entfernte Orte in einer Art und Weise miteinander verbinden,
dass lokales Geschehen durch Ereignisse beeinflusst wird,
die viele Meilen entfernt stattfinden. Dies ist ein dialektischer
Prozess, denn das lokale Geschehen kann wieder in die gleiche Richtung zurückfließen zu den entfernten Ereignissen, von
denen es beeinflusst wurde.

Mit anderen Worten: Wenn in China ein Reissack umfällt, wie
man im Volksmund oft sagt, dann hat das in der Tat für uns eine
Bedeutung.

Bei Globalisierung geht es nicht allein um Wirtschaft, sondern auch um Politik, Wissenschaft und Kultur. Unser Thema
ist die Globalisierung in der Wirtschaft, auch wenn sie natürlich durch die Globalisierung gerade der Politik und der Wis-
senschaften beeinflusst ist.

Doug Henderson, der ehemalige Chefökonom der Organisation für wirtschaftliche Zusammenarbeit und Entwicklung in Paris, definierte die ökonomische Globalisierung als
einen freien Markt für Güter, Dienstleistungen, Arbeit und Kapital, was gleichbedeutend ist mit einem globalen Binnenmarkt. Ökonomisch gesehen, gibt es somit kein In- und Ausland mehr. Vor allem gibt es in einer globalisierten Welt keine
Ausländer mehr.[39]

Früher bestand die Globalisierung darin, dass autonome
Volkswirtschaften miteinander Handel betrieben. Im Bereich
des Handels sind die größten Fortschritte im 19. Jahrhundert
erzielt worden. Schon im Jahre 1870 machte der Handel im
Deutschen Reich 37 Prozent vom Bruttoinlandsprodukt aus.[40]
Im Jahre 1950 war er erheblich geringer und lag im Jahre 1995
bei 46 Prozent. In Japan ist der Anteil insgesamt rückläufig. Er
betrug 30 Prozent im Jahre 1910 und 17 Prozent im Jahre
1995. In absoluten Werten ist der Handel natürlich stark ange-

stiegen. Aber noch stärker angestiegen sind die nationalen
Dienstleistungen, die nicht handelbar sind.

Im 19. Jahrhundert lag der Grund für die Globalisierung
durch Handel im billigeren Transport, vor allem durch Eisen-
bahnen und Schiffe. Relativ zu bisherigen Technologien war
die Einführung des Telegrafen im 19. Jahrhundert weitaus wichtiger als die des Internets oder der Mobiltelefonie im 20. Jahrhundert.

Die Globalisierung, die wir heute erleben, ist in ihrem Wesen etwas völlig anderes als die Globalisierung vergangener
Jahrzehnte. Damals handelte es sich um eine Internationali-
sierung des Welthandels, an der Deutschland mit großem Erfolg teilnahm und immer noch teilnimmt. In Deutschland
produzieren wir zwar schon seit Jahrzehnten keine Textilien
mehr. Die Massenproduktion wurde in Länder ausgelagert mit
weitaus billigeren Lohnkosten. Dafür produzieren wir aber
immer noch Autos, Autozubehör, Maschinen und Werkzeuge
aller Art.

Mit dieser Art der Globalisierung sind wir in Deutschland
vertraut. Sie besteht darin, dass man die am wenigsten quali-
fizierten Arbeitsplätze ins Ausland verlagert und sich selbst auf
höher qualifizierte Tätigkeiten spezialisiert. Die Konsequenz
aus dieser Globalisierung für den Einzelnen war offensichtlich.
Ein guter Schulabschluss, eine gute Ausbildung oder ein Studium war notwendig und in den meisten Fällen auch hinrei-
chend für den beruflichen Erfolg. Es waren hauptsächlich die
unqualifizierten Arbeitskräfte, die in dieser Form der Globalisierung beruflich unter die Räder kamen.

Die moderne Globalisierung, die wir jetzt in China und
Indien erleben, funktioniert anders. Sie hat weniger mit Gü-
tern zu tun als mit Menschen. Der berühmte Ökonom des
Welthandels Jagdish Bhagwati, Professor an der Columbia
University in New York und Autor des Bestsellers „In Defence

of Globalisation"[41], zerlegt die Globalisierung in fünf Kategorien: Welthandel, Direktinvestitionen, Integration von Kapitalmärkten, technologische Integration sowie Migration und Einwanderung. Die uns vertraute Globalisierung ist die der ersten Kategorie, nämlich des Handels. Die moderne Globalisierung findet verstärkt in den anderen vier Kategorien statt.

China produziert natürlich auch Textilien, aber vor allem produziert China heutzutage mehr Mathematiker, Physiker und Ingenieure als unsere westlichen Volkswirtschaften.

Laut einer Studie[42] stieg der Weltanteil Asiens an wissenschaftlichen Veröffentlichungen von 16 Prozent im Jahre 1990 auf 25 Prozent im Jahre 2004. Wenn dieser Trend anhält, wird Asien in zehn bis 15 Jahren mehr wissenschaftliche Veröffentlichungen produzieren als die USA.

Indien produziert jedes Jahr 260 000 Diplomanden in den Ingenieurwissenschaften. Dieser Anteil wird sich bis zum Ende des Jahrzehnts verdoppeln. Man braucht sich nur einmal die Doktorandenstudiengänge der amerikanischen Universitäten anzusehen. Die große Mehrheit der Absolventen stammt mittlerweile nicht mehr aus den USA und Europa, sondern aus der Neuen Welt.

Laut Bhagwati waren im Jahre 1990 62 Prozent aller Doktoranden in den USA im Bereich des Ingenieurwesens Ausländer, hauptsächlich Asiaten. Bei den Ökonomen betrug der Prozentsatz im selben Jahr 54 Prozent. Während der 90er Jahre ist der Anteil noch weiter gestiegen. An der Johns Hopkins University in Maryland, USA, bestand einmal ein ganzer Jahrgang von Doktoranden in der Mathematik nur aus Chinesen. Erst durch die Visa-Beschränkungen der USA nach den Anschlägen vom 11. September 2001 ist die Zahl ausländischer Studienabsolventen erstmalig gefallen.

Unser Problem sind nicht chinesische Billigarbeiter, sondern chinesische Wissenschaftler und indische Ingenieure, die

mit uns konkurrieren, egal, ob sie mit uns direkt auf unserem
heimischen Arbeitsmarkt konkurrieren oder indirekt durch
den Handel.

Durch den Eintritt einwohnerzahlmäßig großer Länder
wie China, Indien, Russland und Brasilien in die Gruppe der
industrialisierten Länder wird die globale Arbeitsteilung kräftig durcheinander gewirbelt.

Während des 20. Jahrhunderts ließ sich die Welt bequem in
Industrieländer, Schwellenländer und Entwicklungsländer ein-
teilen. Unsere über Jahrzehnte gescheiterte, auf Almosen basierende Entwicklungspolitik hatte zur Folge, dass diese Eintei-
lung lange gültig blieb. Doch dann geschah etwas, womit man
nicht gerechnet hat. China und Indien erprobten ein neues
Entwicklungsmodell, eines, das auf Exporten aufbaute.

Damit erreichten beide Länder nicht nur ein höheres Wirtschaftswachstum, sondern vor allem auch einen deutlichen
Rückgang in der Armut. Der schon vorher zitierte Bhagwati
schrieb hierzu[43]:

[China und Indien] hatten die größte Menge an Armut auf der
Welt. Sie begannen mit einer Neuorientierung nach außen vor
ungefähr zwei Jahrzehnten, und das trug zu ihrem höheren
Wachstum in den 80er und 90er Jahren bei. China begann mit
einer sehr aggressiven, nach außen gerichteten Strategie im
Jahre 1978. Indien öffnete seine abgeschottete Wirtschaft zunächst begrenzt in den 80er Jahren und danach mehr syste-
matisch und mutig in den 90er Jahren. Nach Schätzung der
Weltbank wuchsen die Realeinkommen (Bruttoinlandsprodukt) um durchschnittlich zehn Prozent in China und sechs
Prozent in Indien während der zwei Jahrzehnte bis zum Jahr
2000. Kein Land auf der Erde wuchs so schnell wie China, und
weniger als zehn Länder hatten Wachstumsraten, die die von
Indien überstiegen. Was passierte mit der Armut? Wie der

gesunde Menschenverstand annehmen würde: Die Armut sank.

Bhagwati zitiert die Asiatische Entwicklungsbank, nach deren Schätzungen der Anteil der Armen an der Bevölkerung in China von 28 Prozent im Jahre 1978 auf neun Prozent im Jahre 1998 sank. In Indien fiel er in einem vergleichbaren Zeitraum von 51 Prozent auf 26 Prozent.

Wenn man diese Prozentsätze auf die Einwohnerzahl von China und Indien anwendet, dann ergibt sich, dass heute in China und Indien eine halbe Milliarde Menschen nicht mehr als arm gelten, die man vor 20 Jahren noch als arm einstufte. Mit anderen Worten: Unsere westliche Industriegesellschaft ist um eine halbe Milliarde Einwohner gestiegen, das ist mehr als die sechsfache Einwohnerzahl Deutschlands und mehr als die doppelte Einwohnerzahl der USA.

Die amerikanische Investmentbank Goldman Sachs[44] hat die Entwicklung des Wirtschaftswachstums von Brasilien, Russland, Indien und China für die nächsten 50 Jahre modelliert. Dabei ergaben sich erstaunliche Ergebnisse. Goldman Sachs nennt diese vier Länder gemäß ihren Initialen BRIC. In der Analyse vergleicht Goldman Sachs die vier BRIC-Länder mit der Gruppe der sechs größten westlichen Industrieländer, die G 6 – USA, Japan, Deutschland, Großbritannien, Frankreich und Italien.

Auf der Basis demografischer Projektionen und volkswirtschaftlicher Schätzungen errechnete Goldman Sachs, dass die vier BRIC-Länder in weniger als 40 Jahren zusammen ein höheres Volkseinkommen haben werden als die G 6. Momentan liegen die BRIC bei ungefähr 15 Prozent unseres Volkseinkommens. Schon bis zum Jahr 2025 wird dieser Anteil auf 50 Prozent ansteigen.

Ebenso interessant sind die Projektionen für einzelne Länder. Deutschland ist momentan die drittgrößte Volkswirtschaft der Welt nach den USA und Japan. Laut Goldman Sachs wird China Deutschland im Jahre 2007 überholen. Im Jahre 2007 werden China und Deutschland jeweils ein Volkseinkommen (Bruttoinlandsprodukt) von etwas über zwei Milliarden Dollar erzielen. Für das Jahr 2050 ist die Prognose dramatisch. Dann hat Deutschland ein voraussichtliches Volkseinkommen von ungefähr 3,6 Milliarden Dollar, China hingegen von 44 Milliarden Dollar, mehr als das Zwölffache. Nach der Projektion überholt Indien Deutschland im Jahre 2023, Russland überholt Deutschland im Jahre 2028 und Brasilien überholt Deutschland im Jahre 2036.

Jetzt sind diese Zahlen zu einem großen Teil eine Folge der Größe dieser Länder. Aber selbst umgerechnet auf das Pro-Kopf-Einkommen wird sich die relative Position der vier BRIC-Länder gegenüber den G 6 erheblich verbessern. Das von Goldman Sachs projizierte Pro-Kopf-Einkommen der Russen wird im Jahre 2050 sogar größer sein als das der Deutschen. China wird ein Pro-Kopf-Einkommen erzielen, das ungefähr zwei Drittel von dem Deutschlands entspricht. Zum Vergleich: Heute beträgt Chinas Pro-Kopf-Einkommen gerade mal fünf Prozent vom dem der Deutschen.

Wir haben hier drei Effekte, die zusammenkommen. Erstens erhöht sich in den BRIC-Ländern die Bevölkerungszahl relativ zu der der G-6-Länder. Zweitens erhöhen sich in den BRIC-Ländern der Grad der Industrialisierung und damit die Anzahl der Menschen, die in der Industrie arbeiten. Drittens erhöht sich die Produktivität der Industrie.

Diese Statistiken basieren auf einer Reihe von Annahmen, insbesondere über die Wirtschaftspolitik in diesen Ländern und die Entwicklung der Weltwirtschaft insgesamt. Es ist unwahrscheinlich, dass diese Projektionen alle genau zutreffen. Der wichtige Punkt dieser Statistiken ist lediglich der: In der

Nachkriegszeit gehörten Deutschland und seine europäischen Nachbarn zu den größten Volkswirtschaften. Man sprach insbesondere von Deutschland von einem politischen Zwerg und einem ökonomischen Giganten. In den nächsten 50 Jahren gilt diese Aussage nur noch für Gesamteuropa, nicht mehr für seine einzelnen Länder. Deutschland ist dann ein politischer Zwerg und ein ökonomischer Zwerg.

Damit schwindet natürlich auch unsere Einflussnahme auf die internationale Wirtschaftspolitik. Ich erinnere mich noch an Zeiten, als der deutsche Bundeskanzler Helmut Schmidt, der französische Präsident Valéry Giscard d'Estaing und US-Präsident Jimmy Carter sich regelmäßig zu dritt trafen, um ihre Wirtschafts- und Finanzpolitik zu koordinieren.

Ein ähnliches Treffen zwischen George W. Bush, Gerhard Schröder und Jacques Chirac würde heutzutage nie zustande kommen, weil sich Deutschland und Frankreich kaum noch für die Weltwirtschaft interessieren. Ich hatte oft das Gefühl, dass gerade Deutschland seit der Wiedervereinigung in seinem eigenen Saft schmort.

Helmut Schmidt fragte sich Ende der 70er Jahre noch, was können Deutschland und Europa für die Weltwirtschaft tun? Vielleicht war seine Antwort nicht richtig. Damals legte er ein Konjunkturprogramm auf, mit dem sich Deutschland wohl etwas übernahm. Aber viel entscheidender war, dass er überhaupt so eine Frage stellte. Seitdem ist kein deutscher Bundeskanzler auch nur auf die Idee gekommen, eine solche Frage zu stellen.

Einer der Gründe dafür ist die wachsende wirtschaftspolitische Bedeutungslosigkeit Deutschlands und anderer europäischer Nationen. Als drittgrößte Volkswirtschaft der Welt übt Deutschland heutzutage noch einen gewissen Einfluss aus, obwohl auch der längst nicht mehr so stark ist wie in den 70er Jahren. Mittlerweile hat nicht nur eine Reihe kleiner europä-

ischer Länder, sondern selbst das früher ewig kriselnde Großbritannien Deutschland sowohl im Wachstum als auch im
Volkseinkommen pro Kopf überrundet. Mit diesen Entwick-
lungen nimmt nicht nur Deutschlands relative Größe ab, sondern auch sein politischer Einfluss.

Wenn die Welt zu einer einzigen Volkswirtschaft verschmilzt,
in der die alten und neuen Industrieländer vereinigt sind, dann
kommt es mit großer Wahrscheinlichkeit zu einem Verschmel-
zen der Wirtschaftssysteme und der dahinter liegenden Ideologien. Unsere Soziale Marktwirtschaft mit ihrer deutsch-spezi-
fischen Geschichte, mit ihrer mehrdeutigen Definierbarkeit,
ihren wirren, zum Teil nicht einmal übersetzbaren Begriffen
wie Ordnungspolitik und ihren merkwürdigen Gesetzen wie
das Gesetz gegen den unlauteren Wettbewerb, ist dazu nicht
gerade auserkoren. Möglicherweise wird auch nicht das angelsächsische System die Antwort sein. Aber es wird ein liberales
Marktsystem sein.

Globalisierung bedeutet eine neue globale Arbeitsteilung

Viele Menschen sehen in der Globalisierung eine Bedrohung
unserer Wirtschaft, unserer Sozialsysteme, unserer Wertevor-
stellungen und unseres politischen Einflusses auf der Welt. Die
Statistiken aus dem vorherigen Abschnitt sind in der Tat
deprimierend.

Die Art und Weise, inwieweit uns in Deutschland die Globalisierung beeinflusst, hängt in erster Linie von uns selbst ab,
ob wir in ihr eine Chance oder eine Bedrohung sehen. Wenn
wir uns einigeln, auf unseren Systemen, DIN-Normen und
Ladenschlusszeiten beharren, dann stimmen die Unkenrufe.
Wenn wir Deutschen und Europäer uns tatsächlich als betont

nichtglobal definieren, als eigenständig, exzeptionell und vor allem unflexibel, dann treffen all diese pessimistischen Prognosen zu. Die Globalisierung wird dann zu einer existentiellen Bedrohung, die Deutschland und andere westeuropäische Länder über einen längeren Prozess verarmen und in die politische Bedeutungslosigkeit driften lässt.

Man kann die Globalisierung aber auch als Chance begreifen. Dann könnte ein reiches Land wie Deutschland, mit seinen immer noch recht guten, wenn auch längst nicht mehr weltbesten Bildungs- und Ausbildungssystemen in dieser globalisierten Welt einiges bewegen. Aber mit der Globalisierung verhält es sich ähnlich wie mit den beiden Schuhverkäufern, die laut einer viel erzählten Überlieferung aus den Frühzeiten des Marketings von konkurrierenden Schuhfabriken nach Afrika geschickt wurden, um dort den Markt auszuloten. Dort angekommen, schickt der eine Schuhverkäufer ein Telegramm an seine Firma mit der Nachricht: „Kein Markt; hier trägt keiner Schuhe." Der andere hingegen schreibt: „Ein Riesenmarkt; hier trägt keiner Schuhe."

Wie die Schuhverkäufer in Afrika haben auch wir die Wahl der Perspektive. In den letzten Jahren sah es nicht danach aus, dass sich Deutschland und Frankreich mit der Globalisierung aktiv und positiv auseinander setzten. Unsere Haltung ist bislang überwiegend defensiv. Sehr typisch dafür waren die Heuschrecken-Diskussion in Deutschland im Frühjahr 2005 sowie die Diskussion der Franzosen während des Referendums über die EU-Verfassung zur gleichen Zeit. In diesen Diskussionen ging es hauptsächlich darum, wie man sich vor der Globalisierung und dem angelsächsischen Kapitalismus schützt, nicht, wie man ihn zu seinem Vorteil gestaltet.

Genau das war das Thema der Debatte über die europäische Verfassung in Frankreich. Der ehemalige französische Ministerpräsident Laurent Fabius argumentierte, dass durch die Verfassung Europa der Globalisierung ausgeliefert werde. Was Europa anstatt dessen brauche, so Fabius, ist eine Verfassung, die uns vor der Globalisierung schützt.

Nach einer Umfrage von Eurobarometer, dem Meinungsforschungsinstitut der EU, glauben 62 Prozent der Europäer, dass die Globalisierung kontrollierbar sei.[45] Mit anderen Worten: Die Mehrzahl der Europäer glaubt nicht daran, dass wir uns anpassen müssen, sondern sie vertraut darauf, dass es Politikern wie Müntefering und Fabius gelingt, die Globalisierung von uns fern zu halten. Philip Gordon von der Brookings Institution in Washington analysierte Europas Probleme mit der Globalisierung wie folgt[46]:

> Es ist wahr, dass Globalisierung und Wirtschaftsliberalisierung eine größere Herausforderung für Europa als für die USA bedeuten. Einer der Gründe ist, dass der Staat eine größere Rolle in der Wirtschaft spielt. Die durchschnittlichen Staatsausgaben in der EU sind 48 Prozent vom Bruttoinlandsprodukt, im Gegensatz zu 36 Prozent in den USA; Sozialausgaben sind 25 Prozent, im Gegensatz zu nur 15 Prozent in den USA. Die Europäer hängen ebenfalls mehr an dem Prinzip der Gleichheit und Gemeinschaftsrechte im Gegensatz zu den Amerikanern, die stolz sind auf ihre Geschichte des Individualismus.

Die Einstellung der Europäer zur Globalisierung ist allerdings nicht überall gleich. Während man unter den Eliten in Frankreich in der Globalisierung ausschließlich eine Bedrohung sieht, ist die Situation in Deutschland ein wenig vielfältiger, wenn auch nicht minder irregeleitet. Gerade deutsche Unternehmer und Politiker sehen in der Globalisierung in erster Linie ein Problem des Kostenwettbewerbs. So definierte Ernst Ulrich von Weizsäcker, ehemaliger Vorsitzender der Enquête-Kommission Globalisierung der Weltwirtschaft im Deutschen Bundestag, in einer Rede die Globalisierung wie folgt[47]:

> Die Globalisierung. Sie bedeutet einen gnadenlosen, weltweiten Kostenwettbewerb und zwingt auch die Metropolen in einen harten Wettbewerb gegeneinander.

Die Annahme basiert zunächst auf der richtigen Beobachtung: Unsere Löhne können nicht mit denen in China und Indien, ja nicht einmal mit denen in der Slowakei oder Slowenien konkurrieren. Aber er zieht die falsche Schlussfolgerung, nämlich dass wir dadurch einem gnadenlosen „Kostenwettbewerb" ausgesetzt seien. Seine Sicht der Dinge basiert auf einem fundamentalen Missverständnis. Kostenwettbewerb ist ein Teil der Globalisierung, aber nur ein kleiner Teil.

Die Tschechen, zum Beispiel, hatten früher einen höheren Grad der Industrialisierung als Österreich. Viele Tschechen sehen auf ihre deutsch sprechenden Nachbarn im Süden und auch die im Westen mit einiger Arroganz herab. Auch in der Politik erleben wir hier keine unterwürfigen Länder, sondern sehr selbstbewusste Nationen. Die polnische Regierung trat während der Debatte um die europäische Verfassung mit einem Selbstbewusstsein auf, wie man es in Deutschland nur von sich selbst, Frankreich oder Großbritannien gewöhnt war.

Auch China versteht sich nicht als Dritte oder Zweite Welt, sondern als die größte Kulturnation der Welt überhaupt. Wir sind hier nicht konfrontiert mit Ländern, deren Wirtschaftsmodell auf Billigproduktion basiert, auch wenn die Kosten momentan aufgrund des industriellen Entwicklungsgrades dieser Länder noch geringer sind. Deren Kosten werden im Laufe der Jahre und Jahrzehnten ebenfalls ansteigen. Das Charakteristische an all diesen Ländern ist ihr enormer Ehrgeiz.

Der amerikanische Journalist Thomas Friedman, Kolumnist der *New York Times*, schrieb in seinem neuesten Buch[48] über die Globalisierung aus amerikanischer Sicht. Er hält selbst die USA trotz ihrer viel besseren Universitäten, ihrer innovativeren Unternehmen und ihrer deregulierten Marktwirtschaft durch die Globalisierung existentiell durch Länder wie China bedroht.

Der Grund ist, dass Amerikaner, ebenso wie die Deutschen, die Art der Bedrohung durch China und Indien falsch klassifizieren. Es ist kein Kostenwettbewerb, sondern ein Qualitätswettbewerb, dem wir von diesen Ländern ausgesetzt sind. Es ist somit eine völlig andere Form der Bedrohung, die wir bislang nicht kennen. So schreibt Friedman:

> Man kann es nie genug betonen: Die jungen Chinesen, Inder und Polen gehen mit uns keinen Wettlauf nach unten ein. Sie rennen nach oben. Sie wollen nicht für uns arbeiten. Sie wollen nicht einmal so sein wie wir. Sie wollen uns beherrschen, und zwar in dem Sinne, dass sie selbst die Firmen der Zukunft gründen, die Menschen auf der ganzen Welt bewundern und für die sie unbedingt arbeiten wollen.

Entscheidend für den Erfolg in der Globalisierung sind Wissen und Flexibilität, gute Ausbildungen mit Zukunftsaussichten, ein hoher Grad an Flexibilität in den Arbeitsmärkten und vor allem eine wettbewerbsorientierte Lebenseinstellung.

Deutschland hatte in der Vergangenheit gute Erfahrungen mit der Globalisierung gemacht, weil Deutschland über eine hervorragende Industriestruktur verfügte, die im 19. Jahrhundert geschaffen wurde und von deren Früchten das Land heute noch zehrt.

Das Problem ist nur, dass unsere traditionellen Wettbewerbsvorteile mittlerweile nicht mehr bestehen oder in absehbarer Zeit nicht mehr bestehen werden.

Mit einer Landbevölkerung von 900 Millionen, bei einer Gesamteinwohnerzahl von 1,3 Milliarden, hat China über Jahrzehnte hinweg ein nicht ausschöpfbares Reservoir an neuen Arbeitskräften. Für die Weltwirtschaft insgesamt bedeutet das, dass sich das globale Verhältnis von Arbeit zu Kapital in den nächsten Jahrzehnten deutlich erhöhen wird.

In der Geschwindigkeit, mit der der Weltwirtschaft neue Arbeitskräfte zugeführt werden, kann sich das Kapital aber nicht anpassen. Es wird noch Jahrzehnte dauern, bis sich das alte Gleichgewicht wieder eingestellt hat. Das heißt, der Kostendruck wird sich noch intensivieren, und die Arbeitskosten für handelbare Güter, also die Güter, die den deutschen Wohlstand ausmachen, werden weiter fallen.

Die ökonomische Konsequenz der Globalisierung ist zunächst eine rapide Änderung der globalen Arbeitsteilung. Konfrontiert mit einer derartigen Situation gibt es aus Sicht der westlichen Industriestaaten zwei Möglichkeiten. Entweder man schottet sich durch Protektionismus ab, oder man akzeptiert die neue globale Arbeitsteilung und zieht daraus für sich die richtigen Konsequenzen.

Ersteres wäre für die Weltwirtschaft eine Katastrophe, vor allem für ein Land wie Deutschland, das sehr stark vom Export abhängig ist. Man kann der Globalisierung nicht wirklich ausweichen, die negativen Folgen wären weitaus größer als der vermeintliche Gewinn.

Es war schon zum Teil amüsant zu sehen, zu welchen Peinlichkeiten der Versuch im letzten Jahr führte, die Importe chinesischer Textilien durch Einfuhrquoten zu drosseln. Die EU verhandelte mit China diese Quoten, nachdem sich durch die Marktöffnung insbesondere südeuropäische Produzenten bedroht sahen. Aber die Quoten bedeuteten, dass schon im August 2005 ganze Kategorien von Kleidungsstücken plötzlich in Europa nicht mehr lieferbar waren. Ich kann mich nicht erinnern, dass es jemals vorgekommen ist, dass die *Financial Times* in ihrer internationalen Ausgabe auf der Seite eins berichtete, dass es in Europa keine Büstenhalter und T-Shirts mehr zu kaufen gibt. Es kam zu einem lauten Protest des Handels und der

Konsumenten, und die EU willigte schließlich in eine Lockerung der irrwitzigen Quoten ein.

Für Europa insgesamt und für Deutschland insbesondere
gibt es keine Alternative zum freien Welthandel. Es bleibt also
nichts übrig, als die neue globale Arbeitsteilung zu akzeptieren.
Dies wiederum heißt allerdings, dass sich Deutschland verstärkt als Dienstleistungsgesellschaft begreifen muss. Denn die
neue globale Arbeitsteilung bedeutet, dass die Produktion immer mehr in den neuen industrialisierten Ländern stattfinden
wird.

Trotzdem definiert sich Deutschland immer noch stur als
Industriegesellschaft, und dadurch ist Deutschland hochgradig
gefährdet. Deutschlands wirtschaftliche Probleme hängen fast
alle damit zusammen, dass wir diesen Wandel in den Köpfen
noch nicht vollzogen haben.

Deutschland darf sich nicht länger als eine Industriegesellschaft begreifen

Wir glauben in Deutschland, dass die industrielle Produktion
unsere Stärke ist. In der Tat ist der Anteil der Industriepro-
duktion in Deutschland höher als in anderen Industrieländern.
Unser Fehler ist, dass wir die falschen Schlüsse daraus ziehen.

Nehmen wir als Beispiel für den Wandel eine Industrie, mit
der viele Leser vertraut sein dürften, die Automobilindustrie.
Es ist noch nicht allzu lange her, da produzierte Deutschland
fast alle in Deutschland gekauften Autos selbst. Schon in den
80er Jahren wurden deutsche Autos preislich durch asiatische
Anbieter unterboten. Es waren damals die Japaner, die in den
deutschen Markt einzogen, später die Koreaner mit zunächst
relativ geringem Erfolg. Deutschland baute in den 80er Jahren
qualitativ immer noch die besten Autos. Wenn man heute auf

beliebige Straßen blickt, sieht man immer noch Autos der
Marke Mercedes aus den 80er Jahren. Japanische Autos aus
dieser Zeit sieht man weitaus weniger.

Gerade in der Mittelklasse war der Vorsprung der deutschen Autohersteller scheinbar uneinholbar. Volkswagen beherrschte das Mittelsegment, BMW, Mercedes und Porsche
beherrschten das obere Segment.

Im Jahre 1989 stellte die Firma Toyota auf der Autoshow in
Detroit zum ersten Mal ein neues Topmodell vor, den Lexus,
mit dem Toyota in den Markt der Luxuslimousinen einbre-
chen wollte. In den USA war der Lexus, dessen Qualität mit
Mercedes und BMW vergleichbar war, sofort ein großer Erfolg. Lexus hatte natürlich nicht sofort das Prestige von Mercedes oder BMW. Das dauerte einige Jahre. Das obere Segment
ist ein konservativer Markt, in dem Marken über Jahre und
Jahrzehnte einen Markenbonus genießen, von dem sie noch
eine gewisse Zeit zehren können wie von einem üppigen Spar-
konto. Im Jahre 2004 hatte Lexus den größten Marktanteil
in der Luxusklasse in den USA[49], gefolgt von BMW und
Cadillac. DaimlerChrysler fiel auf den fünften Platz zurück.

In Deutschland hat Lexus in diesem Segment nicht denselben Erfolg gehabt. In den USA basierte der Erfolg nicht
alleine auf dem günstigeren Preis, sondern vor allem auf seiner
Qualität. Das wurde in Deutschland lange nicht so gesehen,
auch nicht von deutschen Automagazinen, in deren Tests deutsche Autos in der Regel besser abschneiden als ausländische.
Ein Schelm, der Böses dabei denkt!

Aber die Erfahrung zeigt, dass Deutschland langfristig fast
alle in den USA gesetzten Trends ebenfalls annimmt, sei es die
Servolenkung bei Kleinwagen, sei es die mittlerweile übliche
Klimaanlage oder sei es der Trend hin zu den Geländewagen.
Ich würde erwarten, dass auch im oberen Segment mehr Be-
wegung in den Markt kommen wird, ähnlich wie in den USA.

Nach den viel berichteten Qualitätseinbrüchen bei Daimler-Chrysler ist es mittlerweile auch dem treuesten Verteidiger deutscher Wertarbeit klar, dass die Qualität eines Mercedes nicht besser sein muss als die Qualität eines Lexus. Das Beispiel von Lexus zeigt uns, dass unsere Konkurrenten aus Asien sich nicht damit begnügen werden, nur die unteren und mittleren Klassen zu bauen. Sie werden uns auch im Topsegment angreifen, eben in dem Bereich, in dem Erfolg nicht in erster Linie von der Höhe der Löhne abhängt, sondern von der Qualität der Ingenieurkunst und von der Sorgfalt der Konstrukteure.

Der Aufsichtsratschef von Volkswagen, Ferdinand Piëch, sagte in einem Interview mit dem Magazin *stern*, die Zukunft des deutschen Automobilbaus liege in Zukunft nicht mehr in der Mittelklasse, sondern im obersten Segment. Er sei[50]

überzeugt, dass langfristig in Deutschland nur noch die Luxusklasse mit vernünftiger Rendite zu produzieren ist.

Da hat er Recht. Das Problem ist nur, dass die Japaner das exakt genauso sehen. In jedem Fall bedeutet Piëchs Prognose, dass die Automobilmassenproduktion aus Deutschland abwandern wird.

Das Gleiche gilt auch für die Automobilzulieferindustrie. Mir sagte Pramit Pal Chaudhuri, der Auslandschef der *Hindustan Times* aus Neu-Delhi, während eines Treffens des italienischen Aspen Institute in Florenz, die nächste Phase der indischen industriellen Entwicklung wäre gerade aus deutscher Sicht alarmierend. Sie würde nämlich die Automobilzulieferindustrie betreffen. Er sagte mir, Indien würde hierin die Möglichkeit sehen, die wachsende asiatische Automobilindustrie von Indien aus zu beliefern.

Was wir ebenfalls in diesem Sektor verstärkt erleben werden, sind Direktinvestitionen asiatischer Autobauer in Europa. Nach Jahrzehnten von Handelsüberschüssen verfügt China über enorme Mengen an ausländischem Kapital, die es jetzt aggressiv in Firmenübernahmen in Europa investiert. So kaufte Chinas größte Automobilfirma, China Brilliance, den britischen Automobilhersteller Rover.[51] Rover war bis zu dieser Übernahme die letzte große britische Automanufaktur. Mich würde interessieren, was in Deutschland passieren würde, wenn China Brilliance sich entschlösse, den mittlerweile in Schwierigkeiten geratenen DaimlerChrysler-Konzern zu retten und einen Teil der Autoproduktion nach China zu verlagern, oder was passieren würde, wenn die Volksrepublik den Volkswagen-Konzern kauft.

Wer hätte diese Entwicklung vor zehn Jahren für möglich gehalten? Ich erinnere mich noch an ein Gespräch mit einem deutschen Wirtschaftsdiplomaten, der mir Anfang der 90er Jahre lang und breit erklärte, warum die deutsche Wirtschaft so erfolgreich sei im Gegensatz etwa zu der in Großbritannien.

Der Grund, so behauptete er, liege in der Automobilindustrie. Sie sei eine Schlüsselindustrie, an der so viele andere Industrien hängen, Stahlbauer, Farbenproduzenten, Produzenten von Sitzen, Einzelteilhersteller und so weiter. Die Autoindustrie sei die Multiplikator-Industrie schlechthin. Ohne eine derartige Industrie sei es für ein Land schwer, Wachstum zu produzieren.

Diese Sichtweise ist ein Beispiel deutscher Unkenntnis volkswirtschaftlicher Zusammenhänge und ebenfalls ein Beispiel für eine aus industriellem Denken geprägte Argumentation, wonach Wachstum etwas mit physischer Produktion von Gütern zu tun hat. Der wirtschaftliche Erfolg Deutschlands hängt nicht davon ab, ob Daimler oder Volkswagen in Deutschland Autos bauen. Wenn Chinesen in Deutschland Autos bauen und dazu deutsche Angestellte beschäftigen, ist das nicht schlechter. Es ist im Prinzip auch nicht schlechter, wenn wir überhaupt keine Autos mehr bauen und unsere

Talente zur Produktion anderer Produkte oder Dienstleistungen benutzen.

Die Realität ist, dass der Anteil der Industrie am volkswirtschaftlichen Gesamteinkommen zwischen 1970 und heute von 34 Prozent auf gerade mal 20 Prozent gesunken ist.[52] Trotzdem sehen wir uns immer noch als Industriegesellschaft.

Der ehemalige Bundeskanzler Gerhard Schröder beschwerte sich sogar in einem Interview mit der *Financial Times*[53] darüber, dass die Europäische Kommission die Bedürfnisse eines Industrielandes überhaupt nicht begreift und in ihrem wirtschaftlichen Denken vorwiegend Dienstleistungssektoren wie Großbritannien vor Augen hat. Industriegesellschaften seien vom Wesen her anders. Sie orientieren sich längerfristig. Sie haben dadurch auch eine andere Beziehung zum Staat.

Das wirkliche Problem ist hingegen, dass Schröder Deutschland als Industriegesellschaft definierte und mit seinem Industrieprotektionismus diesen Wandel aufhielt. Die Frage ist nicht, ob Deutschland eine Dienstleistungsgesellschaft wird. Das ist Deutschland jetzt schon. Die Frage ist, wie lange es dauern wird, bis Dienstleistungen 80 oder 90 Prozent der gesamten Wirtschaftsleistung ausmachen.

Jetzt kann man sich an diesem Punkt die Frage stellen: Was hat das alles mit der Sozialen Marktwirtschaft zu tun? Die Antwort ist, dass die Soziale Marktwirtschaft das maßgeschneiderte Wirtschaftssystem für die Industriegesellschaft war. Ihre Krise ist ein Spiegelbild der Krise der Industriegesellschaft. So, wie sich viele Deutsche die postindustrielle Gesellschaft nicht vorstellen können, so wenig können sie sich eine postsoziale Marktwirtschaft vorstellen.

Die wichtigsten Institutionen der Sozialen Marktwirtschaft entstanden fast alle aus industriepolitischen Überlegungen, so zum Beispiel die paritätische Mitbestimmung und die betriebliche Mitbestimmung.

Einer der entscheidenden Aspekte des Systems war seine Tendenz, Konflikte nicht offen auszutragen, sondern einvernehmlich zu lösen. Eine produzierende Industrie kann durch wenige gezielte Streiks völlig lahm gelegt werden. Eines der wichtigsten Ziele des Systems war es, die Anzahl der Streiktage in Deutschland zu minimieren.

Laut einer Information der Bundesregierung[54] kam es pro 1 000 Arbeitnehmer in Deutschland im Jahresdurchschnitt von 1990 bis 2002 nur zu zwölf Streiktagen. Lediglich in Japan gab es weniger (zwei Streiktage), wohingegen die Streiktage anderswo weitaus höher waren, einschließlich in Großbritannien (30 Tage), in den USA (45 Tage) und in Irland (105 Tage). Die meisten Streiktage gab es in Spanien (312 Tage). Für ein Industrieland ist die Abwesenheit von Streiks ein wichtiger Erfolgsfaktor. Man denke nur an die Automobil-Zulieferer: Wenn dort gezielt genug gestreikt wird, dann lässt sich die gesamte deutsche Automobilindustrie lahm legen.

Auch wenn unsere Politiker Deutschland in erster Linie als ein Industrieland begreifen, hat uns die ökonomische Realität längst eingeholt. Die Industrie baut Arbeitsplätze ab, wohingegen der Dienstleistungssektor Arbeitsplätze schafft. Das Problem ist, dass mehr Arbeitsplätze in der Industrie abgebaut als im Dienstleistungssektor geschaffen werden.

Der deutsche Dienstleistungssektor macht zwar über 70 Prozent des Bruttoinlandsprodukts aus und ist der am stärksten wachsende Sektor. Seit den frühen 90er Jahren hat der Dienstleistungssektor vier Millionen neue Arbeitsplätze generiert, was ausgereicht hätte, um für Vollbeschäftigung zu sorgen, wenn nicht die Anzahl der Verluste von Industriejobs noch größer wäre.[55] Die Bewegung zum Dienstleistungssektor ist zwar schon sehr stark, aber bei weitem nicht stark genug. Dazu der Arbeitsmarktexperte Henning Klodt[56]:

Eine Analyse von Mikrodaten zeigt, dass sich der sektorale Strukturwandel am Arbeitsmarkt nahezu ausschließlich im Generationswechsel zwischen Personen, die aus dem Erwerbsleben ausscheiden, und Personen, die neu ins Erwerbsleben einsteigen, vollzieht. Der intersektorale Arbeitsplatzwechsel während des Erwerbslebens spielt dagegen eine vernachlässigbar geringe Rolle. Wird zusätzlich berücksichtigt, dass sich der Abbau industrieller Arbeitsplätze überwiegend in Rezessionsphasen vollzogen hat, dann wird nachvollziehbar, weshalb der Sockel an Arbeitslosen in der deutschen Wirtschaft nach jeder Rezession um 600000 bis 800000 Personen größer geworden ist.

Ein großer Vorteil einer Dienstleistungsstrategie ist die relative Unabhängigkeit von der Globalisierung. Wenn es irgendetwas gibt, was uns vor der Globalisierung schützt, dann genau das. Denn bei den Dienstleistungen sind die Anpassungsmechanismen der Globalisierung eingeschränkter.

Dienstleistungen, die nicht transportabel sind, wie die des Frisörs, unterliegen sowieso nur einem lokalen Markt. Dienstleistungen sind bei uns, aber auch in anderen Ländern, stark durch Regeln beschränkt, insbesondere durch Berufseintrittsschranken, wie etwa bei den Rechtsanwälten. Ein Jurastudium in Frankreich berechtigt nicht zur Tätigkeit als Rechtsanwalt in Deutschland.

Wo kein globaler Wettbewerb existiert, kann der Staat ungestraft regulieren und überregulieren. Auf diesen Gebieten wird die Globalisierung zwar auch fortschreiten, aber viel langsamer, da Länder hier in der Tat sehr gut in der Lage sind, sich abzuschotten. Wäre das nicht so, würde es auch in den Dienstleistungen eine Anpassung der Preise geben, wie wir das schon bei den Produkten erlebt haben. Das ist offensichtlich nicht der Fall.

Mein Kollege Martin Wolf von der *Financial Times* zitierte in seinem Buch „Why Globalisation Works"[57] das Beispiel eines deutschen Busfahrers, dessen Lohn 13-mal so hoch sei wie der eines Busfahrers in Kenia, obwohl beide denselben Job verrichten. Ich habe diese Zahl nicht nachgeprüft, doch die Differenz erscheint plausibel.

Der Grund liegt nicht etwa darin, dass der deutsche Busfahrer besser ausgebildet ist oder dass er 13-mal so schnell fährt wie sein Kollege aus Kenia. Der Grund liegt darin, dass wir den Lohn festsetzen können und dass es keinen globalen Marktmechanismus gibt, der hier eine Anpassung der Löhne erzwingen könnte. Bei handelbaren Gütern wäre eine solche Lohnspreizung überhaupt nicht möglich.

Der Dienstleistungssektor bietet uns somit eine Chance, unsere Wirtschaft im Zeitalter der Globalisierung zu stärken. Dafür benötigen wir aber ein für den Dienstleistungssektor funktionierendes Marktsystem, und zwar ein anderes Marktsystem als die Soziale Marktwirtschaft mit ihren inflexiblen Strukturen. Im Dienstleistungssektor sind Kündigungsschutz, Mitbestimmung und das Gesetz gegen den unlauteren Wettbewerb allesamt gravierende Probleme. Um den Dienstleistungssektor zu stärken, brauchen wir flexible Arbeits- und Kapitalmärkte, die es ermöglichen, Geldkapital und Humankapital in neue Sektoren umzuleiten.

Aber gerade auf diesen beiden Märkten trägt Deutschland Züge einer Planwirtschaft. Das ist der Grund, warum die Amerikaner mit der Globalisierung besser zurechtkommen als wir. Sie begreifen sich als postindustrielle Gesellschaft, während wir uns, so wie Gerhard Schröder, als Industriegesellschaft sehen und dem industriellen Mittelstand huldigen.[58]

Eine der beeindruckenden Wirtschaftsstatistiken dieses Jahrzehntes ist die der Geschwindigkeit, mit der sich die amerikanische Wirtschaft nach der *New-Economy*-Blase wieder anpasste.

Die Umstrukturierung erfolgte innerhalb weniger Monate.[59] Der Grund dafür lag an einer Kombination flexibler Arbeits- und Finanzmärkte, verbunden mit einer aktiven Geld- und Fiskalpolitik. Bei uns sind alle diese Faktoren inflexibel, und aus diesem Grund dauert bei uns der Anpassungsprozess mehrere Jahre.

Es wäre also gut, wenn sich Deutschland ebenso als eine postindustrielle Volkswirtschaft begreift, der es egal sein sollte, ob ihr Wachstum durch den Automobilbau entsteht, durch Frisöre, Einzelhändler, Berater, Banker oder Fußballspieler. Entscheidend ist lediglich unsere Produktivität, wie viel jeder von uns arbeitet und wie viele von uns arbeiten. Ein Euro, im Zirkus verdient, ist volkswirtschaftlich dasselbe wie ein Euro aus den Produktionshallen von Sindelfingen.

Warum sollte das so sein? Diese Aussage geht irgendwie gegen die Intuition.

Der polnische Mathematiker Stanislaw Marcin Ulam forderte einmal den Wirtschaftsnobelpreisträger Paul Samuelson heraus, eine nicht-triviale Theorie aus der Volkswirtschaftslehre zu benennen. Samuelson dachte über diese Frage ein paar Jahre nach, bevor er eine Antwort gab: die Theorie des *relativen* Wettbewerbsvorteils von David Ricardo, des großen englischen Ökonomen, der diese Theorie im Jahre 1817 veröffentlichte.[60]

Die Theorie des *absoluten* Wettbewerbsvorteils war natürlich damals schon längst bekannt. Auch in früheren Zivilisationen wusste man, dass es wirtschaftlicher besser sei, wenn nicht jeder alles macht, sondern wenn sich der Bauer auf die Produktion von landwirtschaftlichen Gütern beschränkt, wenn der Polizist für Ordnung sorgt und wenn der Bäcker das Brot backt. Jeder spezialisierte sich auf die Segmente, die er am besten beherrschte.

Ricardo entwickelte diese Theorie weiter und bewies

einen Sachverhalt, den sich viele Menschen auch heute noch nur schwerlich vorstellen können. Auf ein Beispiel angewandt, besagt seine Theorie: Selbst wenn die Chinesen nicht so gut sind im Autobau wie die Deutschen, kann es ökonomisch trotzdem sinnvoll sein, den Chinesen den Autobau zu überlassen. Es geht nicht um den absoluten Wettbewerbsvorteil, sondern um den relativen Wettbewerbsvorteil. Wir spezialisieren uns nicht auf alles, was wir besser können als andere, sondern nur auf die Dinge, in denen unser Vorsprung besonders groß ist.

Ricardo war ein leidenschaftlicher Verfechter des freien Welthandels. Mit seiner Theorie, die er ohne Zuhilfenahme mathematischer Methoden rigoros bewiesen hatte, war es möglich, dass die reichsten Industrieländer einen sinnvollen Handel mit den ärmsten Entwicklungsländern überhaupt treiben konnten. Wenn die am weitesten entwickelten Länder darauf bestanden hätten, alle Produkte selbst zu produzieren, die sie in absoluten Maßstäben besser produzieren können, dann würden sie alles selbst machen.

Im Jahre 2005 sagte Samuelson in einem Interview mit dem Nachrichtenmagazin *DER SPIEGEL*[61]:

> Es ist einer der wichtigsten Grundsätze, die wir lehren, dass der freie Handel notwendigerweise die Lebensbedingungen für jeden verbessert und dass Spezialisierung und Diversifizierung für alle von Vorteil sind, für arme Länder wie für reiche. Den ersten Beweis dafür lieferte 1817 der große englische Ökonom David Ricardo.

Wir Deutschen sind insgesamt überzeugte Anhänger des freien Welthandels. In diesem Punkt sind wir im Allgemeinen liberaler als die Amerikaner. Aber wir haben ein Problem mit der globalen Arbeitsteilung. Hierzu bedarf es eines grundsätzlichen Umdenkens in der deutschen Wirtschaftspolitik. Für viele dienen Reformen lediglich dem Zweck, unsere Position in der jetzt bestehenden globalen Arbeitsteilung zu verbessern. Sie fordern daher Reformen, die dazu führen, Löhne zu senken und Profite zu erhöhen. Das entspricht voll dem auf industrielle Wettbewerbsfähigkeit ausgerichteten Denken.

Was wir wirklich benötigen, sind Reformen, die uns erleichtern, uns auf die neue globale Arbeitsteilung einzustellen. Hierbei handelt es sich um solche Arbeitsmarktreformen, die die Flexibilität und Mobilität der Arbeitnehmer erhöhen sowie ihre Fähigkeit, auf neue Berufszweige umzusatteln.

Noch viel wichtiger als Arbeitsmarktreformen, und von den meisten vermeintlichen Reformern völlig unterschätzt, sind Finanzmarktreformen, die den wirtschaftlichen Umstrukturierungsprozess fördern. Ziel dieser Reformen darf es nicht sein, die Wettbewerbsfähigkeit gegenüber China zu erhöhen. Das wäre ein aussichtsloses Unterfangen. Ziel muss es sein, den Wandel von einer Industriegesellschaft in eine postindustrielle Gesellschaft zu erleichtern.

Warum der Spuk nicht demnächst vorbeigeht

Viele Anhänger der Sozialen Marktwirtschaft ziehen aus der Globalisierung die falschen Schlüsse. Keiner zieht mehr falsche Schlüsse als der ehemalige CDU-Arbeits- und -Sozialminister Norbert Blüm. In einem Interview mit der *Berliner Zeitung* gab er zu, dass er sich nicht zum Global Player eigne.[62] In demselben Interview sagte er auch etwas, was sehr gefährlich wäre, wenn sich die Mehrheitsmeinung in Deutschland dem anschließen würde:

> Ich vertraue darauf, dass die Welt den Neokapitalismus ausschwitzen wird. So war das auch mit dem Neuen Markt. Und

was mir auch Hoffnung macht: Man kann mit einer antisozialen Politik keine Wahlen gewinnen. Der Neokapitalismus ist für die Politik das, was Rinderwahnsinn für die Kühe ist.

In Deutschland ist der Ausdruck „Neo" negativ belegt. Man spricht von Neoliberalen und Neonazis in der Politik. In der Ökonomie spricht man von Neokeynesianern oder Neoklassikern. Wer dieses Wort in den Mund nimmt, meint nichts Gutes. Es ist zumeist eine Rückbesinnung auf etwas Schlechtes, schlimmer noch: eine Imitation von etwas Schlechtem.

So gibt es neben dem missverständlichen Wort *Kapitalismus* jetzt den Begriff des *Neokapitalismus*, womit Blüm die Marktwirtschaft ohne Adjektiv bezeichnet. Hiermit meint er eben das Wirtschaftssystem, das in großen Teilen der Welt existiert und von dem er glaubt, dass die Welt es „ausschwitzen" werde.

Dieser Kommentar ist für mich typisch für eine komplette Ignoranz dessen, was sich momentan auf der Welt abspielt. Blüm versteht diese, nicht mehr nach den deutschen Spielregeln spielende Welt nicht mehr und hofft, der Spuk gehe bald vorbei.

Blüm gehört zu einer Generation in Deutschland, die Volkswirtschaft hauptsächlich als eine Sammlung mittlerer und größerer Industriefirmen begreift. Für Politiker wie Blüm gibt es in der Volkswirtschaft keine Dienstleistungsfirmen mit Ausnahme der Imbisshalle am Rande eines Fabrikgeländes, die ohne die benachbarte Industrie keine Existenzbasis hätte. Für ihn gibt es „Betriebe", er spricht nicht von Unternehmen. In Betrieben wird produziert. Dort gibt es natürlich auch Betriebsräte. Diese Betriebe und deren Angestellte sind organisiert. Sie gehören Gewerkschaften oder Arbeitgeberverbänden an, die ihnen alles aus der Hand nehmen. Vor allem verhandeln sie die Löhne für den ganzen Sektor.

Die Welt der Globalisierung funktioniert anders als die Welt Norbert Blüms. Dort gibt es Kapitalmärkte, flexible Arbeitsmärkte, ganz andere Spielregeln. Dort haben Staaten, aber nicht Unternehmen soziale Verantwortung gegenüber der Gemeinschaft.

Die Globalisierung ist keine Blase ähnlich der Neuen-Markt-Blase. China kann seine Politik der Expansion noch mindestens 20 Jahre lang fortsetzen. Sein Reservoir an Arbeitern ist auch dann nicht ausgeschöpft. Die Globalisierung ist somit keine Eintagsfliege. Sie dominiert unser Zeitalter. Nach dem Zeitalter der Aufklärung, der Romantik, der Ideologien und des Kalten Krieges leben wir jetzt im Zeitalter der Globalisierung.

Sie ist die Konsequenz der erfolgreichen Industrialisierung einiger großer Länder, die weitaus mehr Einwohner haben als wir selbst. Sie ist auch die Konsequenz moderner Technologien wie dem Internet und der Telekommunikation. Und sie ist eine Konsequenz einer mittlerweile globalen kulturellen und sozialen Verschmelzung. Sie wird Bestand haben.

Es ist ebenfalls kein Zufall, dass die neuen Industrieländer in Osteuropa, Asien und Lateinamerika allesamt das deutsche System der Sozialen Marktwirtschaft ablehnen, genau das System, das Minister Blüm über 16 Jahre lang mithalf, in einen unreformierbaren Moloch zu transformieren. Wenn Deutschland darauf wartet, bis die Welt den Neokapitalismus ausschwitzt, dann wird es ihm ähnlich ergehen wie Blüm selbst. Deutschland wird sich nicht zum Global Player eignen.

Irrtum 5: Wir brauchen Reformen, um wettbewerbsfähiger zu werden

Unter den vielen Binsenweisheiten über die deutsche Wirtschaft sticht eine besonders heraus. Sie wird insbesondere von Unternehmern gern zitiert. Es ist die Mär von Deutschlands fehlender Wettbewerbsfähigkeit.

Die Wahrheit ist, dass Deutschland eines der wettbewerbsfähigsten Länder der Welt ist. Wir Deutsche erzielen enorme Handelsüberschüsse. Im Jahre 2004 hatte Deutschland mehr exportiert als jedes Land der Welt.

Wettbewerbsfähigkeit ist ein Problem der Amerikaner, was sich an einem Leistungsbilanzdefizit von sechs Prozent vom Bruttoinlandsprodukt ausdrückt.

Unser Problem in Deutschland ist nicht fehlende Wettbewerbsfähigkeit, sondern fehlendes Wachstum. Auch hier handelt es sich um einen beliebten Kategorienirrtum. Man schmeißt diese beiden Begriffe gern in einen Topf. Der Versuch, ein Wachstumsproblem zu lösen, indem man die Wettbewerbsfähigkeit erhöht, geht in der Regel in die Hose. Das Resultat sind viele falsche Reformen, die oft genau das Gegenteil von dem erreichen, was sie wollen. Genau das ist in Deutschland in den letzten sieben Jahren passiert.

Deutschland braucht einen anderen Arbeitsmarkt. Deutschland braucht auch ein anderes Bildungs- und Ausbildungssystem. Aber die Reformen, die in diesem Bereich unternommen wurden, einschließlich der Bildungsreformen und der Hartz-Reformen, waren fast alle kontraproduktiv. Das Gleiche würde auch für die gerade von Konservativen geforderte Reform des Kündigungsschutzes oder die Abschaffung des Flächentarifvertrags gelten. Derartige Reformen sind mittelfristig zwar sinnvoll. Man sollte sie aber nicht mitten in einer langen Periode der Wachstumsschwäche unternehmen.

Ein noch wichtigeres Argument ist, dass die Globalisierung andere Typen von Reformen erfordert. Globalisierung bedeutet eine neue internationale Arbeitsteilung. Somit sind die wichtigsten Reformen, die man im Bereich Bildung/Arbeit überhaupt unternehmen kann, diejenigen, die diesen Prozess unterstützen. In Deutschland machen wir genau das Gegenteil.

Warum Hewlett-Packard nicht in Europa investiert

Im April 2004 trafen sich in Dromoland Castle, einem großen Schloss im Süden Irlands, Europas Wirtschaftsminister und Staatssekretäre, um über die zukünftige Wettbewerbsfähigkeit der EU zu beraten. Das Treffen fand noch vor der EU-Osterweiterung statt, doch es nahmen schon alle 25 EU-Länder an den Beratungen teil. Es bedurfte eines sehr großen Saales, um die 25 Delegationen unterzubringen, dazu noch die Delegationen der Europäischen Kommission und des Ministerrates. Bei so vielen Delegationen waren die Redezeiten begrenzt. Die einzelnen Minister durften nicht mehr als drei Minuten reden, die meisten lasen von einem vorgeschriebenen Dokument ab. Eine Diskussion kam dabei nicht auf.

Journalisten sind normalerweise bei solchen Beratungen nicht anwesend. Ich hatte das ungewöhnliche Glück, als Gast zu diesem Ministerratstreffen eingeladen worden zu sein, um an einer Podiumsdiskussion teilzunehmen. Mit mir auf dem Podium saß unter anderem Carly Fiorina, damals noch Vorstandschefin des großen amerikanischen Computer- und Druckerproduzenten Hewlett-Packard. Was Carly Fiorina sagte, schlug im Saal fast wie eine Bombe ein.

Bis dahin hatten sich die Wirtschaftsminister und Staatssekretäre überwiegend über die hohen Lohnnebenkosten und die fallende Wettbewerbsfähigkeit der EU beklagt. Die Diskussion drehte sich vornehmlich um Kosten. Wettbewerb wurde vorwiegend als Kostenwettbewerb begriffen. Wir Europäer sind einfach zu teuer, so hieß es, und unter den Europäern sind wir Deutsche die teuersten überhaupt.

Carly Fiorina sagte, auch sie investiere momentan nicht in Europa, sondern vorwiegend in China. Der Grund dafür seien aber nicht die hohen Löhne und die Lohnnebenkosten. Der wirkliche Grund sei das bessere Angebot an gut ausgebildeten Elektroingenieuren und Informatikern in China. Fiorina sagte den nicht schlecht staunenden Wirtschaftsministern, dass Hewlett-Packard Probleme habe mit der Ausbildungsqualität europäischen Personals. Ihre Botschaft war: Ihr müsst besser werden, nicht billiger.

Carly Fiorina hatte mit ihrem Kommentar einen weit verbreiteten Mythos gesprengt, nämlich dass es nicht allein auf Kostenwettbewerbsfähigkeit ankommt. Aber genau darin besteht die Diskussion um den Arbeitsmarkt vorwiegend. In Deutschland begreift man sich als Produzent, als Exporteur von Gütern, für den Kostenwettbewerb das ausschlaggebende Kriterium ist.

Der amerikanische Politologe Michael Lind[63] schrieb in einem Aufsatz in der *Financial Times*, dass die Diskussion um die Konsequenzen der Globalisierung an der Realität vorbeigeht, selbst für ein Land wie Deutschland mit einem noch relativ hohen Exportanteil. Globalisierung bedeutet nicht, dass man billiger werden muss, Sozialsysteme kappen muss und dass jeder einen wissenschaftlichen Beruf ergreifen sollte. Dazu zitierte er eine Statistik des amerikanischen Arbeitsministeriums über die am schnellsten wachsenden Jobs: medizinisch-technische Assistenten, Netzwerkanalysten, Arzthelfer, Sozialarbeiter,

Heimpfleger, Datenverarbeitung im Gesundheitswesen, Physiotherapeuten und Computersoftwareingenieure. Auffallend ist hier, dass nicht nur die Computerspezialisten auf der Liste stehen, sondern eine Menge an Berufen im stark wachsenden Gesundheitssektor. Wir erleben genau das Phänomen, worüber ich im letzten Kapitel gesprochen habe, nämlich den Trend zu Dienstleistungen. Das ist in den USA, wie auch in Deutschland, der wahre Effekt der Globalisierung. So schrieb Lind:

> Es stimmt zwar, dass vier der zehn am schnellsten wachsenden Jobs etwas mit Computern zu tun haben. Aber viele gerade von diesen Jobs sind durch Verlagerung ins Ausland oder durch technologische Fortschritte gefährdet. Dahingegen kann die Arbeit von medizinisch-technischen Assistenten oder Physiotherapeuten nicht ins Ausland verlagert oder durch Maschinen ersetzt werden, es sei denn, es gibt radikale Fortschritte bei den Robotern. In der absehbaren Zukunft wird es mehr Krankenschwestern als Computerexperten geben, sowohl in den USA als auch in anderen Ländern. Es wäre absurd, darauf zu bestehen, dass die Krankenschwestern von morgen besondere mathematische oder literarische Fähigkeiten haben sollten, dass sie Trigonometrie studieren sollten, um sich gegen ihre chinesischen und indischen Rivalinnen durchzusetzen.

Der wichtigste Punkt, den Lind hier macht, ist der: In der globalisierten Welt werden die Dienstleistungen wichtiger, denn gerade sie unterliegen nicht dem Globalisierungsdruck.

Darüber hinaus stimmt es, dass in der globalisierten Welt Wissen und Können zählen, aber wir sollten uns hier vor Schema-F-Denken hüten. Das führt unweigerlich zu einem Schweinezyklus, einem aus der Landwirtschaft entstammenden Ausdruck, der einen instabilen Markt charakterisiert. In den 80er und 90er Jahren wechselten sich bei uns nicht nur Lehrerschwemme und Lehrermangel ab. Es wechselte sich

auch eine Informatikerschwemme mit einem Informatiker-
mangel ab. Ende der 90er Jahre hatten Absolventen von Infor-
matikdiplomstudiengängen mehrere Angebote. Heute gibt es
eine Informatikerschwemme in Deutschland. Gerade mittel-
mäßig ausgebildete Informatiker unterliegen einem starken
Jobwettbewerb, vor allem aus Indien, wo es viele exzellente
Programmierer und Softwareingenieure gibt. Auch in diesem
angeblich so krisensicheren Sektor gilt: Suche dir eine Spezialisierung aus.

Für die Deutschen ist es sicherlich am besten, sich auf die
Felder zu spezialisieren, die nicht so leicht oder nicht so schnell
verlagerbar sind. Um das wiederum zu bewerkstelligen, bedarf
es zweier grundlegender Voraussetzungen. Man benötigt einen
extrem hohen Grad an Wissen und einen nicht minder hohen
Grad an Flexibilität. Das sind unsere Probleme und nicht
Wettbewerbsfähigkeit.

Warum unsere Bildungsreformen nicht funktionieren

Deutschland hat im Prinzip keine schlechten Voraussetzungen
für akademische Spitzenleistungen. Insgesamt haben bislang
77 Deutsche einen Nobelpreis erhalten, davon allerdings 44 vor
Ende des Zweiten Weltkriegs. Damals dominierte Deutschland gerade die Gebiete der Chemie und Physik. Nach dem
Krieg haben die USA diese Rolle übernommen.

Ein weiterer auch im Ausland anerkannter Vorteil ist unsere
wissenschaftliche Infrastruktur. Die wissenschaftlichen Max-
Planck-Institute und die anwendungsorientierten Fraunhofer-
Institute sind im Grunde eine hervorragende Idee. Hier wird
erstklassige wissenschaftliche Arbeit verrichtet und auch der
Versuch unternommen, Wissenschaft und Industrie miteinan-

der zu vernetzen. Das funktioniert natürlich nicht immer optimal. Aber auf diesem Gebiet gehört Deutschland eher zu den erfolgreicheren Ländern.

Obwohl Deutschland in vielen Bereichen der wissenschaftlichen Forschung immer noch führend ist, verabschieden wir uns in immer mehr Gebieten ins obere und teilweise untere Mittelfeld. Der Hauptgrund dafür liegt in der Regulierung unserer Universitäten.

Wie im letzten Kapitel beschrieben, sehen sich die Chinesen im 21. Jahrhundert nicht als die Billigarbeiter, sondern als Fabrikbesitzer, nicht als Kassierer im Supermarkt, sondern als „Rocket Scientists" – als Mathematiker, Physiker und Ingenieure. In den USA steuern ausländische Studenten jährlich 13 Milliarden Dollar zur amerikanischen Volkswirtschaft bei, viele davon aus China und Indien. Wenn Sie in den akademischen Zeitschriften der Mathematik oder der Ingenieurwissenschaften blättern, sehen Sie mehr chinesische als amerikanische Namen, vor allem aber auch mehr als deutsche Namen.

Auch die britischen Universitäten könnten ohne die hohen Studiengebühren für Studenten aus Asien heute überhaupt nicht mehr überleben. Auch an den Londoner Universitäten überwiegen zum Teil ausländische Studenten.

Die USA und Großbritannien haben uns Deutschen gegenüber einen natürlichen Vorteil – die englische Sprache. In der Chemie war bis vor noch nicht allzu langer Zeit die deutsche Sprache die *Lingua franca* – selbst amerikanische Chemiker lernten fast alle Deutsch. Das ist mittlerweile nicht mehr so. Viele der besten naturwissenschaftlichen und mathematischen Lehrbücher existieren nur auf Englisch.

Letztlich gibt es keinen Grund, warum deutsche Universitäten dennoch nicht ebenso gut sein könnten wie amerikanische oder britische. Deutsche Akademiker sind zumeist des

Englischen mächtig. Auch wenn Deutsche oft dazu neigen, ihre Englischkenntnisse zu überschätzen (was daher rührt, dass sie die Tücken der englischen Sprache unterschätzen), sind die meisten deutschen Wissenschaftler in der Lage, englische Texte zu lesen.

Die Sprache ist nicht unser Problem. Unser Problem sind unsere Universitäten.

Eine der unter Akademikern am meisten beachteten internationalen Ranglisten ist das „Academic Ranking of World Universities". Diese Liste der besten 500 Universitäten der Welt wird jährlich in China erstellt, um gerade chinesischen Studenten die Frage zu beantworten, in welchen Ländern und in welchen Universitäten sie ihre Studienzeit verbringen sollten. Denn China hat selbst keine Universitäten auf dem höchsten internationalen Niveau. Auch hier ist im Übrigen interessant, dass sich die Chinesen für die Rangliste der internationalen Universitäten mehr interessieren als etwa die Deutschen, die sich sogar mit nationalen Ranglisten schwer tun.

Aus deutscher Sicht sind die Ergebnisse der im Jahre 2004 veröffentlichten Liste verheerend. Im Anhang findet sich ein kleiner Auszug der Liste.

Unter den ersten 50 befindet sich keine einzige deutsche Universität. Die beiden am besten gerankten deutschen Unis, die Ludwig-Maximilians-Universität München und die Technische Universität München, sind auf Platz 51 und 52. Dann kommen noch Heidelberg auf Platz 71, Göttingen auf Platz 84 und Freiburg auf Platz 90.

Man kann sich über den Wert solcher Ranglisten streiten. Hier werden Universitäten insgesamt beurteilt, nicht einzelne Fachbereiche. Man kann ebenfalls unterschiedlicher Meinung sein über die Methodik. Die Chinesen interessieren sich insbesondere für Mathematik, Naturwissenschaften und Ingenieurwissenschaften. In ihrer Bewertung fließen stark ein etwa die

Anzahl von Nobelpreisträgern und die Anzahl der wissenschaftlichen Veröffentlichungen der Professoren.

Die Qualität einer altphilologischen oder kunsthistorischen Fakultät wird hier also nicht berücksichtigt. Für den zukünftigen Germanistikstudenten ist diese Liste bedeutungslos. Diese Liste gibt lediglich an, welches die besten und renommiertesten mathematisch-naturwissenschaftlichen Universitäten der Welt sind. Deutschland ist zwar unter den ersten 50 nicht vertreten, aber die Eidgenössische Technische Hochschule (ETH) in Zürich hat es immerhin auf Rang 27 geschafft. Also an der Sprache allein liegt das nicht. Auf Rang 20 und 22 stehen zwei japanische Universitäten.

Die Top 20 sind alles Amerikaner mit Ausnahme der Universitäten Cambridge (Platz 2), Oxford (Platz 10) und Tokio (Platz 20). Den ersten Platz auf dieser Rangliste, wie auch in vielen anderen Ranglisten mit anderen Methoden, belegt die Universität Harvard.

Was macht den Erfolg dieser Universitäten aus? Die Antwort besteht aus verschiedenen Komponenten.

Erstens: Die meisten der erfolgreichsten Universitäten sind privat finanziert. Es gibt einige bedeutende Ausnahmen. Sowohl die zweitplatzierte Cambridge University und die drittplatzierte University of California in Berkeley sind staatlich. Anders als in Deutschland verfügen diese staatlichen Universitäten über höhere Budgets und einen höheren Grad an administrativer Autonomie. So nimmt die University of California geringere Studiengebühren für in Kalifornien wohnhafte Studenten, wohingegen für Studenten von außerhalb die Gebühren ähnlich denen privater Universitäten liegen. Das Entscheidende ist, dass der Staat Kalifornien nicht seine Universitäten subventioniert, sondern seine Studenten. Bei uns ist es genau umgekehrt.

Zweitens: Fast alle der Topuniversitäten suchen sich ihre eigenen Studenten selbst aus. Es gibt dort keine zentrale Vergabestelle für Studienplätze.

Drittens: Fast alle der Topuniversitäten verfügen über eine lange akademische Tradition. Die Ranglisten sind so angelegt, dass neue Universitäten effektiv unberücksichtigt bleiben.

Viertens: Die besten Universitäten haben zwar ein breit gefächertes Angebot, sind aber gerade in den mathematisch-naturwissenschaftlichen Disziplinen führend.

Unser Problem in Deutschland sind die Punkte eins und zwei. Wir haben in Deutschland Universitäten mit großer Geschichte. Wir haben ebenfalls eine Menge technischer Universitäten. Gerade die Deutschen sind im Allgemeinen mehr an Naturwissenschaften und Technik interessiert als viele andere Nationen. Das kann nicht unser Problem sein.

Die Gründe für das schlechte Abschneiden unserer Universitäten sind folgende: Als staatliche Institutionen dürfen sie (noch) keine Studiengebühren erheben und sind somit unterfinanziert und damit direkt vom Staat abhängig.

Zweitens gibt es viel zu viele mittelmäßige Universitäten, die nur des regionalen Proporzes wegen existieren, und die sich aus dem bestehenden Topf finanzieren.

Drittens dürfen die Universitäten ihre Studenten nicht selber aussuchen und verschwenden die ersten vier Semester damit, einen Großteil der Studenten auszusieben.

Viertens ist die Besoldung der Professoren nicht leistungsbezogen. Es ist atemberaubend, wie schlecht einige deutsche Professoren sind. In vielen naturwissenschaftlichen Bereichen hat die Lehre dadurch längst den Anschluss an den modernen Stand der Forschung verloren.

Man könnte die Liste noch verlängern, aber dies scheinen

mir die wesentlichen Probleme zu sein, die ich in vielen Ge-
sprächen mit deutschen Akademikern immer wieder heraus-
höre.

Was waren die Antworten deutscher Politiker auf die weitläufig bekannte Bildungskrise?

Da gab es zum einen die vom ehemaligen Bundeskanzler
Gerhard Schröder angezettelte Diskussion um die Eliteuniversitäten. Was man bei dieser Diskussion zunächst übersah,
ist, dass bestehende Eliteuniversitäten wie Harvard, MIT oder
Cambridge nicht als solche deklariert werden, sondern sich im
Wettbewerb der Universitäten jedes Jahr als Eliteuniversitäten
behaupten. Es ist das Resultat eines Wettbewerbsprozesses.

Hier kann man im Übrigen die Methodik von Friedrich
von Hayek anwenden, der Wettbewerb als einen Entdeckungsprozess auffasste, dessen Ergebnis nicht von vornherein voraus-
sehbar ist, auch nicht von einer Regierung. Woher weiß ich
denn, welche zehn Universitäten sich als *Resultat* eines Wett-
bewerbs als die besten herausstellen? Wer zehn deutsche Universitäten per Edikt als Eliteuniversitäten deklarieren möchte,
versteht das Problem nicht. Die Ursache des deutschen Bil-
dungsproblems ist nicht das Fehlen von Eliteuniversitäten. Es
ist das Fehlen der oben genannten Voraussetzungen für Eliteuniversitäten. Wirkliche Eliteuniversitäten finanzieren sich in
erster Linie über Studiengebühren. Sie verwalten sich selbst.
Sie unterliegen in ihrer Personalpolitik nicht dem Beamten-
recht. Sie sind autonom. Und aus diesem Grund erbringen sie
Leistungen, die sie erst zu einer Eliteuniversität werden lassen.

Diese Debatte um die Eliteuniversitäten zeigt, dass die
deutsche Politik nicht versteht, was um uns herum passiert. So
war die Entscheidung der Einführung von Bachelor- und
Masterstudiengängen ebenfalls ein Versuch, an irgendwelchen
Symptomen herumzubasteln, anstatt das Problem zu lösen.

Deutsche Bildungspolitiker sahen nämlich, dass außerhalb

Deutschlands fast überall das angelsächsische System dominiert, mit seinen drei- oder vierjährigen Bachelorstudiengängen, und seinen ein- oder zweijährigen Masteraufbaustudien. Deutschland hatte im Bereich der Ingenieur- und Naturwissenschaften das Diplomstudium, ein Studium mit je nach Studiengang neun oder mehr Semestern Regelstudienzeit, die in der Regel von den meisten Studenten übertroffen wurde.

Darüber hinaus hatten wir in Deutschland jahrelang eine Debatte um zu lange Studienzeiten, was in Verbindung mit einem relativ späten Abitur (19 Jahre im Durchschnitt) und der Wehrpflicht bei jungen Männern zu einem späten Berufseintrittsalter führte.

Mit einer ähnlich verqueren und nur die Symptome berührenden Logik wie bei der Diskussion um die Eliteuniversitäten machten sich deutsche Bildungspolitiker an das Werk, die Hochschulabschlüsse zu reformieren, und richteten dabei ein unsägliches Chaos an.

Zunächst haben sie übersehen, dass Bachelorstudiengänge in Großbritannien oder den USA nicht etwa den ersten sechs Semestern eines Diplomstudiengangs entsprechen. Ein Mathematikdiplomstudium besteht in der Regel aus dem Hauptfach Mathematik und einem Nebenfach, etwa Physik oder Informatik. Die Idee dahinter ist, dass der Absolvent über ein Anwendungsgebiet Bescheid weiß und es ihm auch ermöglicht wird, im Verlauf der weiteren Karriere in diesem Nebenfach wissenschaftlich zu arbeiten.

Ein Bachelorstudium der Mathematik zum Beispiel ist in den USA ein vierjähriges reines Mathematikstudium ohne Nebenfach, dessen Niveau etwa dem unseres Diplomstudiums entspricht oder nur ein wenig darunter liegt. Ein angelsächsisches Masterstudium in der Mathematik liegt auf jeden Fall weit über dem Niveau eines deutschen Diplomstudiums.

Was haben unsere genialen Bildungspolitiker gemacht? Sie

haben das Diplomstudium regelrecht aufgeschnitten, in einen Bachelorteil – die ersten sechs Semester mit ein paar kosmetischen Änderungen – und ein vier Semester dauerndes Masterstudium, das im Niveau allerdings nicht höher ist als das Diplomstudium. Auch hat man nicht auf das Nebenfach verzichtet und das Studium entsprechend umstrukturiert. Man hat lediglich einen Studienabschluss für Aussteiger kreiert. So berichtet die *Frankfurter Allgemeine Zeitung*[64]:

> Eine Umfrage unter 60 amerikanischen und kanadischen Hochschulen hat ergeben, dass der deutsche Bachelorabschluss dort größtenteils nicht anerkannt wird. Die erhoffte Internationalität der deutschen Bachelor- und Masterabschlüsse ... wurde damit verfehlt, denn auch in Großbritannien wird der deutsche Bachelor nicht als gleichwertig anerkannt.

Hier wollten wir Deutsche uns internationalisieren und erreichten genau das Gegenteil. Denn die Diplomstudiengänge sind im Ausland anerkannt. Obwohl sie akademisch oft weniger anspruchsvoll sind als ein Masterabschluss, werden sie oft als gleichwertig angesehen. Jetzt führt Deutschland obligatorisch das Masterstudium ein und merkt, dass dieses trotz des gleichen Namens nicht als gleichwertig anerkannt wird. Die *FAZ* schrieb weiter:

> Nicht wenige amerikanische Hochschulen erwarten von den deutschen Bewerbern einen Masterabschluss, bevor sie sich für einen Masterstudiengang in Amerika bewerben können.

Das groteske Beispiel zeigt, wie tiefgreifend das Missverständnis deutscher Bildungspolitiker ist. Die EU hat sich im Jahre 1999 auf den so genannten Bologna-Prozess verständigt, wonach die EU kompatible Studienabschlüsse anstreben solle. Für jedes Land wurde ein Prozess vereinbart. So entschied sich Deutschland für das Bachelor/Master-Modell.

Das Missverständnis deutscher Bildungspolitiker lag darin, dass sie glaubten, dass formelle Abschlüsse wichtiger sind als Inhalte. Im Gegensatz zu deutschen Bildungsbürokraten interessieren sich amerikanische Universitäten für Studieninhalte. Hier wurde in Deutschland nicht reformiert.

Ebenso auf einem fundamentalen Missverständnis basiert die Debatte um die Studiendauer. Physiker definieren Leistung als Arbeit pro Zeiteinheit. Ähnlich definieren Ökonomen die Produktivität. Ob wir von Produktivität oder von Leistung sprechen, jedenfalls haben wir zwei Komponenten, nämlich Arbeit und Zeit. Ein Bachelorstudiengang ist lediglich kürzer als ein Diplomstudiengang, aber nicht produktiver. Man weiß etwas weniger und ist dafür allerdings jünger.

Während meiner Zeit bei der *Financial Times Deutschland* hatte ich einmal einen Bewerber auf eine Redakteursstelle, der wie ich selbst zu dieser Zeit 40 Jahre alt war. Nur hatte er während dieser Zeit nicht zwischen zehn und 15 Jahren Berufserfahrung, wie man im Beruf des Journalisten erwarten würde, sondern nur ganze zwei. Er hatte sein erstes Studium kurz vor dem Abschluss abgebrochen, weil er eine neue Neigung verspürte. Dann machte er sich auf eine Weltreise, bevor er sich dann vollends der neuen Neigung hingab. Und da es im Journalismus üblich ist, oft während des Studiums und oft auch danach zu hospitieren und ein so genanntes Volontariat zu verabschieden – eine zwei Jahre dauernde Ausbildung –, war er 38 Jahre alt, ehe er zum ersten Mal eine Vollzeitstelle anstrebte. Es ist offensichtlich, dass sich hier jemand mit seinem Studium etwas zu lange beschäftigte und sich damit aus dem Arbeitsmarkt herausstudierte.

Gleichzeitig kann auch das Gegenteil passieren. Mit einem drei Jahre andauernden Bachelorstudium ist man für viele Tätigkeiten gerade im technischen Bereich nicht gerüstet, oder man ist gefährdet durch Auslagerung oder direkten Wettbewerb. Hier reden wir von dem Programmierer zum Beispiel. In vielen Fällen ist es daher notwendig, dass man nach einigen Berufsjahren ein spezialisiertes Aufbaustudium absolviert. Es gibt logischerweise kein zeitliches Optimum. Kürzer ist nicht immer besser.

Eine berechtigte Kritik am Diplomstudium war sicher seine Ineffizienz, insbesondere in den ersten Semestern. Nur hat die Einführung eines Bachelors diese nicht verbessert.

Es gibt noch viele weitere Beispiele für die Bildungsmisere an den deutschen Schulen und Hochschulen, zum Beispiel das enttäuschende Abschneiden deutscher Schulen in den PISA-Studien. Ich hörte vor kurzem die Geschichte eines Deutschen, dessen Sohn Medizin an der Universität von Budapest studieren wollte. Dort hatte man ihm gesagt, dass die deutschen Abiturienten über zu wenig mathematisch-naturwissenschaftliche Grundlagen für ein Medizinstudium in Budapest verfügten. Man bot ihm daher ein einjähriges naturwissenschaftliches Vorstudium an, bevor man ihn zum Medizinstudium zuließ.

Aus diesem Beispiel lassen sich schon eine ganze Reihe von Beobachtungen ziehen. Zum Beispiel sind deutsche Abiturienten naturwissenschaftlich schwächer als ungarische. Die ungarische Universität sucht sich nicht nur ihre Studenten aus, sondern sie gibt ihnen auch wie diesem deutschen Studenten ein maßgeschneidertes Programm. Damit sind die Ungarn in der Bildungspolitik ein erhebliches Stück weiter.

Wie wir von dem Beispiel der Bachelorstudien sehen, ist Deutschlands Politik zwar im Prinzip zu Reformen fähig, aber eben nicht zu Reformen, die das Problem lösen. Es sind die falschen Reformen. Wir können an den Abschlüssen herumdoktern oder herumbachelorn. Aber wir können die Universitäten nicht privatisieren. Da hier die Hoheit der Bundesländer tangiert ist, müssen Änderungen in vollständigem Einvernehmen mit allen Beteiligten und allen Parteien erzielt werden. Hier reichen keine einfachen Mehrheiten aus. Hier braucht man den totalen Konsens.

Die Einführung von Studiengebühren hat sich in Nordrhein-Westfalen als derart kontrovers herausgestellt, dass die nordrhein-westfälische Landesregierung ihre Pläne dazu verschieben musste. Ohnedies würde das Geld nicht direkt den Universitäten zugute kommen, sondern dem Land. Es sind somit keine Studiengebühren, sondern Studiensteuern, etwas grundsätzlich anders. Auch ich, der ich Studiengebühren grundsätzlich begrüße, würde so etwas ablehnen, denn Studiensteuern fließen dem Staat oder dem Land zu, nicht den Universitäten selbst – es wäre also nichts anderes als eine Umverteilungspolitik.

An Autonomie für die Universitäten ist sowieso nicht zu denken, und ebenso nicht daran, dass sie sich ihre eigenen Studenten aussuchen. Eine rational agierende autonome Universität mit eigener Finanzierung würde sich auf die Fachbereiche beschränken, in denen sie international wettbewerbsfähig ist. Sie würde die Veröffentlichungen der Fachbereiche in renommierten akademischen Publikationen auswerten und würde die Fachbereiche schließen, die den Ansprüchen nicht genügen. Anstatt dessen fummeln wir an den Abschlüssen herum. Die Probleme bleiben ungelöst.

Dass deutsche Universitäten nicht in der Lage sind, die besten Studenten aus aller Welt anzuziehen, ist daher nicht eine Frage der Sprache, sondern eine Frage unseres Systems. Wer sicherstellen will, dass seine Kinder im globalen Wissenswettbewerb die besten Voraussetzungen haben, der sollte sich die Liste der Top-500-Universitäten ansehen. Wer es sich leisten kann, macht um Deutschland einen Bogen. Wer es sich nicht leisten kann, ist immer noch in Zürich besser aufgehoben.

Arbeitsmarktreformen allein funktionieren nicht

Wenn man in Deutschland von Reformen redet, dann meint man zumeist Arbeitsmarktreformen. In Wahrheit sind isolierte Arbeitsmarktreformen zumeist kontraproduktiv. Als Beispiel dazu möge unser duales Ausbildungssystem dienen.

Auf der Internet-Seite des Bundesministeriums für Wirtschaft und Arbeit[65] gibt es eine Liste aller Lehrberufe in Deutschland. Ich zählte insgesamt 335. Neben den bekannten Lehrberufen wie dem des Maurers oder Bankkaufmanns, des Einzelhandelskaufmanns und des Optikers gibt es da eine Reihe von heute eher seltenen Exoten, wie den Backofenbauer, den Bürsten- und Pinselmacher, den Federmacher und den Revolverdreher. Man kann in den Zeiten des computerisierten Buchsatzes auch noch Schriftsetzer lernen.

Es stimmt wohl, dass viele dieser Berufe nur auf irgendwelchen Listen stehen. Aber es ist trotzdem schon irgendwie erstaunlich, dass man glaubt, einen Markt wie den Arbeitsmarkt überhaupt klassifizieren zu können. Kein Mensch würde auch nur auf die Idee kommen, den Produktmarkt zu klassifizieren. Man stelle sich nur einmal vor, das Bundeswirtschaftsministerium würde eine Liste der erlaubten Produkte publizieren, und man müsste sich als Produzent bewerben, um auf die Liste gesetzt zu werden?

Dieses Denken entstammt einer Zeit, in der Arbeit sehr übersichtlich war. Es gab den Bauern, den Schuster, den Tischler und den Bäcker. Über die Jahre kamen und gingen Berufe wie der Postkutscher. Aber diese Änderungen geschahen über längere Zeiträume als Konsequenz fundamentaler gesellschaftlicher oder technologischer Veränderungen.

Ich erinnere mich noch, als Jürgen Stark, heute stellvertretender Bundesbankpräsident, damals noch Staatssekretär im Finanzministerium, in den 90er Jahren forderte, es müsse eine formelle Berufsausbildung für den Beruf des Investmentbankers geben. Hier entstand in der globalisierten Welt ganz plötzlich ein Beruf, der anders als der des Pinselmachers nicht auf irgendeiner Liste stand.

Wenn man sich die USA ansieht, wo es viele Investmentbanker gibt, stellt man fest, dass es auch dort keinen Lehrberuf Investmentbanker gibt. Man kann dort Investmentbanking auch nicht studieren. Investmentbanking beschreibt eine Aktivität, in der man für eine industrielle Umstrukturierung Geld zur Verfügung stellt, sei es für Firmenübernahmen oder auch das Gegenteil, das Aufteilen einer existierenden Firma in kleinere Teile. Jedenfalls ist dieser Beruf entstanden aus einer rapiden Entwicklung innerhalb der Finanzmärkte.

Die Moral von der Geschichte ist: Unser Problem mit den Investmentbankern liegt nicht daran, dass wir ein Problem auf dem Arbeits- oder dem Ausbildungsmarkt hätten. Unser Problem liegt an unseren Finanzmärkten. Die deutschen Banken hatten nämlich den Trend zum Investmentbanking verschlafen. Das ist der Grund, warum wir so wenig Investmentbanker haben. Das Beispiel der Investmentbanker zeigt, dass die verschiedenen Märkte – Produktmärkte, Finanzmärkte und Arbeitsmärkte – voneinander abhängen und miteinander interagieren. Ein flexibler Arbeitsmarkt ist also nicht ein Arbeitsmarkt, der schnell auf Änderungen in den Produkt- und Finanzmärkten reagiert. Vor allem bedarf er flexibler Produkt- und Finanzmärkte.

Und genauso funktioniert Globalisierung. Selbst wenn wir die chinesischen Arbeitnehmer nicht hineinlassen, ändert sich durch deren Eintritt in die industrialisierte Welt die globale Arbeitsteilung. Das ist der Schock, auf den unser Arbeitsmarkt reagieren muss. Es geht also nicht darum, die Löhne auf chinesisches Niveau zu senken, sondern darum, uns neue Spezialisierungen zu suchen.

Die Soziale Marktwirtschaft mit ihren unflexiblen Gesetzen und Institutionen ist dafür allerdings denkbar ungeeignet. Zum Beispiel haben die deutschen Banken den Trend zum Investmentbanking deswegen verschlafen, weil sie Teil eines Systems sind, in der feindliche Firmenübernahmen unerwünscht sind. Das System ist daher auch so angelegt, dass derartige Übernahmen auch nur selten passieren.

Dadurch, dass wir insbesondere im Finanzbereich nur bedingt Marktmechanismen dulden, haben wir auf Berufe wie den Investmentbanker oder den „Financial Public Relations-Berater" weitgehend verzichtet, Berufe, die in Ländern wie Großbritannien und den USA weitaus größere Bedeutung haben.

Ich erinnere mich noch, dass man in den 90er Jahren davon sprach, ob Frankfurt London die Position des größten Finanzmarktes Europas streitig machen würde. Schon damals hatte die City von London mehr Angestellte als Frankfurt Einwohner. Seitdem hat sich das Verhältnis noch weiter zu Ungunsten Frankfurts entwickelt. Der Grund dafür ist die Kombination flexibler Finanzminister und flexibler Arbeitsmärkte, so, wie sie in Großbritannien gegeben ist. Allein mit Arbeitsmarktflexibilisierung ließe sich das nicht erreichen.

Der Grad einer Flexibilität des Arbeitsmarktes ist also nicht allein von den Regeln des Arbeitsmarktes selbst abhängig, sondern vom Grad der Flexibilität anderer Märkte. Wir haben in Deutschland zum Beispiel keine 24-Stunden-Multimedia-Shops, wie man sie aus London und New York kennt, die abends nach dem Kino voll von Kunden sind, die sich die Filmmusik des gerade gesehenen Movies kaufen. Sie existieren deswegen nicht, weil sie um diese Uhrzeit nicht öffnen dürfen, und nicht wegen zu hoher Arbeitskosten oder Lohnnebenkosten.

In den Finanzmärkten fehlen uns Investmentbanker, weil

unser Wirtschaftssystem konsensual ist. Bei uns gibt es keine privaten Pensionsfonds, weil der ehemalige Arbeitsminister Walter Riester seine Riester-Rente den existierenden Versicherungsunternehmen zugejubelt hat, anstatt sie einem offenen Markt zur Verfügung zu stellen. Viele moderne Jobs existieren in Deutschland einfach nicht, weil wir effektiv noch eine Nachkriegswirtschaft betreiben.

Was passiert, wenn man nur den Arbeitsmarkt dereguliert und sonst nichts? Zum Beispiel, was würde passieren, wenn man in Deutschland lediglich die Flächentarifverträge abschafft oder lockert? Ich glaube, wir würden in einzelnen Branchen einen Fall der Löhne erleben, sonst aber nicht viel mehr. Als Einzelmaßnahme hätte das lediglich negative konjunkturelle Auswirkungen.

Was passiert, wenn wir lediglich den Kündigungsschutz abschaffen ohne weitere flankierende Maßnahmen? Wenn man nichts weiter dereguliert, verhält es sich ähnlich negativ. Die deutsche Industrie würde eine Menge Leute entlassen, von denen viele keine weitere Stelle finden. Ich habe keine Ahnung, wie viele Menschen zunächst ihren Job verlieren. Das kann niemand vorhersagen. Es gibt gerade in vielen Industrieunternehmen schon über viele Jahre bestehende Beschäftigungsverhältnisse, die nach heutigem Recht nur schwer kündbar sind. Eine Lockerung würde bedeuten, dass Unternehmen die inflexibelsten Arbeitnehmer auf die Straße setzen. Kurzfristig wäre der Effekt ein Anstieg der Arbeitslosigkeit, vielleicht sogar ein sehr starker Anstieg.

Jeder Politiker, der so etwas als Einzelmaßnahme unternimmt, muss damit rechnen, dass die wirtschaftliche Lage zunächst schlechter wird und dass seine persönlichen Popularitätswerte steil nach unten gehen. Genauso ist es Gerhard Schröder nach der Hartz-IV-Reform gegangen.

Jetzt kann man einwenden: Kurzfristig mögen Arbeitsmarktreformen schlecht sein. Dafür ist das langfristig gut. Wir müssen schließlich langfristig denken.

Wer so etwas sagt, denkt nicht langfristig, sondern kurzatmig. Wenn die Aufhebung des Kündigungsschutzes ohne flankierende Reformen in den Produkt- und Finanzmärkten erfolgt, dann ist es auch langfristig überhaupt nicht klar, warum eine Lockerung des Kündigungsschutzes mehr Arbeitsplätze bringt. Das ist nur dann der Fall, wenn investiert wird. Das wiederum hängt von den Erwartungen des langfristigen Wirtschaftswachstums ab. Wenn wir nur die Arbeitsmärkte reformieren und sonst nichts, ist kaum damit zu rechnen, dass das allein zu mehr Investitionen führt.

Erfolg haben Reformen nur in Abstimmung miteinander, als Teil einer Gesamtstrategie, vor allem unter Beachtung der konjunkturellen Umstände. Der vor wenigen Jahren verstorbene Wirtschaftsnobelpreisträger Franco Modigliani, einer der großen Ökonomen des 20. Jahrhunderts, sagte einmal in einer kleinen Runde von deutschen Zuhörern auf die Frage, ob Deutschland den Kündigungsschutz lockern sollte: auf jeden Fall, so Modigliani, aber nur dann, wenn das Wachstum wieder anspringt. Er sagte das vor einigen Jahren und meinte: Lasst euch damit etwas Zeit.

Man sollte hier auf die Kausalität achten. In Deutschland wurde häufig von Unternehmensvertretern die These vertreten, wir brauchen Arbeitsmarktreformen, damit die Konjunktur anspringt. Die These wurde durch die Hartz-IV-Reformen nun eindeutig widerlegt. Für diese These gibt es auch in der Wissenschaft keine Basis. Modigliani behauptet genau das Gegenteil. Stellt das Wachstum wieder her und macht dann die Strukturreformen.

Arbeitsmarktflexibilität ist mehr als nur „hire and fire"

Auf einem linken Internet-Blog las ich folgende Bemerkung zur Flexibilität[66]:

> Das neue Schlagwort Flexibilität bedeutet im entsicherten Kapitalismus nichts anderes als den Verlust aller individuellen Sicherheit. In einer Welt, in der alles „zumutbar" ist, wird das Leben selbst zur Zumutung.

Es ist eine klassisch marxistische Sichtweise, formuliert in einer klassisch marxistischen Sprache. Aber auch viele Nicht-Marxisten in Europa würden sich dieser Aussage anschließen. Für sie ist Flexibilität gleichbedeutend mit Unsicherheit.

Der Denkfehler in dieser Definition ist, dass sie die gegebenen Umstände unserer deutschen Wirtschaft als unveränderbar voraussetzt. In einem funktionierenden Arbeitsmarkt bei Vollbeschäftigung bedeutet Flexibilität Unabhängigkeit. Wenn mich mein Arbeitgeber feuert, dann arbeite ich halt anderswo, oder ich mache mich selbstständig. Wenn der Arbeitsmarkt wie in Deutschland allerdings nicht funktioniert, dann gilt dieser Mechanismus nicht, und man wird lediglich arbeitslos, vielleicht auf lange Zeit. Dann wird das Leben in der Tat zu einer Zumutung, wie oben beschrieben.

Wenn Flexibilität im Extremfall nur darin bestünde, dass Unternehmer Mitarbeiter entlassen und die dadurch frei gewordene Produktionskapazität nach China verlagern, dann wäre es in der Tat nicht leicht, die Arbeitsmarktflexibilität zu verteidigen.

Aber die Geschichte ist eine andere. Es gibt zwei wesentliche Gründe für Arbeitsmarktflexibilität in der globalisierten Weltwirtschaft. Der erste Grund hat damit zu tun, dass die Globalisierung eine neue Arbeitsteilung mit sich bringt. Für

Deutschland konkret heißt das eine Abwendung von der Industrie zu den Dienstleistungen. Einen langsamen Trend in diese Richtung gibt es schon seit 30 Jahren. Er wird sich mit der zunehmenden Industrialisierung vor allem Chinas und Indiens fortsetzen. Es wird zwar auch in Deutschland noch weiter produziert, so, wie auch in Deutschland noch Landwirtschaft betrieben wird. Aber das Wachstum wird aus dem Dienstleistungssektor kommen.

Die Rolle der Arbeitsmarktflexibilität ist es also zunächst, diesen Anpassungsprozess im Arbeitsmarkt zu ermöglichen. Es ist relativ leicht, ein Fabrikgelände abzureißen und darauf einen Freizeitpark zu errichten. Nichts ist flexibler als Kapital. Aber bevor ein Fabrikarbeiter zu einem Freizeitparkmanager wird, benötigt er eine neue Ausbildung. Man ist als Arbeitnehmer in einem Arbeitsmarkt flexibel, wenn man in der Lage ist, entweder im gleichen Sektor neue Arbeit zu finden oder, wenn das nicht möglich ist, auf andere Sektoren umzusatteln. Ein Arbeitsmarkt ist flexibel, wenn er einem Arbeitnehmer diese Möglichkeit gibt.

Das Problem der Linken basiert also vorwiegend auf einem falschen Verständnis davon, wie ein Arbeitsmarkt funktioniert. Genau dieselbe Kritik trifft auch auf die Konservativen zu. Konservative Politiker, die die Einwanderung thematisieren, warnen davor, dass Einwanderer uns die Jobs wegnehmen. Hier haben wir ein Phänomen, das Ökonomen die „Lump of Labour Fallacy" nennen, der Irrglaube, die Anzahl der Arbeitsplätze sei konstant.

Die Annahme ist falsch, weil eine Volkswirtschaft dynamisch ist und weil sie wächst. Wenn wir ausländische Arbeitnehmer in das Land lassen, die Dienstleistungen für uns erbringen, die sonst keiner unternimmt, erhöht sich das Volkseinkommen und damit die gesamte Anzahl von Arbeitsplätzen. Genau das passierte in Deutschland während der 60er Jahre, und es passiert in den USA schon seit vielen Jahren. Es funktioniert in Deutschland heute aber nicht mehr.

In den USA funktioniert die Einwanderung genau deswegen ökonomisch besser als in Deutschland, weil die USA einen Niedriglohnsektor haben und Immigranten nur wenige Sozialleistungen gewähren. Einigen Immigranten gelingt es, sich aus dem Niedriglohnsektor zu befreien und Karriere zu machen. Vielen gelingt es nicht.

In Deutschland ist es für Einwanderer sehr schwer, Arbeitsplätze zu finden, dagegen relativ leicht, Sozialhilfe zu bekommen und Schwarzarbeit. Es herrschen also perverse Anreize vor. Daher ist es auch so, dass eine Erhöhung der Einwanderung in Deutschland ohne weitere Reformen eine negative Auswirkung hätte genauso wie eine Lockerung des Kündigungsschutzes ohne flankierende Maßnahmen.

Die Interaktivität zwischen Einwanderung und Arbeitsmarktflexibilität war auch das Thema einer viel zitierten Studie[67] des Bonner Forschungsinstituts zur Zukunft der Arbeit, wonach Beschränkungen im Kündigungsschutz und der Einwanderung die Arbeitsplatzsicherheit deutscher Arbeitnehmer zwar kurzfristig erhöht, langfristig die Bedingungen im Arbeitsmarkt für alle verschlechtert.

Für viele Deutsche gehen Ergebnisse wie diese komplett gegen die Intuition. Der Grund liegt darin, dass der Effekt von Einwanderung, insbesondere Einwanderung gering qualifizierter Arbeitnehmer, im Arbeitsmarkt nicht vorwiegend ein Verdrängungswettbewerb ist, sondern vor allem neue Arbeit kreiert. Viel zitierte Beispiele aus den USA sind Schuhputzer oder Angestellte, die in Supermärkten die Einkaufstüten packen.

Das britische Nachrichtenmagazin *The Economist* zog einen faszinierenden Vergleich zwischen der Einwanderung von Kubanern nach Florida, als Fidel Castro im Jahre 1980 die Grenzen öffnete und 125 000 Kubaner binnen weniger Mo-

nate in die USA zogen, und der Einwanderung von 234 000
Jugoslawen, die im Jahre 1992 um Asyl in verschiedenen europäischen Staaten ersucht haben.

Nach einer in den USA im Jahre 1990 veröffentlichten
Studie hatte die Einwanderung der Kubaner einen positiven
Effekt auf den lokalen Arbeitsmarkt. Vor allem verringerte sie
das Bedürfnis von Arbeitgebern, in arbeitsplatzsparende Technologien zu investieren. In Europa schützte man die bestehenden Arbeitsplätze, die dann langfristig durch solche Technologien sowieso ausradiert wurden. Der Nettoeffekt der Einwanderung auf die Wirtschaft in Florida war eine Zunahme
von 44 000 Arbeitsplätzen. Darüber hinaus gab es keine Hin-
weise darauf, dass die Löhne sanken oder dass vorher ansässige
Arbeitnehmer durch die neue Einwanderung verdrängt
wurden.

Wenn man bereit ist, den Arbeitsmarkt zu deregulieren,
dann wäre es auch nur logisch, die Regeln für Einwanderer zu
lockern und sich für eine EU-Mitgliedschaft der Türkei aus-
zusprechen. Die CDU steht für die Lockerung des Kündigungsschutzes, aber gegen Einwanderung und vor allem gegen
eine EU-Mitgliedschaft der Türkei. Die SPD ist gegen Flexibi-
lisierung des Arbeitsmarktes, allerdings für Einwanderung. Es
gibt in Deutschland keine politische Partei, die diese verschiedenen Punkte in sich vereint.

Im Bereich Arbeit/Bildung hatten wir zwar viele Reformen gehabt, es waren nur leider die falschen.

Irrtum 6: Der Mittelstand ist die Säule unserer Wirtschaft

Im Gegensatz zur landläufigen Meinung behaupte ich, der Mittelstand ist der Kern von Deutschlands wirtschaftlichen Problemen. Mittelstand ist die Kehrseite eines ineffizienten Finanzmarktes, Thema des nächsten Kapitels. Mittelständische Firmen haben viel zu hohe Schulden und viel zu geringe Eigenkapitalquoten. Sie sind eine wirtschaftliche Zeitbombe.

Beim Thema Mittelstand sind wir im Kern der Debatte um die Zukunft der Sozialen Marktwirtschaft. Denn der Mittelstand ist in der letzten Konsequenz genau das, was Soziale Marktwirtschaft in ihrem Wesen ausmacht.

Was heißt eigentlich Mittelstand? Versuchen Sie erst gar nicht, diesen Begriff anhand von Firmengrößen zu definieren. Das geht kräftig daneben. Überall auf der Welt gibt es kleine und mittelgroße Unternehmen. Im internationalen Sprachjargon gibt es dafür den Begriff SME (small and medium sized enterprises). Aber Mittelstand ist etwas anderes. Ihn gibt es nur in Deutschland. Mittelstand bedeutet ein zumeist in Privatbesitz befindliches, nicht an der Börse notiertes Unternehmen, das vorwiegend in einem spezialisierten Industriebereich tätig ist.

In Deutschland hat der Mittelstand über Jahrzehnte die Mehrzahl der neuen Arbeits- und Ausbildungsplätze geschaffen. Doch der Mittelstand befindet sich in einer lang anhaltenden Strukturkrise. Trotz dieser Krise wird der Mittelstand immer noch gern als Motor der deutschen Industrie begriffen. In der Politik ist es seit eh und je wichtig, als mittelstandsfreundlich zu gelten.

Der deutsche Schriftsteller Kurt Tucholsky schrieb einmal[68]: „Was die Weltwirtschaft angeht, so ist sie verflochten."

In Wirklichkeit ist die Weltwirtschaft nicht annähernd so verflochten wie der deutsche Mittelstand.

Wir hörten früher immer, dass der Mittelstand Motor der deutschen Industrie war und dass gerade der Mittelstand die meisten neuen Arbeitsplätze geschaffen hat. Mittelstand bedeutet zumeist spezialisierte Produktion, kleine Firmen, die zum Beispiel Kolben produzieren, die sie dann an einen Automobilhersteller verkaufen. Mittelstand bedeutet meistens auch einen familiengeführten Betrieb, ein Unternehmen mit klaren hierarchischen Strukturen. In Deutschland gibt es 3,3 Millionen Betriebe, die man zum Mittelstand zählt. Acht von zehn Ausbildungsplätzen gibt es im Mittelstand.[69]

Mit der Börse hatte der Mittelstand wenig am Hut. Wie bei den Atomgegnern der Strom aus der Steckdose kam, so kam beim Mittelstand das Geld von der Bank, oft nicht einmal einer Privatbank, sondern von einer lokalen Sparkasse, in deren Vorstand der Mittelständler oft selbst saß, zusammen mit dem örtlichen Bürgermeister. So hatte alles seine Ordnung. Politik, Finanzen, Gewerkschaftler und Mittelständler sind dicht vernetzt. Denn Mittelständler haben eine Streikaversion. Wer für Volkswagen Kolben produziert, braucht viel Sicherheit, Produktionssicherheit, Finanzierungssicherheit und politische Sicherheit. Der Mittelstand ist in Deutschland eine heilige Kuh. Wehe dem Politiker, der sich nicht als mittelstandsfreundlich entpuppt.

Wenn man sich die USA oder irgendein anderes Land ansieht, fällt einem zunächst auf, dass es dort Firmen aller Größen gibt, auch mittelgroße, aber eben keinen Mittelstand, der sich statisch als „Stand" begreift. Einige Firmen sind klein und werden im Verlauf der Zeit größer. Viele gehen unter, die meisten bleiben klein.

Was den deutschen Mittelstand auszeichnet – nämlich die Tatsache, dass die Firma oft einer Familie gehört –, ist letztendlich nur die Konsequenz eines nicht gut funktionierenden Finanzmarktes. Das wiederum ist nicht die Folge eines Marktversagens, sondern eines Regulierungsversagens. Bei uns ist das Banksystem nur zu einem relativ kleinen Teil privatwirtschaftlich organisiert. Sparkassen, Volksbanken und Genossenschaftsbanken sind allesamt „politische" Banken. Hier wird nicht allein nach kommerziellen, sondern nach politischen Regeln gehandelt.

Durch diesen Schutz ist der Mittelstand gegen Firmenübernahmen immun. Es gibt niemanden, der diese Firmen kaufen kann. Durch die großzügige Finanzierung ist die Eigenkapitalquote dieser Unternehmen oft erschreckend gering. Bis zum Jahr 2003 lag die Eigenkapitalquote des Mittelstandes bei nur 4,4 Prozent von der Bilanzsumme.[70] Unter dem Druck von Basel II, einem internationalen Abkommen, das strengere Regeln für die Kreditvergabe an Unternehmen vorsieht, ist diese Eigenkapitalquote im Jahre 2004 auf 7,5 Prozent gestiegen, was immer noch sehr gering ist. Von Unternehmen mit einem Umsatz von bis zu einer Milliarde Euro im Jahr hatte ungefähr die Hälfte der Firmen überhaupt kein Eigenkapital. Sie sind also vollständig auf Pump finanziert.

Viele Kommentatoren gerade in der deutschen Presse behaupten immer wieder, die Stetigkeit des Mittelstandes sei eine Stärke der deutschen Wirtschaft. Sie erlaube langfristige Strategien. In Wirklichkeit ist es eine eklatante Strukturschwäche, ich würde argumentieren, sogar noch eine größere Strukturschwäche als der Kündigungsschutz oder der Flächentarifvertrag. Die Beziehungen zwischen Mittelstand, Gewerkschaften, Politik and Finanzinstitutionen hat planwirtschaftliche Züge. Hier wird am Kapitalmarkt vorbeigeplant. Hier wird Wirtschaft geordnet.

Die volkswirtschaftlichen Kosten einer derartigen Struktur sind immens. Hier fließt das Kapital nicht zu den effizientesten

Unternehmen, sondern zu den politisch am besten vernetzten Unternehmen. Die Umsatzrentabilität im Mittelstand – die Gewinne als Teil des Umsatzes – lag im Jahre 2001 bei schlappen 4,1 Prozent. Wir reden hier von einem Durchschnitt bei 3,3 Millionen Firmen. Derartig miserable Leistungen könnten sich börsennotierte Unternehmen überhaupt nicht leisten.

Aber lokale Politiker haben kein Interesse an einem volkswirtschaftlich optimalen Kapitalmarkt. Sie interessiert lediglich, ob der Mittelständler im Ort für Beschäftigung sorgt. Das Gleiche gilt auf der Landesebene, wo Landesregierungen bis vor kurzem noch subventionierte Landesbanken unterhielten, mit denen die Landespolitik direkten Zugriff auf die von den Banken finanzierte Industrie bekam.

Diese Art von Beziehungen erinnert stark an die Beziehungen zwischen dem US-Militär und einigen Verteidigungsunternehmen.

Der ehemalige US-Präsident Dwight D. Eisenhower erfand in seiner Abschiedsrede am 17. Januar 1961 den Ausdruck des militärisch-industriellen Komplexes. Seine Beschreibung dieses Phänomens erinnert sehr stark an die ungesunden Beziehungen zwischen Deutschlands Politik, Gewerkschaften und Mittelständlern.

Diese Verbindung eines immensen militärischen Establishments und einer großen Rüstungsindustrie ist neu in der amerikanischen Erfahrung. Man spürt den gesamten Einfluss – wirtschaftlich, politisch, sogar spirituell – in jeder Stadt, in Parlament eines jeden Bundesstaates, in jeder Amtsstube der Bundesregierung ... In den Gremien der Regierung müssen wir uns in Acht nehmen vor dem unsäglichen Einfluss, ob gewollt oder ungewollt, des militärisch-industriellen Komplexes. Das Potential eines desaströsen Anstiegs fehlgeleiteter Macht existiert und wird Bestand haben.

Eisenhower hatte mit seiner düsteren Prognose Recht. Der militärisch-industrielle Komplex hatte Bestand und ist heutzutage stärker denn je. Der amerikanische Vizepräsident Dick Cheney war in den 90er Jahren zunächst Verteidigungsminister unter dem ersten Präsidenten George Bush und nach dessen Abwahl Vorstandsvorsitzender der Rüstungsfirma Halliburton, die gerade während des Golfkrieges viele Großaufträge bekam.

Wenn Industrie und Politik am Markt vorbei koordinieren, dann passiert das, wovor Eisenhower gewarnt hat. Es werden destabilisierende Strukturen etabliert, die langfristig für das Land sehr schädlich sind. Das Gleiche ist bei uns der Fall, wenn Mittelständler und Bürgermeister im Vorstand der Sparkasse über einen Kredit verhandeln.

So etwas passiert jeden Tag in Deutschland in großer Anzahl. Unsere Sparkassen sind hocherfreut darüber, dass die Rentabilität im Mittelstand mittlerweile bei 4,1 Prozent liegt. Um uns herum tobt ein globaler Kapitalmarkt, der Ressourcen dahin schickt, wo sie am meisten Rendite versprechen.

Der Mittelstand ist eine der wichtigsten strukturellen Institutionen der Sozialen Marktwirtschaft und einer der Punkte, in dem sich die Soziale Marktwirtschaft von der ohne Adjektiv am meisten unterscheidet. Eine gut funktionierende Marktwirtschaft ist präferenzlos in puncto Firmengröße und Firmentyp.

Irrtum 7: Kooperieren ist besser als konkurrieren

Es hört sich immer sehr verführerisch an, wenn Politiker behaupten, wirtschaftliche Probleme ließen sich am besten am runden Tisch lösen, als Teil eines Bündnisse für Arbeit zum Beispiel. Aber auch jeder, der ein Kartell bildet, weiß, dass es besser ist, zu kooperieren als zu konkurrieren. Für den Kunden ist die Konkurrenz besser, und für die Wirtschaft insgesamt ist das ebenso der Fall.

Mit dem Ausdruck Deutschland AG bezeichnet man das dichte Netz von Unternehmen, Banken und Politikern, das die deutsche Wirtschaft lenkt. Die Gremien, in denen man in diesem System zusammenkommt, sind die Aufsichtsräte von Aktiengesellschaften, Arbeitgeber- und Industrieverbände und Handelskammern. Die Deutschland AG bedeutet eine Totalvernetzung der Wirtschaft, in der jeder für alles verantwortlich ist, ein System, das nach außen weitestgehend abgeschottet ist, eine wahre Vetternwirtschaft.

Der wesentliche Unterschied zu einer freien Marktordnung liegt in der Bedeutung der Eigentumsrechte. In der Deutschland AG entscheiden nicht die Eigentümer, sondern eine große Koalition aus Eigentümern, Gewerkschaften, Kirchen und Verbänden. Im System einer freien Marktwirtschaft sind Eigentümer autonom.

Aus der Hayek'schen/Friedman'schen Philosophie leitet sich der angelsächsische Finanzmarkt fast wie von selbst ab. Wenn ein Unternehmen moralisch dazu verpflichtet ist, seinen Gewinn zu maximieren, dann folgt daraus logisch, dass die Eigentümer volles Kontrollrecht über ihr Eigentum haben. Nur so sind sie in der Lage, ihren Gewinn zu maximieren. Das heißt, es darf keine Gremien geben, die den Willen der Eigentümer nicht vollständig reflektieren. Macht eine andere Firma ein Übernahmeangebot, so reicht eine einfache Mehrheit der Aktionäre aus, dieses Angebot zu akzeptieren. Die einfache Mehrheit des Kapitals ist in allen Fällen entscheidend.

Die Funktion von Finanzmärkten ist es, die Volkswirtschaft möglichst effizient mit Kapital zu versorgen. Effizient heißt, dass das Kapital zu den Firmen und Projekten fließt, die die höchste Rendite versprechen. Man spricht von Kapitalmärkten, also Märkten, in denen Kapitalgeber und Kapitalnehmer zusammenkommen. Traditionelle Banken haben ebenfalls die Funktion, Firmen mit Liquidität zu versorgen, also Geld zu verleihen. Nur geschieht dies gegen Sicherheiten, zu vorher vereinbarten Konditionen. Man kann sich eine Bank etwa als Mittelsmann zwischen einem Kapitalmarkt und einem Unternehmen vorstellen. Wenn Banken privat organisiert sind und selbst den Regeln des Kapitalmarktes unterliegen, sollte eine bankfinanzierte Wirtschaft nicht grundsätzlich schlechter sein als eine durch den Kapitalmarkt finanzierte Wirtschaft. Wenn aber die Banken andere Ziele verfolgen, zum Beispiel politische, dann ist das nicht mehr der Fall.

Die ökonomische Funktion eines freien Kapitalmarktes ist allerdings nicht darauf beschränkt, Anbieter und Nutzer von Kapital zusammenzubringen. Eine weitere wichtige Funktion besteht darin, wirtschaftliche Umstrukturierungsprozesse zu beschleunigen, etwa durch Fusionen und Firmenübernahmen. Wenn diese ohne das Einverständnis der Geschäftsführung geschehen, spricht man von feindlichen Übernahmen.

Die Anzahl feindlicher Übernahmen ist in den USA weitaus geringer, als man hierzulande annimmt. Zwischen 1994 and 1998 gab es im Durchschnitt nur 40 feindliche Übernahmen pro Jahr.

Der amerikanische Wirtschaftsjurist Jeffrey Gordon, Professor an der Columbia University, definierte den Sinn und Zweck von Übernahmen wie folgt[71]:

> Übernahmen und Fusionen dienen zwei allgemeinen Zielsetzungen. Die erste betrifft die traditionellen Zwecke industrieller Organisation: eine optimale Größe und das gebotene Ausmaß geschäftlicher Tätigkeit zu erreichen; Geschäftseinheiten in bessere Strukturen mit vertikaler und horizontaler Wirtschaftlichkeit umzugestalten; bei Überkapazitäten nützliche Konsolidierung herbeizuführen und – in manchen Fällen – ein Führungsteam durch ein möglicherweise besser arbeitendes zu ersetzen.

Ein Kapitalmarkt dient darüber hinaus noch einem weiteren Zweck. Er ermöglicht dadurch auch die Wagnisfinanzierung, auch Venture Capital genannt, das ist die Finanzierung einer Firmenneugründung durch Investoren, die bewusst ein hohes Risiko eingehen in der Hoffnung auf einen großen Gewinn.

Das Risiko, in neu gegründete Firmen zu investieren, ist hierzulande genauso hoch wie anderswo. Die Wahrscheinlichkeit eines hohen Gewinns ist allerdings geringer. Das liegt darin, dass die Risikokapitalgeber eine so genannte „Exit-Route" brauchen, die Möglichkeit, ihre Investition auch zu veräußern. Ein Kapitalmarkt, in dem feindliche Übernahmen möglich sind, ist dazu geeigneter als ein Kapitalmarkt, in dem paritätisch besetzte Aufsichtsräte ein Vetorecht haben. Etwas aggressiv formuliert, könnte man sagen: In Deutschland hat der Aufsichtsrat unter anderem die Funktion, den Vorstand vor den Aktionären zu schützen.

Die Abwesenheit dieser lukrativen Exit-Route ist nach Meinung vieler Risikokapitalgeber der Grund, warum dieses Geschäft in Deutschland im Vergleich zu anderen Ländern so unbedeutend ist, obwohl die Nachfrage danach sehr groß ist.

Banken sind darauf spezialisiert, mittelständische Firmen durch-
zufüttern, und nicht, die Microsofts und Intels der nächsten
Generation zu identifizieren und zu finanzieren. Ohne Sicherheiten gibt es für kleine Firmen also keinen Kredit. Somit
haben die restriktiven Übernahmeregelungen auch eine weitreichende gesamtwirtschaftliche Konsequenz. Sie machen unsere Gesellschaft insgesamt risikoscheuer.

Wir wissen aus Erfahrung, dass nicht jede Firmenüber-
nahme glückt. Es gibt sogar einige Studien, die behaupten, die
Mehrzahl der Firmenübernahmen lohne sich nicht. Der Punkt
ist nur, dass bei einem weiterhin existierenden Finanzmarkt
jede Änderung rückgängig gemacht werden kann. Es verhält
sich auf einem Markt ähnlich wie in einer Demokratie. Das
Entscheidende an einer Demokratie ist nicht, dass gewählt
wird, sondern dass immer wieder gewählt wird. Wähler können nicht nur Fehler von Politikern korrigieren, indem sie bei
der nächsten Wahl andere Politiker wählen. Sie können auch
vor allem ihre eigenen Fehler korrigieren. Diese Art der Feh-
lerkorrektur existiert auch in einem gut funktionierenden Finanzmarkt.

Man erlebt ebenfalls häufig, dass Eigentümer ihre Firma an
die Börse bringen und nach einiger Zeit wieder von der Börse
nehmen. Ein Beispiel dafür ist der bekannte britische Unternehmer Richard Branson mit seinem Virgin-Konzern.

Friedrich von Hayek fasste den Wettbewerb als einen Entdeckungsprozess auf, wobei Angebot, Nachfrage und Preis
nicht vorhersagbar sind. Die Preise auf einem Kapitalmarkt
sind zu keinem Zeitpunkt richtig oder falsch. Sie spiegeln lediglich den Informationsstand aller Beteiligten zu einer bestimmten Zeit wider, wobei einige Marktteilnehmer mehr
wissen als andere. Werden neue Informationen bekannt, so
ändern sich Angebot, Nachfrage und Preis simultan in einer
nicht vorhersehbaren Weise.

Die Grundvoraussetzung eines Marktes sind das Privateigentum und sein Schutz durch die Verfassung. Die von Hayek und Friedman aufgestellten Marktmechanismen funktionieren nur dann, wenn das Eigentum unantastbar ist. Ein Unternehmer, der nach Friedmans Maxime der Profitmaximierung handeln will, muss dazu rechtlich natürlich in der Lage sein.

Das ist er in Deutschland zwar auch, aber nicht in vollem Umfang. Zum Beispiel ist der Aufsichtsrat einer Aktiengesellschaft paritätisch mit Gewerkschaftsmitgliedern besetzt. Zwar haben die Kapitaleigner die Mehrheit – die andere Hälfte der Mandate plus den von der Kapitalseite bestimmten Aufsichtsratsvorsitzenden. Doch in der Praxis funktionieren derartige Gremien auf konsensueller Basis. Die Mehrheit ist einfach zu knapp, zumal Anteilseigner ja auch nicht immer die gleiche Meinung haben. Wenn 60 Prozent der Aktionäre fair im Aufsichtsrat vertreten sind, dann haben sie nur 30 Prozent der Stimmen plus eventuell die des Aufsichtsratsvorsitzenden. In jedem Fall hätten sie keine Mehrheit.

In Deutschland ist das Eigentumsrecht also nicht annähernd so grundlegend und unantastbar wie in angelsächsischen Systemen. Die Unantastbarkeit des Eigentumsrechts ist allerdings eine Voraussetzung für einen funktionierenden Markt. Dass bei uns in Deutschland die Marktmechanismen nicht so gut funktionieren, ist somit kein Zufall. Dass bei uns die Eigentumsrechte so relativ sind, ist ebenfalls kein Zufall, denn das Grundgesetz der Bundesrepublik Deutschland verlangt in Artikel 14, Absatz 2:

> Eigentum verpflichtet. Sein Gebrauch soll zugleich dem Wohle der Allgemeinheit dienen.

Eine derartige Klausel existiert nicht in der amerikanischen Verfassung. Sie ist extrem bedeutend für die Wirtschaftsordnung der Bundesrepublik. Man kann sagen, sie ist ein wichtiger Teil der Verankerung der Sozialen Marktwirtschaft im deutschen Verfassungsrecht. Artikel 14, Absatz 2, ist die Negierung von Milton Friedmans Aussage, dass Unternehmer dem Allgemeinwohl am besten dadurch dienen, indem sie ihre Profite maximieren. Das ist mit Artikel 14 natürlich nicht gemeint. Artikel 14 verlangt vom Unternehmer, dass er über die Profitmaximierung hinaus der Allgemeinheit dient, also nicht nur seinen Aktionären oder sich selbst.

Ich möchte Artikel 14 nicht in seiner verfassungsrechtlichen Konsequenz bewerten. Verfassungen sind nicht nur rechtliche Dokumente, sondern auch politische. Artikel 14 hat das Denken und den Dialog über die Wirtschaftsverfassung in Deutschland entscheidend mitgeprägt.

In der Praxis bedeutet das, dass große Entscheidungen, wie Firmenübernahmen oder Fusionen, auf einer möglichst breiten Basis getroffen werden, also nicht nur von den Aktionären, sondern auch von der Geschäftsführung, den Gewerkschaften, der Gemeinde, in der die Firma ansässig ist, und den Kunden. Im Englischen klassifiziert man alle diese Gruppen zusammen als „Stakeholder" im Gegensatz zu den „Shareholdern", den Aktionären.

Wir haben daher im Gegensatz zu den USA in Deutschland so gut wie keine feindlichen Firmenübernahmen. Anfang der 90er Jahre versuchte die italienische Reifenfirma Pirelli ihren deutschen Konkurrenten Continental zu kaufen, allerdings ohne Erfolg. Im Jahre 1997 versuchte die Friedrich Krupp AG in Essen, den Düsseldorfer Thyssen-Konzern durch eine feindliche Übernahme zu kaufen. Am Ende einigten sich beide Firmen auf eine „freundliche" Fusion.

Einer der wenigen geglückten Fälle war die Übernahme der deutschen Mobilfunkfirma Mannesmann im Jahre 2000 durch die britische Vodafone. Hier traf Deutschlands „Stakeholder"-Modell mit dem angelsächsischen Kapitalismus frontal aufeinander. Die deutschen Politiker akzeptierten zunächst nicht das Prinzip einer feindlichen Übernahme. Darüber hinaus akzeptierte man nicht das Prinzip einer feindlichen Übernahme aus dem Ausland.

Später akzeptierte die deutsche Öffentlichkeit nicht die im internationalen Vergleich bescheidenen Abfindungen an ehemalige Mannesmann-Manager. So erhielt Klaus Esser, der damalige Mannesmann-Vorstandschef, eine Abfindung von rund 15 Millionen Euro, nachdem er durch eine hartnäckige Verhandlungsführung den Preis, den Vodafone später an die Mannesmann-Aktionäre bezahlen musste, um einen zweistelligen Milliardenbetrag hochverhandelt hatte.

Diese ganze Geschichte endete in einem spektakulären, wenngleich rechtlich widersinnigen Prozess gegen Esser und einige Mitglieder des ehemaligen Mannesmann-Aufsichtsrats, unter anderem gegen den Chef der Deutschen Bank Josef Ackermann. Alle Beschuldigten wurden freigesprochen, das Urteil wurde aber im Dezember 2005 vom Bundesgerichtshof wieder aufgehoben. Doch allein die Tatsache, dass es zu einem Prozess kam, zeigt das in Deutschland übliche Proporz- und Neiddenken. Man gönnte Esser nicht 15 Millionen Euro. Relativ zu dem Wert, den er seinen Aktionären geschaffen hatte, war diese Summe allerdings gering. Aber das interessierte die Kläger und die Staatsanwaltschaft nicht. Die Marktmechanismen spielten in der Argumentation keine Rolle. Was als viel oder wenig anzusehen ist, bestimmt nicht der Markt, sondern das moralische Empfinden eines Staatsanwaltes.

Die Politik reagierte auf die Mannesmann-Übernahme entsetzt. Eine der Konsequenzen war das seit 2002 gültige Übernahmegesetz, das insbesondere feindliche Übernahmen fast unmöglich macht. Der Hauptgrund dafür liegt an der Möglichkeit des Managements, so genannte *Poison Pills* – wörtlich Giftpillen – zu erlassen, die dem „Feind" die Übernahme erschweren. Wie der amerikanische Jurist Jeffrey Gordon[72] analysierte, sind die Poison Pills in Deutschland weitaus effektiver als in den USA, wo sie in der Regel nur dazu führen, dass ein höherer Preis verhandelt wird, aber nicht dazu, eine Übernahme zu vereiteln. In Deutschland sind sie potente Waffen.

Auslöser für das deutsche Übernahmegesetz war das Scheitern einer europäischen Fusionsrichtlinie. Inzwischen hat sich die EU auf eine minimale Fusionsrichtlinie geeinigt. Die Idee war es, in Europa einheitliche Regeln zu schaffen, so dass feindliche Übernahmen nicht nur in eine Richtung – also von einem Land zum anderen, aber nicht umgekehrt – erfolgen. Gordon argumentiert, dass gerade Deutschland von einem offenen Übernahmegesetz stark profitiert hätte.

> Nur durch grenzüberschreitende Fusionen können Unternehmen schnell groß genug werden, um die potentiell riesigen Skalenerträge im EU-weiten Handel zu nutzen. Einer der großen Vorteile der Vereinigten Staaten ist ihr Binnenmarkt, der nationalen Unternehmen unmittelbar ermöglicht, sich entlang der Erfahrungskurve dem niedrigsten Stückpreis entgegenzubewegen. Dieser Binnenmarkt ist nicht nur ein wesentlicher Motor lokalen Wohlstands, sondern macht diese Unternehmen auch zu starken Wettbewerbern im internationalen Handel. Die Schaffung EU-weit tätiger Unternehmen schafft für Europa ein vergleichbares Potential ... Grenzüberschreitende Fusionen sind wichtig für Deutschland und die Europäische Union insgesamt, weil die daraus hervorgehenden Unternehmenszusammenschlüsse – transeuropäische Unternehmen – dazu beitragen, die Europäische Union zu einer wirtschaftlichen Einheit zusammenzufügen.

Deutschland ist zwar global in dem Sinne, dass man exportiert, aber überhaupt nicht global, nicht einmal europäisch, wenn es um die Kontrolle der Unternehmen selbst geht.

Die paritätische Mitbestimmung ist eine natürliche Poison Pill, aber bei weitem nicht die einzige. Da Aufsichtsräte für fünf Jahre gewählt sind, bedeutet selbst eine gelungene feindliche Übernahme nicht, dass man den Konzern gleich kontrolliert. Man benötigt mehr als 75 Prozent der Stimmen, um alle Aufsichtsratspositionen für sich zu reklamieren. Es kann im Extremfall bis zu fünf Jahre dauern, bis eine feindliche Übernahme, die bis zum Ende feindlich bleibt, tatsächlich vollzogen ist. Feindliche Übernahmen lassen sich in Deutschland also fast immer verhindern.

Irrtum 8: Deutschland hat Universalbanken und braucht deswegen keinen modernen Finanzsektor

Die Funktion eines modernen Finanzmarktes ist es, Individuen und Firmen Zugang zu Kapital zu verschaffen und Anlegern eine möglichst breite Palette an Anlageformen zu bieten. Der Kapitalmarkt ist der Ort, an dem Investoren und Kapitalnehmer zusammenkommen.

In einem modernen Finanzmarkt finanzieren sich mittlere und größere Firmen direkt über die Börse. Junge Unternehmen haben Zugang zu Wagniskapital. Der durchschnittliche Konsument in Ländern mit effizienten Kapitalmärkten besitzt gleich mehrere Kreditkarten. Er hat in der Regel wenig Bargeld auf dem laufenden Konto. Er hat Zugang zu günstigen und flexiblen Hypotheken. Größere Anschaffungen wie Autos werden über die Laufzeit amortisiert, entweder durch Kredite oder über Leasing.

Es gibt kaum eine Beschreibung, die weiter entfernt sein könnte von der Realität der deutschen Wirtschaft. In Deutschland finanzieren sich selbst große Firmen lieber über unflexible Bankkredite als über den Kapitalmarkt. Kreditkarten sind etwas für Exoten, und sind in vielen deutschen Geschäften nicht akzeptiert. Autos kauft man selbstverständlich mit dem Ersparten.

Die Wahrheit ist: Der deutsche Kapitalmarkt ist vorsintflutlich. Er ist einer der entscheidenden institutionellen Gründe, warum die Soziale Marktwirtschaft im 21. Jahrhundert nicht mehr funktioniert.

Das Drei-Säulen-Modell im Bankwesen ist nicht mehr zeitgemäß

In den USA gibt es einen Kapitalmarkt oder Finanzmarkt. Innerhalb dieses Marktes gibt es verschiedene Institutionen, klassische Banken wie die global agierende Citibank, die schon erwähnten Investmentbanken, deren Geschäft die Umstrukturierung der Industrie ist, die aber als Händler direkt am Markt teilnehmen. Dann gibt es verschiedene Formen von Investmentfonds, einschließlich der neueren risikofreudigeren Hedge-Fonds, und unzählige weitere Typen von Spezialisierungen.

In Deutschland überwiegt das Universalbankprinzip, die Bank, die alles unter einem Dach vereint, die Bank mit der Filiale an der Straßenecke, den Broker, den Händler, den Investmentbanker, ja sogar den Fondsmanager.

Darüber hinaus basiert der deutsche Bankenmarkt, wie im vorangegangenen Unterabschnitt schon angedeutet, auf dem so genannten Drei-Säulen-Modell, bestehend aus einem kleinen Privatsektor, einem öffentlichen Sektor und einem genossenschaftlichen Sektor. Die letzten beiden machen ungefähr 75 Prozent des gesamten Marktes aus. Der Name des Modells ist deswegen ein purer Euphemismus, weil Säulen Stärke und Stabilität suggerieren sollen. Genau das Gegenteil ist der Fall.

Ich beziehe mich im weiteren Verlauf auf eine Studie der KfW-Research, der Forschungsabteilung einer öffentlichen Institution, die man früher Kreditanstalt für Wiederaufbau nannte, eine Institution, die in der Nachkriegszeit maßgeblich zum Wiederaufbau des Landes beigetragen hat, indem sie Unternehmen mit günstigen Wiederaufbaukrediten versorgte.

Über die Rolle einer derartigen Institution in einer reifen Volkswirtschaft lässt sich allerdings streiten. Heute ist die KfW Teil des Geflechts zwischen Politik, Finanzwelt und Industrie.

Sie nennt sich heute eine Förderbank der deutschen Wirtschaft, und es sollte nicht überraschen, dass es ebenfalls eine KfW Mittelstandsbank gibt, ein weiteres Mitglied im großen mittelständisch-politischen Komplex.

KfW-Research kam im Jahre 2005 mit einer Studie heraus, die das deutsche Banksystem tapfer verteidigte.[73] Was hätte man auch sonst erwarten sollen. Die Schlussfolgerung war eine griffige Formel: betriebswirtschaftlich wenig rentabel, volkswirtschaftlich hoch produktiv.

Wenn man da hinter die Zahlen blickt, erkennt man lediglich den verzweifelten Versuch, Deutschlands erschreckend unproduktivem Banksystem etwas Gutes abzugewinnen. Im internationalen Vergleich ist die Profitabilität von Deutschlands Banken schockierend gering.

Man misst die Profitabilität von Banken mit etwas anderen Maßen als die von Industrieunternehmen. Ein solches Maß ist die so genannte Zinsspanne, die Differenz von Zinsertrag und Zinsaufwand als Anteil der Bilanzsumme. In Deutschland ist die Zinsspanne gerade etwas über ein Prozent, in den USA bei 3,5 Prozent.

Ein weiteres Maß ist die Eigenkapitalrendite der deutschen Banken. Sie liegt bei unter fünf Prozent, im Jahre 2003 war sie sogar negativ. In den USA und Großbritannien liegt sie zwischen zehn und 15 Prozent. Ende 2004 lag die Deutsche Bank als Deutschlands größte Bank auf Platz 21 der internationalen Rangliste der Banken, gemessen an der Marktkapitalisierung, also dem Wert, den die Finanzmärkte dem Unternehmen zumessen. Ihre Marktkapitalisierung von 44 Milliarden Dollar war ein Bruchteil der der weltgrößten Bankengruppe, der Citigroup.

Dass es sich hierbei um eine betriebswirtschaftlich unrentable Aktivität handelt, ist sofort klar und letztlich auch von niemandem bestritten. Als Josef Ackermann, der seit 2002 Vorstandschef der Deutschen Bank ist, den Versuch unternahm, die Eigenkapitalrendite der Deutschen Bank internationalem Niveau anzupassen, wurde er von führenden SPD-Politikern heftig attackiert. Denn um das zu erreichen, musste er Arbeitsplätze abbauen. Das Pech der Deutschen Bank war es, dass sie die Ankündigung des Arbeitsplatzabbaus genau auf den Tag im Winter 2005 legte, als die Bundesregierung bekannt gab, dass die Zahl der Arbeitslosen erstmalig die Fünf-Millionen-Marke überschritten hatte. Wenn der Zeitpunkt für die Ankündigung von Arbeitsplatzabbau bei der Deutschen Bank zwar ungünstig war, so verhielt sich die Bank doch nicht anders als ihre Konkurrenten im Ausland.

Ackermann erhält seitdem wöchentliche Morddrohungen und hat einen Personenschutz, der dem des Bundeskanzlers gleicht. In Deutschland ist es nicht akzeptiert, dass der kleine private Banksektor sich so verhält wie Banken im globalen Kapitalmarkt.

Das Argument von KfW-Research war, dass der Banksektor trotz seiner betriebswirtschaftlichen Schwäche volkswirtschaftlich stark sei. Diese Aussage beruht auf der Annahme, dass es im deutschen Banksektor einen hohen Grad an Wettbewerb gibt. In einem so genannten perfekten Wettbewerb ohne jegliche Eintrittsschranken tendiert in der volkswirtschaftlichen Theorie langfristig der Profit in Richtung null. Denn wenn jemand einen positiven Profit erzielt, dann wird es immer jemand anderen geben, der ebenfalls noch in den Markt eindringt und einen Teil des Profites für sich in Anspruch nimmt.

Hayek hat diese Annahme immer verpönt mit dem Argument, dass man schon dumm sein müsste, in einen solchen Markt einzutreten. Denn welcher Entrepreneur würde das Risiko eingehen, in einen neuen Markt einzudringen, wenn die langfristigen Aussichten ein Gewinn gleich null sind. Es ist eine absurde Vorstellung.

Wenn es um den deutschen Bankenmarkt geht, ist die Vorstellung noch viel absurder. Dies ist schließlich ein Markt mit sehr hohen Eintrittsbarrieren. Es ist enorm teuer, ein nationales Bankennetz aufzubauen. Der Grund für die niedrigen Margen sind Förderbanken wie die KfW, ein Detail, das in diesem Report nicht erwähnt war. Der Grund für die geringen Bankmargen ist sehr einfach. Um die 75 Prozent dieses Marktes werden von Banken repräsentiert, die andere Ziele verfolgen, als Profite zu maximieren. Die Margen im deutschen Bankgeschäft sind aus dem gleichen Grund gering, wie die Margen im sowjetischen Einzelhandel gering waren. Sie werden eben nicht durch Marktmechanismen bestimmt.

Warum mehr Schulden manchmal besser sind als weniger Schulden

Die Perversität des deutschen Finanzwesens – hier ist der Ausdruck des „Wesens" gar nicht mal so schlecht – macht nicht Halt vor der privaten Finanzierung, der Finanzierung von Immobilien und unseren täglichen Ausgaben.

Viele werden sich noch an den Euroscheck erinnern, einen von deutschen Banken noch lange vor dem Euro erfundenen Mechanismus, bei dem man in ein leeres Feld lediglich das Währungskürzel eingeben musste. Für den europäischen Globetrotter in der Voreurozeit schien dies die Lösung des lästigen Geldwechselproblems zu sein.

Das Problem war nur, es handelte sich hierbei wieder einmal um einen deutschen Sonderweg. Mit dem Euroscheck im Ausland zu bezahlen erwies sich als die mit am Abstand teuerste Art und Weise, mit der man viele D-Mark in wenige französische Francs umwandeln konnte.

Heute übernimmt die EC-Karte mit Code alle Funktionen des einstigen Euroschecks, einschließlich der vollständigen Inkompatibilität mit im Ausland üblichen Systemen. Wenn sie am internationalen E-Business teilnehmen wollen, benötigen sie eine Kreditkarte, etwas, was die Deutschen wie den Teufel ablehnen – wegen des K-Worts. Kredit assoziieren die meisten Menschen mit dem Wort Hai.

In Deutschland gibt es 21 Millionen Kreditkarten[74], in dem einwohnermäßig kleineren Großbritannien sind es 71 Millionen[75]. In Deutschland nehmen selbst große Geschäfte keine Kreditkarten an und bestehen auf EC-Karten, womit sie per Definition alle im Ausland wohnenden Menschen nicht bedienen können.

Das deutsche Finanzwesen ist voller merkwürdiger Sonderwege. Ich denke da nur an die Bausparverträge, eine der ökonomisch unsinnigsten Formen des Sparens überhaupt. Das ökonomisch Sinnvolle, insbesondere für junge Leute, ist die Hypothek, die sie im Verlauf ihres werktätigen Lebens abbezahlen. Wer hier zehn Jahre mit Bausparen verschwendet und währenddessen Miete bezahlt, verzichtet nicht nur zehn Jahre lang auf seine eigenen vier Wände, sondern verschwendet im Laufe seines Lebens eine Menge an Mietgeld. Der Grund für diesen wirtschaftlichen Unsinn war eine Ineffizienz des deutschen Banksektors. Es war lange nicht möglich, Hypotheken von 95 oder 100 Prozent des Kaufwertes zur Verfügung zu stellen, denn junge Leute verfügen meist nicht über viel Eigenkapital.

Hier handelt es sich nicht um ein betriebswirtschaftliches oder gar hauswirtschaftliches Problem, sondern um ein volkswirtschaftliches. Einer der Gründe – einige sagen der wichtigste Grund –, warum die US-Wirtschaft nach dem Platzen der Internet-Blase und nach den Anschlägen vom 11. September 2001 so schnell wieder auf die Beine kam, war die Stärke des Immobilienmarkts.

Die amerikanische Zentralbank, die Federal Reserve, hat nach dem 11. September sofort die kurzfristigen Zinsen auf ein Niveau von einem Prozent gesenkt. Da die meisten amerikanischen Familien hypothekenfinanzierten Eigenbesitz haben, bedeutete die Zinssenkung die Möglichkeit einer schnellen Umfinanzierung. Es handelte sich hierbei nicht um Hypotheken mit variablen Zinssätzen, sondern um die Möglichkeit einer Umfinanzierung von Hypotheken mit festen Zinssätzen, etwas, was in Deutschland nicht möglich ist. Die Folge war, dass das verfügbare Einkommen amerikanischer Haushalte nach den Zinssenkungen anstieg. Dies wiederum führte zu höheren Konsumausgaben.

In Europa und insbesondere in Deutschland funktioniert dieser Mechanismus überhaupt nicht. Der Grund dafür liegt nicht nur an der weitaus konservativeren und langsameren Europäischen Zentralbank. Der Grund liegt an der Struktur des Finanzmarktes selbst. Notenbanker sprechen hierbei von so genannten Transmissionsmechanismen, durch die eine Zinssenkung die reale Wirtschaft beeinflusst.

In Europa ist der Effekt des Transmissionsmechanismus von der EZB auf den Konsumenten fast gleich null. Durch eine Zinssenkung ändern sich nicht die Hypothekenzinsen. Die meisten Deutschen leben eh in Mietwohnungen. Diejenigen, die eine Hypothek haben, haben in der Regel die Zinssätze auf fünf oder gar zehn Jahre festgesetzt, ohne Möglichkeit der Umfinanzierung.

Hier spiegelt sich sicherlich eine gewisse Risikoscheu wider. Durch die Festsetzung des Zinssatzes ist man gegen Zinserhöhungen abgesichert, man kann aber auch nicht von Zinssenkungen profitieren.

Volkswirtschaftlich hat das aber eine alarmierende Konsequenz. Es gibt zwar noch andere Transmissionsmechanismen, etwa vom Zinssatz zu den Unternehmenskrediten. Aber die

Tatsache, dass Geldpolitik so gut wie keinen Einfluss auf den
Konsumenten hat, führt zu einer Handlungsunfähigkeit der
Zentralbank. Amerikanische Notenbanker würden sich große
Sorgen machen, wenn sie sich in einer solchen Situation der
Handlungsunfähigkeit befänden. Ihre europäischen Kollegen
scheinen damit weniger ein Problem zu haben. Sie interessieren sich im Übrigen auch nicht so sehr dafür, die volkswirtschaftliche Aktivität zu beeinflussen, sondern lediglich dafür,
die Preise zu stabilisieren.

Warum wir die Landesbanken abschaffen sollten

Kaum eine Geschichte zeigt die fundamentale Inkompatibilität unseres Finanzsystems mit der Außenwelt so deutlich auf
wie die Saga der Westdeutschen Landesbank, oder WestLB, die
im Jahre 1992 ihren Anfang nahm mit der unscheinbaren Nachricht, dass das Land Nordrhein-Westfalen die Wohnungsbau-
förderungsanstalt Nordrhein-Westfalen (Wfa) als Sacheinlage
in die WestLB einbrachte.[76] Die Wfa gehörte dem Land NRW,
das auch Haupteigner der WestLB war. Etwas als Sacheinlage
einzubringen heißt nichts anderes, als Kapital in eine Firma
einzubringen als Gegenleistung für eine Zahlung. Das Problem hier war, dass NRW die Wfa als Kapital einbrachte, dafür
aber von der WestLB eine viel zu geringe Vergütung verlangte,
jedenfalls eine Vergütung, die weit unter den handelsüblichen
Marktwerten lag.

  Im Jahre 1994 reichte der Bundesverband der privaten
Banken bei der EU-Kommission Beschwerde gegen die aus
seiner Sicht zu geringe Höhe der Vergütung ein. Man be-
fürchtete, die WestLB habe sich einen Wettbewerbsvorteil er-
hascht.

Im Jahre 1999 entschied die EU-Kommission gegen die WestLB. Die Kapitaleinlage sei eine verdeckte Beihilfe gewesen. Die Kommission beschloss, dass sich auch Landesregierungen und Landesbanken an marktwirtschaftliche Regeln halten müssten. Die Kommission legte hierfür eine Kapitalrendite von zwölf Prozent nach Steuern fest, was dazu führte, dass die WestLB dem Land Nordrhein-Westfalen 1,5 Milliarden Euro zurückzahlen musste. Nach mehreren rechtlichen Auseinandersetzungen endete die Geschichte Anfang 2005, als die WestLB tatsächlich diese Summe zurückzahlte.

Die ursprüngliche Idee von Landesbanken war es, dass Bundesländer Landesprojekte finanzieren. Aber im Verlauf der Jahre mischten sich die Landesbanken immer mehr in Sektoren des Privatsektors ein, wie zum Beispiel die Finanzierung von Hypotheken. Das war auch der Grund, warum die Klage von den Privatbanken initiiert wurde.

Der ehemalige EU-Wettbewerbskommissar Mario Monti begründete die Handlung der EU-Kommission wie folgt[77]:

> Diese Fälle sind die konsequente Fortsetzung unserer Bemühungen, im deutschen Banksektor für fairen Wettbewerb zu sorgen. Unsere Verfahren dienen allein dem Ziel, dass öffentliche und private Banken im Wettbewerbsgeschäft unter gleichen Bedingungen konkurrieren können.

Wie konnte die WestLB so viel Geld aufbringen, um die illegalen Beihilfen zurückzuzahlen – denn um nichts anderes handelte es sich bei der Einbringung der Wfa in das Kapital der WestLB? Die WestLB erhöhte ihr Kapital. Gezeichnet haben der Privatsektor sowie – der Leser ahnt es vielleicht – das Land NRW. Somit floss ein Teil des Geldes wieder zurück.

Der Prozess der Normalisierung des Status der Landesbanken verlief alles andere als glatt, denn die Bundesregierung und vor allem auch die Bundesbank haben alles Erdenkliche getan,

um den Sonderstatus der Landesbanken so lange wie möglich
aufrechtzuerhalten. So erwirkte der damalige Bundeskanzler
Helmut Kohl eine Klausel im Amsterdamer EU-Vertrag, wonach der Sonderstatus der Landesbanken gesichert ist.

Als die Zeit für die Kapitalerhöhung der Landesbanken
kam, mussten sich die Landesbanken einem Prozess unterwerfen, der im Privatsektor gang und gäbe ist. Sie mussten sich
einem so genannten *Rating* – einer Bewertung – unterziehen.
International tätige Rating-Agenturen wie Moody's oder
Standard & Poor's vergeben Ratings für Kapitalemissionen.
Diese Ratings tragen normalerweise obskure Buchstabenkür-
zel wie AAA oder B+. Bewertet wird die Bonität der Anleihe.
Ein AAA ist die beste Note. Es bedeutet, dass die Anleihe aus
Sicht der Rating-Agentur einen sehr hohen Grad an Sicher-
heit verspricht. Derartige Ratings tragen meistens nur An-
leihen von Staaten, wie etwa Bundesanleihen, oder speziellen
Banken, die durch den Staat gesichert sind. Dazu gehört etwa
die Europäische Investitionsbank. Früher gehörten in diese
Gruppe auch unsere Landesbanken.

Nach dem unterlegenen Streit mit der EU-Kommission
dürfen sich Landesbanken jetzt nur noch kommerziell verhalten. Das heißt ebenfalls, dass sie für ihre Anleihen marktübliche
Zinsen zahlen müssen. Die wiederum bestimmen sich im Kapitalmarkt unter Zuhilfenahme der Ratings. Je höher das Rating,
desto geringer die vom Emittenten zu zahlenden Zinsen.

Als sich Standard & Poor's daranmachte, den Landesbanken
ein Rating zu verpassen, da geschah etwas Sonderbares. Die
Deutsche Bundesbank bat S&P zu sich und übte Druck auf die
Agentur aus, das Rating erst zu einem späteren Zeitpunkt zu
veröffentlichen. Gleichzeitig kam – ähnlich wie bei der Heuschrecken-Debatte – politischer Druck aus Berlin, als führende
Politiker gegen die Rating-Agenturen hetzten.

Es war aus Sicht der Rating-Agenturen eine ungeheuerliche Einmischung in ihre Unabhängigkeit. Sogar deutsche Journalisten stellten sich gegen die Rating-Agenturen. Man sprach davon, dass die Wall Street, wo man dachte, dass diese Rating-Agenturen ansässig seien, den komplexen deutschen Bankenmarkt nicht verstehe. Man fühlte sich wie so oft unverstanden. Die Sache hatte nur einen Haken. Die Mitarbeiter der Rating-Agentur, die darauf angesetzt wurden, die Ratings der Landesbanken zu bestimmen, waren allesamt Deutsche.

Das Problem war, dass sich das deutsche Bankestablishment immer als etwas Besonderes und vor allem als etwas Unvergleichbares begriffen hat. Der deutsche Banksektor funktioniert eben nicht nach den Regeln des Marktes. Wie kann er auch? Drei Viertel dieses Sektors sind in den Händen von Regierungen und Gewerkschaften.

Ich erinnere mich noch, dass meine Großmutter früher immer von Bankbeamten sprach. So war es damals auch. Banken waren effektiv Institutionen des Staates, oder sie wurde so stark vom Staat kontrolliert, dass sie sich so verhielten. Im Grunde hat sich daran bis heute nichts geändert. Durch den Landesbanken-Krach ist ein klein wenig mehr Wettbewerb in den deutschen Markt eingezogen. In den Köpfen der Menschen ist alles beim Alten geblieben. Von einem Finanzmarkt kann man in Deutschland nicht sprechen.

Frankfurt ist kein wirkliches Finanzzentrum

In den 90er Jahren hatte Frankfurt noch die Ambition, Europas wichtigster Finanzmarkt zu werden. Ich erinnere mich an eine Podiumsdiskussion mit einem der damals einflussreichsten Fürsprecher von Frankfurts Rolle als globales Finanzzentrum. Er sagte, eine von Frankfurts wichtigsten Stärken bestünde in einem guten S-Bahn-System.

Dass Investmentbanker nicht mit der S-Bahn fahren, schien ihm nicht bekannt zu sein. Vor allem zeigte sich, wie weltfremd das deutsche Bankwesen ist. Das deutsche Banksystem ist nicht nur ein Sonderweg in der Welt der Globalisierung. Es ist auch ein Sonderweg innerhalb Europas.

Eine der symbolischsten Geschichten, in der die Merkwürdigkeiten des deutschen Finanzmarktes wie in einem Bermuda-Dreieck zusammentreffen, war der zum Scheitern verurteilte Versuch der Deutschen Börse im Jahre 2005, die Londoner Börse zu kaufen. Börsen sind Institutionen eines Finanzmarktes. Laien verwechseln oft Börsen und Märkte. Eine Börse ist lediglich eine Plattform eines Marktes, und sie bietet ihren Kunden Dienstleistungen, wie etwa die Teilnahme an einem elektronischen Markt oder die Abwicklung von Käufen.

Die Börsen sind selbst aber auch Unternehmen, von denen einige wiederum an der Börse notiert sind. Sie sind also Unternehmen wie andere auch, mit Vorstand und Aufsichtsrat und der Pflicht, besondere Ereignisse der Börse zu melden.

Der Kampf der Börsen ist nicht gleichzusetzen mit dem Kampf der Finanzmärkte. Auch eine gelungene Akquisition der Londoner Börse hätte an den Kräfteverhältnissen zwischen London und Frankfurt nichts geändert.

Dass der Übernahmeversuch scheiterte, lag in erster Linie an den Aktionären der Deutschen Börse. Hier handelte es sich um aggressive internationale Investoren, unter anderem den Hedge-Fonds The Children's Investment Fund, dem acht Prozent der Aktien der Deutschen Börse gehören, sowie die große internationale Fondsgesellschaft Fidelity.

Ihre Argumentation war, dass der von Werner Seifert, dem damaligen Vorstandsvorsitzenden der Deutschen Börse, gebotene Preis von 1,35 Milliarden Pfund (etwas über zwei Milliarden Euro) zu hoch sei. In Großbritannien kann eine Firma ohne Einwilligung ihrer eigenen Aktionäre keine Firmenübernahmen tätigen. In Deutschland ist so etwas rechtlich zwar möglich, aber nicht ratsam. Seifert interessierte sich nicht sonderlich für seine Investoren. Ihm ging es hier um industrielle Logik. Er glaubte, diese Fusion wäre ein entscheidender Schritt zur längst überfälligen Konsolidierung der europäischen Börsen.

Die Deutsche Börse hatte von ihrem Aufsichtsrat grünes Licht bekommen, aber die Mehrheit der Aktionäre war gegen eine Übernahme, die sie für zu teuer hielten. Es folgte ein lauter und hässlicher, in aller Öffentlichkeit ausgetragener Kampf zwischen den Aktionären, dem Vorstand und dem Aufsichtsrat der Deutschen Börse.

Ein drohendes Misstrauensvotum während der bevorstehenden Hauptversammlung hatte zur Folge, dass Seifert vorzeitig als Vorstandschef zurücktrat. Auch Rolf Breuer, der frühere Chef der Deutschen Bank, trat als Aufsichtsratschef der Deutschen Börse zurück. Vorher hatte die Deutsche Börse ihr Angebot zurückgenommen.

Hier gelang es Aktionären ausnahmsweise, sich über den Vorstand und Aufsichtsrat hinwegzusetzen, etwas, was man in Deutschland so nicht kannte. An dieser Geschichte zeigt sich, was passiert, wenn der deutsche Finanzklüngel auf den globalen Kapitalismus stößt. Er ist chancenlos. Das Verhalten des Vorstands der Deutschen Börse wurde in Großbritannien als undemokratisch interpretiert, in dem Sinne, dass hier ein Vorstand ganz bewusst gegen die Interessen seiner Aktionäre verstieß.

Zu derselben Zeit, als der Versuch der Übernahme der Londoner Börse gescheitert war, lancierte der ehemalige SPD-Vorsitzende Franz Müntefering seine Heuschrecken-Debatte. Er bezeichnete die Investoren als Heuschrecken, da sie über das Land herfallen, alles abgrasen und mit viel Geld wieder verschwinden.

Die Debatte während eines für die SPD zu dem Zeitpunkt schon nicht mehr gewinnbaren Wahlkampfes in Nordrhein-

Westfalen galt als Versuch Münteferings, die sich abspaltende Linke seiner Partei mit Hilfe einer generellen Kapitalismuskritik einzufangen. Deutschlands Schwierigkeiten mit dem Wirtschaftssystem, das man in Deutschland Kapitalismus und woanders den freien Markt nennt, zeigen sich in keinem Sektor stärker als im Finanzsektor. Im Produktmarkt sind wir trotz starker Regulierung sehr kapitalistisch. Bei Finanzmärkten schrecken wir zurück. Selbst Profis wie Seifert scheinen sich mit diesem Kapitalismus nicht recht auszukennen.

Auch Seifert hat sich in Teilen der Müntefering'schen Kritik angeschlossen und die Praktiken der Hedge-Fonds heftig kritisiert. In einem Brief an die *Financial Times* beschwerte er sich über die Berichterstattung in den britischen Medien, die er beschuldigte, dem internationalen Kapitalismus zu huldigen. So schrieb Seifert[78]:

> Ich glaube, dass andere Licht auf die Praktiken der Hedge-Fonds werfen werden, das die jämmerliche Verzerrung der Wahrheit korrigieren wird, die Sie unter dem dünnen Mantel der objektiven Analyse veröffentlicht haben.

Hier treffen Welten aufeinander, die nicht mehr miteinander in Einklang zu bringen sind.

Wir haben den Verlust jüdischer Banker in Deutschland nie verkraftet

Das Problem der deutschen Wirtschaft sind nicht die Lohnnebenkosten, der übertriebene Kündigungsschutz oder die Ladenöffnungszeiten. Deutschlands Problem ist, eine Wirtschaft im 21. Jahrhundert zu führen mit einem Finanzsektor aus dem 19. Jahrhundert. Es ist der zum Scheitern verurteilte Versuch, eine moderne Wirtschaft ohne Finanzmarkt zu managen.

Finanzmärkte sind nicht nur Märkte *sui generis*, die sich nur selbst versorgen. Finanzmärkte haben eine Auswirkung auf den Rest der Industrie. Anstatt eines ewig jammernden Mittelstandes hätten wir in Deutschland profitable Firmen. Wir hätten mit Sicherheit weniger Industrieunternehmen. Der Anteil der Industrie an der Wirtschaft wäre mit Sicherheit geringer als 20 Prozent. Aber Deutschland wäre jetzt schon mitten im Prozess der Anpassung an die Globalisierungsschocks. Solange wir mit staatlich privilegierten Förderbanken, Sparkassen und Genossenschaftsbanken eine marode Industriestruktur künstlich am Leben halten, so lange verhindern wir diese Umstrukturierung. Da helfen uns isolierte Arbeitsmarktreformen auch nicht weiter.

Es wird allerdings nicht zu den von mir geforderten Finanzmarktreformen kommen. Keine der Parteien hat diese im Programm. Selbst die FDP, an marktliberalen Vorschlägen im deutschen Parteiensystem nur selten überboten, hält an den überkommenen Strukturen fest. Innerhalb der FDP ist man sogar besorgt über den möglichen „Verlust" deutscher Großbanken an ausländische Banken, und man denkt darüber nach, ob man nicht einen „National Champion" kreieren soll, der übernahmeresistent ist. Deutsche Liberale denken in diesem Punkt genauso wie französische Sozialisten.

Es ist für mich immer wieder erstaunlich zu sehen, dass in Deutschland Menschen mit liberaler Geisteshaltung selbst in wirtschaftlichen Angelegenheiten vor dem Kapitalmarkt einen Strich ziehen. Hier könnten Sozialisten, Christdemokraten, Freie Demokraten und Grüne eine Superkoalition bilden, und es würde sich nichts ändern. Der deutsche Finanzmarkt ist im Denken der Sozialen Marktwirtschaft dermaßen verwurzelt, ebenso wie das Mittelstandsdenken, dass ich hier nicht die geringste Chance eines Neuanfangs sehe.

Warum hat sich Deutschland so entwickelt? Meine eigene

Erklärung ist die Abwesenheit einer jüdischen Bankkultur nach dem Holocaust. Nach dem Zweiten Weltkrieg versuchte ein Land, das nach dem Mord an seiner jüdischen Bevölkerung über keine Banken- und Finanzmarkttradition mehr verfügte, aus dem Nichts ein eigenes Banksystem aufzubauen. Hierbei handelte es sich nicht um einen gewachsenen Markt, sondern um ein System mit dem Ziel, seine Kunden regelgerecht mit Geld zu versorgen.

Der Historiker W. E. Mosse schrieb über die Wurzeln der jüdischen Bankkultur in Deutschland[79]:

> Der vielleicht wichtigste allgemeine Grund für die Position der Juden im deutschen Finanzwesen war die Tatsache, dass die Juden im Gegensatz zu ihren christlichen Nachbarn (die in einer eher natürlichen [nicht-monetären] Wirtschaft existierten), über viele Generationen in einer Geldwirtschaft lebten ... Juden wussten seit Menschengedenken nicht nur, wie man mit Geld umgeht, sondern sie waren auch daran gewöhnt, in Geld-Kategorien zu denken. So organisierten sie sich eine kapitalistische Enklave innerhalb einer vorkapitalistischen Volkswirtschaft.

In diesem Sinne ist Deutschland auch heute noch eine vorkapitalistische Gesellschaft. Was auch immer Reformen bewirken mögen: Eine Transformation einer „vorkapitalistischen" in eine „kapitalistische" Gesellschaft ist mit Reformen nicht zu erreichen.

Irrtum 9: Die Soziale Marktwirtschaft hat eine ökonomische Fundierung

Frage: Woran erkennt man einen deutschen Anti-Keynesianer?

Antwort: Daran, dass er Keynes nicht verstanden hat.

Frage: Woran erkennt man einen deutschen Keynesianer?

Antwort: Daran, dass er Keynes nicht gelesen hat.

Wenn man Walter Eucken oder Armin Müller-Armack liest oder sich die Reden des ehemaligen Bundesbankpräsidenten Hans Tietmeyer anhört, dann kommt man zu dem Schluss, dass die Soziale Marktwirtschaft eine philosophische und auch theologische Fundierung hat, aber eben keine ökonomische. Es gibt unter Gründern der Sozialen Marktwirtschaft keinen wirklichen Ökonomen, in dem Sinne, wie man diesen Ausdruck seit John Maynard Keynes versteht, dem Begründer der modernen Volkswirtschaft.

An diesem Phänomen krankt die Diskussion um die Zukunft der deutschen Wirtschaft mehr als an allem anderen.

Keynes ist kein Sozialdemokrat

Es ist schon eine Crux mit der Wirtschaftsdebatte in Deutschland. Hier prallen zwei unversöhnliche Positionen schon seit Jahrzehnten aufeinander. Beide Seiten führen einen längst nicht mehr aktuellen Kampf.

Die Keynesianer argumentieren, die wirtschaftlichen Probleme der Bundesrepublik ließen sich mit klassischen Mitteln der Wirtschaftspolitik vollständig lösen. Also Zinsen runter, den Wechselkurs des Euro auf den globalen Finanzmärkten stabilisieren und kräftig die Nachfrage durch Staatsausgaben ankurbeln. Wenn der große britische Ökonom John Maynard Keynes wüsste, was heute alles in seinem Namen gefordert wird, würde er sich nicht nur im Grab umdrehen. Er wäre auch selbst kein Keynesianer mehr.

Wenn Deutschlands Keynesianer jemals Keynes gelesen hätten, dann wüssten sie, dass Keynes zwar ein makroökonomischer Interventionist war, aber das während einer Zeit, geprägt von zwei Weltkriegen, Hyperinflation, Depression und der politischen Bedrohung durch die fanatischen Ideologien des Kommunismus und des Faschismus. Keynes sah seine Aufgabe darin, den freien Markt gegen die damals auch in Großbritannien unter Intellektuellen beliebter werdenden antiliberalen Ideologien zu verteidigen.

Keynes war kein Sozialist, sondern ein fulminanter Anhänger freier Märkte in einer Form, wie das in Deutschland auf keinen mir bekannten Keynesianer zutrifft. Keynes war selbst ein unverbesserlicher Börsenspekulant, der zweimal in seinem Leben kurz vor dem Bankrott stand. Er spekulierte zum Beispiel nach dem Ersten Weltkrieg auf eine baldige Abwertung der Reichsmark wegen der für Deutschland katastrophalen Konsequenzen, die der Versailler Vertrag zwangsläufig zur Folge hatte. Keynes argumentierte ökonomisch. Deutschland konnte langfristig die Auflagen nicht erfüllen und würde unweigerlich dazu getrieben, Geld zu drucken. Es dauerte aber einige Jahre, bis die Reichsmark tatsächlich ihren Sinkflug antrat. Keynes prägte damals den Satz: „Ein Markt kann länger irrational sein, als man selbst liquide bleiben kann."

Es war sehr typisch für Keynes marktbezogenes Denken. Er argumentierte stets mit Marktmechanismen, nicht mit Verbänden, Gewerkschaften oder Kartellen, so, wie es deutsche Ökonomen dauernd tun. In seinen Theorien gibt es Löhne, die steigen und fallen, keine Flächentarifverträge. Ihm war auch

die in der zweiten Hälfte der 40er Jahre entstehende Sozial-
versicherung der damaligen Labour-Regierung in Großbritannien suspekt. Keynes interessierte sich nicht für den Sozialstaat
und die katholische Soziallehre. Er war liberaler als jeder FDP-
Politiker. Er würde heute in Deutschland die Abschaffung der
Gewerkschaften und Unternehmensverbände fordern, eine
vollständige Deregulierung der Arbeits- und Finanzmärkte und
wahrscheinlich die Abschaffung der Keynesianer selbst.

Auf Makroökonomie kommt es heute mehr an denn je

Auf der anderen Seite der wirtschaftspolitischen Debatte stehen
ebenfalls fehlgeleitete Fundamentalisten. Im Gegensatz zu den
deutschen Keynesianern, die alles durch eine aktive Geld-,
Wechselkurs- und Fiskalpolitik regeln möchten, möchten diese Leute überhaupt nichts aktiv regeln. Ganz im Gegenteil. Sie
wollen die Geld- und Fiskalpolitik festen Regeln unterwerfen,
sozusagen einsperren und den Schlüssel wegschmeißen. Der
Wechselkurs wird dem Markt überlassen. Wenn die Wirtschaft
Probleme bekommt, dann muss man eben durch Strukturreformen die Probleme lösen.

Gibt es für eine derartige Haltung in der ökonomischen Li-
teratur eine Basis? Nein. Keine der vielen modernen Denk-
schulen der Makroökonomie würde heute noch einen derartig extremen Verzicht auf eine Wirtschaftspolitik gutheißen.

Das gilt auch für den konservativen Ökonomen Milton
Friedman, den Begründer des Monetarismus in den 60er Jahren. Friedmans Monetarismus war eine besonders in Deutschland beliebte Theorie, die auf einer empirischen Beobachtung
einer mittelfristig stabilen kausalen Beziehung zwischen der
Geldmenge und der Inflation basierte.[80] Friedman hat mittler-

weile selbst zugegeben, dass seine Theorie in der Praxis nichts taugt, weil die einst schöne mittelfristig stabile Beziehung genau in dem Moment zusammengebrochen ist, in dem man die Geldmenge zum Ziel erklärt hat.

Der berühmte amerikanische Ökonom und Diplomat John Kenneth Galbraith hatte einmal den zynischen Satz geprägt: „Es ist Miltons Unglück, dass man seine Politik tatsächlich ausprobiert hat."[81]

Man hat in der Wirtschaft oft das Phänomen beobachtet, dass eine Beziehung, wie etwa zwischen der im Umlauf befindlichen Geldmenge und den Preissteigerungen, die über Jahrzehnte stabil war, genau in dem Moment zusammenbricht, in dem man eine dieser Variablen versucht, zu kontrollieren. Es gibt eine Parallele in der Quantenphysik, die so genannte Heisenberg'sche Unschärferelation, benannt nach dem deutschen Physiker Werner Heisenberg. Er stellte fest, dass es unmöglich ist, den Ort und die Geschwindigkeit eines Elektrons gleichzeitig festzustellen. Denn allein dadurch, dass man ein Elektron beobachtet, wofür ein Elektronenmikroskop benötigt wird, ändert man seine Position.

Der britische Finanzmarktökonom Charles Goodhart, bis Ende der 90er Jahre Mitglied des Zentralbankrates der Bank of England, formulierte ein ähnliches Gesetz für die Geldpolitik, heute bekannt als *Goodharts Gesetz*: In dem Moment, in dem eine Zentralbank die Geldmenge zum Ziel erhebt, bricht die bekannte Beziehung zwischen Geldmenge und Inflation zusammen. Ähnlich wie in der Physik handelt es sich um ein grundsätzliches Problem, dem jede Form einer regelgebundenen Geldpolitik mehr oder minder ausgesetzt ist.

Eine derartige Debatte hat in den USA und in Großbritannien stattgefunden, in Deutschland allerdings nicht. Hierzulande wurde die Frage der Geldmengensteuerung eher als eine Glaubensfrage behandelt. Auch heute gibt es in Deutschland noch immer eine große Anzahl uninformierter Anhänger des Monetarismus, insbesondere in der konservativen deutschen Wirtschaftspresse.

Sie glauben aus mehreren Gründen daran. Zu einem sind sie über die modernen Ergebnisse der volkswirtschaftlichen Forschung nicht mehr informiert. Mit „modern" meine ich alles, was seit den 70er Jahren kam. Darüber hinaus passte Friedmans Theorie, die eine ökonomische war, zufällig gut in ihr starres ordnungspolitisches Denken. Walter Eucken, der Begründer dieses Denkansatzes, hatte ebenfalls kein Interesse an einer aktiven Wirtschaftspolitik. Eucken war ein Wirtschaftssystemphilosoph, kein Ökonom in dem Sinne, wie wir das heute verstehen.

Die moderne Ökonomie, die auf Keynes und Friedman aufbaut, ist im Ansatz analytisch. Hier gibt es keine unsichtbare Hand, die den Markt führt, sondern komplexe dynamische Prozesse, die zu verstehen die moderne Ökonomie bemüht ist. Ich selbst würde Ordnungspolitik als den Versuch definieren, aus der Marktwirtschaft ökonomisches Denken herauszunehmen und es durch ein Regelwerk zu ersetzen.

In keiner Institution war der starre ordnungspolitische antiökonomische Ansatz stärker ausgeprägt als in der Deutschen Bundesbank. Viele Zentralbanken haben den Monetarismus ausprobiert – also eine Geldpolitik gemacht, die auf der Kontrolle der Geldmenge aufbaute. Dies geschah zunächst auf der Basis einer weit umfassenden Definition der Geldmenge, die zum Beispiel auch noch das Geld auf Sparkonten beinhaltete.

Als das nicht mehr funktionierte, versuchte man es mit einer engeren Definition. In Großbritannien war es das im Umlauf befindliche Bargeld. Egal, was man versuchte, die einst so stabilen Beziehungen zwischen der im Umlauf befindlichen Geldmenge und den Preisanstiegen existierten nicht mehr. Sie fielen alle Goodharts Gesetz zum Opfer.

Ein intellektuell aufrechter Ökonom wie Friedman hatte kein Problem damit, sich von seiner eigenen Theorie zu distanzieren. Die Federal Reserve hatte ebenfalls kein Problem damit, zu sagen: Wir haben es versucht. Es hat nicht funktioniert. Lasst uns etwas anderes machen.

Nicht so in Deutschland. Die Bundesbank betrieb ihren Monetarismus bis zu ihrem bitteren Ende als eigenständige Notenbank im Jahre 1998, obwohl auch in Deutschland die Beziehung zwischen Geldmenge und Inflation längst nicht mehr stabil war. Sie war ein wenig stabiler als in den angelsächsischen Ländern, da unsere Soziale Marktwirtschaft sich schwer tat mit der Deregulierung der Finanzmärkte. Insbesondere die Bundesbank hatte lange darauf gepocht, den Markt für so genannte *Commercial Papers* – ein Markt für sehr kurzfristige Anleihen aus dem Privatsektor – zu blockieren, damit die Geldmengensteuerung nicht durcheinander geriet.

Commercial Papers boten Investoren die Möglichkeit, kurzfristig an Firmen Geld zu verleihen, allerdings zu einer höheren Rendite als im Geldmarkt. Unternehmen konnten damit ihren kurzfristigen Finanzierungsbedarf decken. Jedenfalls wurde die Bank als Mittelsmann ausgeschaltet. Hier handelten Geldgeber und Geldnehmer direkt miteinander.

Warum wollte die Bundesbank diesen Markt in Deutschland verbieten lassen? Der Grund liegt in der Definition von Geld. Anleihen mit einer Laufzeit von weniger als drei Monaten werden in den Statistiken zur Geldmenge gerechnet. Dagegen sind langfristigere Anleihen „Kapital". Wenn man im kurzfristigen Bereich einen flüssigen Markt erlaubt wie den Markt für Commercial Papers, muss man damit rechnen, dass die Geldmengenstatistiken kräftig durcheinander gewirbelt werden. Da die Bundesbank schließlich die Geldmenge kontrollierte, passte dieser Markt nicht in ihr Konzept. Hier spannte Deutschland den Karren vor den Ochsen. Man wollte um

jeden Preis seine Geldmengenpolitik retten, und um dieses Ziel
zu verwirklichen, schreckte man nicht einmal davor zurück,
den Finanzmarkt zu manipulieren.

Trotz dieser Versuche, den globalen Finanzmarkt aus
Deutschland herauszuhalten, verfehlte die Bundesbank ihr jährlich festgelegtes Geldmengenziel in mehr als 50 Prozent aller
Fälle. In Deutschland passierte genau das, was in den USA und
Großbritannien schon vorher geschah. Die einst stabile Beziehung zwischen der Geldmenge und der Inflation unterlag plötzlich starken Schwankungen.

Es stimmt zwar, dass eine überhöhte Geldmenge langfristig
zu Inflation führt. Das Problem ist nur, dass kein Mensch weiß,
was langfristig bedeutet. Ein großer liquider Finanzmarkt kann
diesen Prozess kräftig in Unordnung bringen. In den letzten
Jahren wanderte das Geld nicht in die Gütermärkte, sondern
in die Aktienmärkte, insbesondere in die neuen Technologie-
märkte. Dort stiegen die Preise, aber diese Form der Preissteigerungen ist nicht Teil der Inflationsstatistiken. Wir definieren
Inflation als den Anstieg des durchschnittlichen Preises eines fest
definierten Warenkorbs.

Anstatt die Einführung des Euro als eine Möglichkeit einer
Modernisierung der Geldpolitik zu begreifen, setzte sich die
Bundesbank dafür ein, dass die Europäische Zentralbank ihr
veraltetes Konzept der Geldmengensteuerung übernimmt,
nicht aus ökonomischen Gründen, sondern um die Tradition
der Bundesbank fortzusetzen. Hier wurde wieder einmal ordnungspolitisches Denken über ökonomisches Denken gestellt.
Die EZB hatte sich am Ende zu einem Kompromiss entschlossen, ein Zwei-Säulen-Modell, das einerseits der Geldmenge
Rechnung trägt, andererseits einem Katalog anderer Faktoren.
Für ein solches Konzept gibt es in der Wissenschaft überhaupt
keine Basis. Auch nicht für die Form des von der EZB gewähl-
ten Inflationszieles, einem asymmetrischen Ziel, wonach die

Inflation nicht den Wert von zwei Prozent überschreiten durfte, wohingegen nach unten keine Grenze gesetzt wurde.

Die große Mehrheit der Geldökonomen hatten der EZB geraten, entweder überhaupt kein Inflationsziel zu formulieren, und wenn schon, dann bitte ein symmetrisches Inflationsziel zu wählen, etwa einen Korridor zwischen einem und drei Prozent mit einem zentralen Ziel von zwei Prozent. Die EZB lehnte das unter starkem Druck des damaligen Bundesbankpräsidenten Hans Tietmeyer ab. Tietmeyer war der klassische deutsche Zentralbanker, hochintelligent, von ordnungspolitischem, aber nicht ökonomischem Denken geprägt.

Ihm ging es nicht darum, der EZB die bestmögliche Geldpolitik zu geben, sondern ihm ging es darum, das ordnungspolitische Konzept der Bundesbank in das neue Regime hineinzuretten. Das ist ihm zu einem großen Teil gelungen. Das Problem ist nur, dass die EZB bis heute nicht eine überzeugende geldpolitische Strategie aufweisen konnte. Noch nie ist eine moderne Zentralbank von den Finanzmärkten so oft falsch eingeschätzt worden wie die EZB. Unter internationalen Notenbankern gelten die Europäer mittlerweile als kleinkarierte Exoten.

Auch Ludwig Erhard, der erste bundesdeutsche Wirtschaftsminister und spätere Bundeskanzler, war ein ordnungspolitischer und nicht ökonomisch denkender Mensch. Ich bin mir darüber im Klaren, dass es in Deutschland ein Sakrileg ist, so etwas zu behaupten, denn schließlich verbindet man mit seinem Namen nicht nur die Soziale Marktwirtschaft, sondern auch das Wirtschaftswunder der 50er Jahre.

Erhard war ebenfalls ein Mann der Regeln. So schrieb Erhard[82]:

Die Menschen haben es zwar zuwege gebracht, das Atom zu spalten, aber nimmermehr wird es ihnen gelingen, jenes eherne

Gesetz aufzusprengen, das uns mit unseren Mitteln haushalten lässt, das uns verbietet, mehr zu verbrauchen, als wir erzeugen können – oder erzeugen wollen.

Dieses Zitat gehört möglicherweise zu den dümmsten Sprüchen, die er je losgelassen hat, aber es reflektiert eine für die deutsche Ordnungspolitik typische Denkweise. Für eine Volkswirtschaft wäre es extrem schädlich, wenn sie es zum Prinzip erheben würde, in keinem Jahr mehr Geld auszugeben als einzunehmen. Genauso schädlich wäre es für eine Firma, wenn sie keine Investitionen vornehmen würde, die nicht aus dem Barvermögen bezahlt werden könnten. Die deutsche Wirtschaft würde zusammenbrechen, wenn sich unsere Firmen so verhielten.

Es geht eben nicht darum, dass man zu jeder Zeit schuldenfrei ist, sondern dass man kurzfristig liquide bleibt und langfristig in der Lage ist, seine Schulden zu finanzieren.

Auch ordoliberale Politiker unserer Zeit fordern die uneingeschränkte Haushaltskonsolidierung. Es ist interessant zu beobachten, dass einige von ihnen überhaupt nicht mehr am rechten politischen Spektrum stehen, sondern am linken. Einer von ihnen ist der ehemalige grüne Bundestagsabgeordnete Oswald Metzger, ehemals finanzpolitischer Sprecher der Grünen, der nicht davor zurückschreckte, mitten in der Rezession die Haushaltskonsolidierung zu fordern. Metzger wie andere Ordoliberale sehen keinen Sinn darin, eine antizyklische Wirtschaftspolitik zu betreiben. Sie sehen Finanzpolitik wie Erhard, nämlich als die Politik, die jährlichen Ausgaben des Staates von den jährlichen Einnahmen und nicht durch Schulden zu finanzieren.

Volkswirtschaftlich macht das keinen Sinn, denn öffentliche Investitionen nützen der Gesellschaft nicht nur in dem Jahr, in dem sie getätigt werden, sondern oft über viele Jahre oder sogar Generationen. Aus diesem Grunde ist eine Verschuldung, etwa für den Bau von Infrastruktur volkswirtschaftlich in jedem Fall sinnvoll. Im Übrigen ist der Grund für Deutschlands steigende Verschuldung nicht eine unsolide Haushaltspolitik, sondern über Jahre anhaltendes schwaches Wachstum. Der deutsche Staatsapparat sowie die Sozialsysteme sind darauf ausgerichtet, dass das Land eine durchschnittliche Wachstumsrate von zwei Prozent erzielt. Wenn diese Rate auf ein Prozent fällt, dann passiert genau das, was in den letzten Jahren passierte. Dem Bundesfinanzminister brechen die Steuereinnahmen weg. Was Deutschland zunächst benötigt, ist nicht eine solidere Finanzpolitik, sondern mehr Wachstum. Dafür allerdings interessieren sich die Ordnungspolitiker nicht so sehr.

Wie hoch dürfen die Schulden eines Staates sein? Es gibt einen von Land zu Land und von Umstand zu Umstand verschiedenen optimalen Grad der Verschuldung. Unser jetziger Verschuldungsgrad – ungefähr 65 Prozent vom Bruttoinlandsprodukt – ist nicht alarmierend hoch. Vor allem ist er problemlos finanzierbar.

Der optimale Verschuldungsgrad eines Staates liegt selten bei null Prozent, noch ist er jemals unendlich hoch. Das Problem der Ordnungspolitik ist, dass sie starre Regeln entwickelt, die kurzfristig vielleicht noch zutreffen mögen, aber nicht langfristig. Gute Wirtschaftspolitik zu betreiben ist ein nichtlineares Optimierungsproblem. Sie zu studieren ist die Aufgabe der Ökonomie.

Der amerikanischen Wirtschaftshistoriker Alfred Mierzejewski[83] spricht in seiner Ludwig-Erhard-Biografie von Erhards Habilitation, mit der Erhard begründen wollten, dass die Wirtschaftskrise der 30er Jahre die Folge von Kartellbildung gewesen sei. Erhards Habilitation ist aus politischen Gründen gescheitert, weil Erhard sich weigerte, Mitglied der nationalsozialistischen Partei zu werden.

Sie hätte es verdient, aus ökonomischen Gründen zu scheitern, denn Erhards Aussage ist blanker Unsinn. Die Depression der 30er Jahre hatte ausschließlich ihre Ursache in einer fehlgeleiteten Geld- und Fiskalpolitik. Die Geschichte über Erhards Habilitation erinnert im Übrigen an Walter Eucken, von dem nicht bekannt ist, dass er Erhard zu dieser Zeit schon kannte. Eucken war ebenfalls besessen von Kartellen, und hielt sie für die größte Gefahr schlechthin. Große Teile seiner Theorien beschäftigten sich mit diesem Thema. Auch in der heutigen Diskussion über Deutschlands Probleme erinnert vieles an die makroökonomische Blindheit der frühen 30er Jahre.

Die Wirtschaftskrise der 30er Jahre rührte von zwei kapitalen Fehlern her, die die deutsche und andere Regierungen machten. Zunächst haben sie genau den Fehler gemacht, den Erhard im obigen Zitat als gute Wirtschaftspolitik deklarierte. Sie haben nämlich versucht, jedes Jahr den Haushalt auszugleichen. In einer Wirtschaftskrise, in der Steuern wegbrechen, bedeutet eine solche Politik, dass man in die Krise hineinsparen muss. Dies wiederum verstärkt die Krise, und es fallen noch mehr Steuern aus. So formiert sich ein Teufelskreis.

Das zweite Problem war, dass die Deutsche Reichsbank nicht rechtzeitig die Zinsen auf null gesenkt hatte, was sie aufgrund der Deflation hätte tun müssen. Die Wirtschaftskrise hatte natürlich etwas mit Wirtschaftspolitik zu tun, nicht mit Kartellen. Das Problem war nur, dass Deutschlands Ökonomen, auch Erhard selbst, die Volkswirtschaft immer nur durch eine unternehmerische Brille beobachten, aus einer Perspektive, die zu katastrophalen Fehlern nur einlädt.

Mein Ziel ist es nicht, Eucken und Erhard zu verunglimpfen, sondern aufzuzeigen, dass das fehlende Verständnis für ökonomische Sachverhalte in Deutschland eine lange Tradition hat. Außer von den Extrem-Keynesianern wird in Deutschland die Bedeutung der Fiskal- und der Geldpolitik meistens verniedlicht. Einer dieser Extrem-Keynesianer ist Oskar Lafontaine, der frühere SPD-Chef und Mitbegründer der neuen Linkspartei. Er ist ein Mann, dessen politische Anschauungen ich in vielen Punkten nicht teile.

Er hatte aber einmal eine interessante Beobachtung gemacht. Er sagte mir in einem privaten Gespräch vor ein paar Jahren, dass es kein Land auf der Welt gäbe, in dem das Parlament eine dreistündige Debatte über die Lage der Wirtschaft abhalten kann, ohne dass auch nur ein einziger Redner die Wörter „Zinsen" und „Wechselkurs" in den Mund nimmt.

Da hatte er völlig Recht. Auch im angelsächsischen Ausland, wo man Lafontaine noch skeptischer gegenübersteht als hierzulande, ist man immer wieder überrascht über die schockierende Einseitigkeit in der deutschen Wirtschaftsdebatte. Das gilt im Übrigen auch für Politiker, die man in Deutschland als Finanz- oder Wirtschaftsexperten bezeichnet, meistens Rechtsanwälte, Betriebswirte oder im Fall von Hans Eichel sogar Schullehrer. Sie sind allesamt keine Ökonomen, und erst recht nicht auf dem neuesten Stand der Forschung. Sie haben es nicht einmal für nötig befunden, sich mit Ökonomen zu umgeben.

Die Wiedervereinigung war eine der größten wirtschaftspolitischen Fehlleistungen des 20. Jahrhunderts

Man kann die deutsche Wiedervereinigung als eines der großen historischen Ereignisse des 20. Jahrhunderts begreifen. So sieht es mit Sicherheit der ehemalige Bundeskanzler Helmut Kohl. Er war schließlich der Kanzler der Einheit.

Viele Menschen in Ostdeutschland sehen das heute anders. Sie sind desillusioniert. Sie sehnen sich nicht zurück nach der

DDR, aber sie hatten sich das Leben nach der Wiedervereinigung anders vorgestellt. Sie hofften auf Arbeit und Wohlstand – und erhielten weder das eine noch das andere. Viele Menschen dort leben von Sozialhilfe. Über 20 Prozent der Ostdeutschen waren im Jahre 2005 arbeitslos.

Man kann die Wiedervereinigung daher auch anders beurteilen als eines der großen historischen Ereignisse des 20. Jahrhunderts, nämlich als eine ihrer großen ökonomischen Katastrophen, vergleichbar mit dem wirtschaftspolitischen Versagen, das zur großen Depression führte oder des spektakulären Zusammenbruchs Argentiniens.

Eine der wichtigsten ökonomischen Beziehungen ist die zwischen den Löhnen und der Produktivität. Man kann Lohnniveaus nicht unabhängig von der Produktivität betrachten. Genau das war der kapitale Fehler, den die Bundesregierung im Jahre 1990 machte, als sie den Wechselkurs zwischen West- und Ostmark auf eins zu eins festlegte und im gleichen Zug dort die westdeutsche Soziale Marktwirtschaft ebenfalls eins zu eins einführte, samt den Flächentarifverträgen.

Die westdeutschen Gewerkschaften haben sich aus ihrer Sichtweise völlig rational verhalten. Ihnen ging es darum, ihre westliche Klientel vor östlichen Billigarbeitern zu schützen, und sie forderten daher den Ost-West-Lohnausgleich binnen weniger Jahre, und zwar unabhängig von der Produktivität. Damit haben sie den Osten effektiv als Konkurrenzfaktor ausgeschaltet und ihre westdeutsche Klientel beschützt. Zwischen West- und Ostdeutschland hat es so gut wie keinen Lohnwettbewerb gegeben.

Die Folgen sind uns jetzt allen bekannt. Wir haben ein wirtschaftliches und soziales *Mezzogiorno* errichtet, genau das, was Italien mit Sizilien hat, nämlich eine Region, die man heute mit keinen strukturellen und wirtschaftspolitischen Maßnahmen von seinem Elend befreien könnte.

Auch ich habe kein Rezept für den Osten, und ich misstraue jedem, der behauptet, ein solches Rezept zu kennen. Es ist immer leicht, apolitische Extremszenarios aufzustellen. Zum Beispiel könnte man die wirtschaftlichen Probleme dadurch lösen, dass man eine nationale Ostwährung wieder einführt, die gegen den Euro abwertet, alle Tarifkartelle abschafft, einen freien Arbeits-, Produkt- und Kapitalmarkt etabliert und Steuersätze einführt wie in der Slowakei. Nichts dergleichen ist politisch realistisch. Selbst wenn es alle wollten, wäre es nicht verfassungskonform. Solange Ostdeutschland Teil von Gesamtdeutschland ist, wird der Osten für mehrere Generationen weit unter dem wirtschaftlichen Niveau des Westens dahindümpeln.

Eine der Ursache dafür ist, dass sich der damalige Bundeskanzler Helmut Kohl nicht für ökonomische Fragen interessierte. Sein Berater für die Wiedervereinigung war Hans Tietmeyer, der spätere Präsident der Bundesbank. Tietmeyer ist altes sozialmarktwirtschaftliches Urgestein. Wie einst Walter Eucken dachte Tietmeyer in Prinzipien, in Ordnungen, sogar in religiösen Dogmen, aber nicht in ökonomischen Kategorien. Es gab weder in der Bundesregierung noch in ihrem beratenden Umfeld Experten, die in der Lage waren, eine korrekte ökonomische Bewertung der Wiedervereinigung zu geben.

Kohl hatte den Wechselkurs zwischen D-Mark und Ostmark von eins zu eins gegen die Bundesbank durchgesetzt. Der Grund für die Entscheidung bestand darin, dass zu dieser Zeit weit über 100 000 DDR-Bürger jeden Monat über die Grenze nach Westen wechselten. Er wollte den Flüchtlingsstrom begrenzen, indem er dem Osten die harte D-Mark versprach. Hier wurde eine langfristig fatale Entscheidung getroffen, die uns Deutschen insgesamt extrem teuer zu stehen kam, aus rein opportunistischen kurzfristigen Gründen, die man heute schon fast vergessen hat.

Durch diesen Umtauschkurs wurden aus weichen Ostmark-

Schulden harte Westmark-Schulden. Damit haben wir der alten Ostindustrie auch nur die geringste Möglichkeit genommen, einen Wettbewerbsvorteil zu erzielen. Der Versuch, mit der harten D-Mark, westdeutschen Löhnen und ostdeutscher Technologie am Markt zu bestehen, war von vornherein zum Scheitern verurteilt.

Haushaltsdefizite dürfen und müssen manchmal größer sein als drei Prozent

Wenn man eine Regel oft genug hört, dann glaubt man sie auch. Das gilt insbesondere für die deutsche Diskussion um den europäischen Stabilitätspakt. Sie ist ein typisches Beispiel eines ideologischen ordnungspolitischen Ansatzes innerhalb der Sozialen Marktwirtschaft, der jeder ökonomischen Basis zuwiderlief. Dabei war die Grundidee nicht schlecht – dem Euro einen fiskalischen Rahmen zu geben, der bis dahin fehlte. Es gab durch den Maastrichter Vertrag lediglich eine Reihe von Aufnahmekriterien, die die Länder erfüllen mussten, um dem Euro beizutreten. Eines von diesen Kriterien war es, die jährlichen Haushaltsdefizite unter drei Prozent vom Bruttoinlandsprodukt zu halten.

Der Pakt machte diese Eintrittsregel zu einer permanenten Regel und sah Strafen vor für Länder, die diese Regel missachteten. Doch der Pakt war falsch konzipiert. Denn man kann die Nachhaltigkeit einer Haushaltspolitik nicht durch eine bloße Zahl beschreiben.

Ein Problem, das dadurch geschaffen wurde, ist, dass die Euromitgliedsländer anfingen, mit Bilanzierungstricks ihren Haushalt schönzurechnen.[84] Länder wie Deutschland haben große Finanzvorhaben wie die Finanzierung der Wiedervereinigung einfach aus dem Bundeshaushalt herausgerechnet und in einen anderen Topf geschmissen. In der Fachsprache nennt man derartige Ausgabenkategorien *off-budget*.

Griechenland hat Militärausgaben so verrechnet, dass sie zu einem unbestimmten Zeitpunkt in der Zukunft bilanziert wurden und nicht in dem Moment der Warenlieferung. Als Belgien die staatliche Telefongesellschaft Belgacom privatisierte und im Gegenzug sich bereit erklärte, für die Renten der Mitarbeiter aufzukommen, wurde auch das nicht als eine Ausgabe ausgewiesen, sondern aus dem Haushalt herausgehalten. In dem Moment, in dem man in der Wirtschaftspolitik eine Zahl zu einem Ziel erhebt, passieren merkwürdige Dinge, die es vorher nicht gab.

Ein weiteres Problem ist eine unfaire Gleichbehandlung aller Euroländer unabhängig von ihrer ökonomischen Lage. Ziel jeglicher Fiskalpolitik ist es, die Staatsausgaben kurzfristig zu finanzieren und die Schulden auf einem nachhaltigen Niveau zu stabilisieren. Im Einzelnen hängt das aber von den Umständen der einzelnen Länder ab. Zum Beispiel kann ein Land mit hohem Bevölkerungswachstum und hohem Wirtschaftswachstum erheblich mehr Schulden aufnehmen als ein Land mit stagnierender Bevölkerung und schwachem Strukturwachstum.

Irland fällt in die erste Kategorie, Deutschland in die zweite. Aber unabhängig davon einigte man sich in Europa auf einen gemeinsamen numerischen Nenner für alle. Egal, ob man Ire oder Deutscher war, der Schuldenstand sollte insgesamt 60 Prozent vom Bruttoinlandsprodukt nicht übersteigen, und die jährliche Neuverschuldung nicht mehr als drei Prozent betragen.[85]

Ich kannte weder in Großbritannien noch in den USA auch nur einen einzigen Ökonomen, der eine solche Regelung für sinnvoll hielt. In Deutschland wimmelte es nur von so genannten Experten, die diese Regel befürworteten.

Es war eine Schönwetterkonstruktion, die relativ schnell

kippen musste. Denn zum einen waren die Sanktionsmecha-
nismen im Stabilitätspakt nicht glaubwürdig. Kein Mensch
glaubte, dass Deutschland jemals bereit wäre, eine Strafe zu
zahlen, denn gerade in Deutschland wird häufig argumentiert,
Deutschland sei schließlich ein Sonderfall wegen seiner Wiedervereinigung. Genau das traf schließlich im November 2003
ein, als die Europäische Kommission ein verschärftes Defizit-
verfahren gegen Deutschland und Frankreich eröffnen wollte,
woraufhin beide Länder im EU-Ministerrat eine Mehrheit gegen dieses Vorhaben organisierten.

Zum anderen waren die drei Prozent als Ziel unrealistisch,
denn es setzte voraus, dass die Teilnehmer der Währungsunion
ihre strukturellen Defizite (die durchschnittlichen Defizite während eines ganzen Konjunkturzyklus) abgebaut hätten, was
aber nicht der Fall war. Während des Wirtschaftsboomjahres
2000 hätte Deutschland einen kräftigen Haushaltsüberschuss
haben sollen. Anstatt dessen hatte es ein Defizit von 1,3 Prozent.[86] Das reichte nicht aus, um im darauf folgenden zyklischen Abschwung die Drei-Prozent-Marke zu unterschreiten.

Eine richtige Antwort wäre eine Konsolidierung in den
Jahren 1999 und 2000 gewesen. Da das beim letzten Zyklus
nicht erfolgte, müsste es daher beim nächsten geschehen. Die
neue Bundesregierung sollte also in den bevorstehenden Aufschwung hineinkonsolidieren. Zunächst sollte man aber diesem Aufschwung eine reelle Chance geben. Jetzt für das Jahr
2006 zu konsolidieren würde den Aufschwung möglicherweise gefährden. Unmittelbar danach ist der Konsolidierungs-
bedarf allerdings sehr hoch.

Volkswirtschaft ist nicht dasselbe wie Betriebswirtschaft

Leider ist in Deutschland die Debatte über die Haushaltfinanzierung, ebenso wie seinerzeit die Debatte über die Wiedervereinigung und den Stabilitätspakt, nicht von ökonomischen Überlegungen, sondern – der Leser ahnt es schon – von ordnungspolitischem Denken charakterisiert.

Ordnungspolitisches Denken besteht aus zwei Komponenten. Die eine ist juristisches Denken. So war die deutsche und europäische Debatte über den Stabilitätspakt hauptsächlich eine juristische. Hier interessierte man sich weniger für die Frage, ob das auch wirklich gute Haushaltspolitik sei, sondern nur dafür, wie man dieses Regelwerk in die rechtspolitische Praxis in der Europäischen Union umsetzt. Ordnungspolitisches Denken besteht zum anderen noch aus betriebswirtschaftlichem Denken. Auch Ludwig Erhard dachte in betriebswirtschaftlichen und nicht in volkswirtschaftlichen Kategorien, als er meinte, man müsse jedes Jahr den Haushalt ausgleichen.

Ein großer Unterschied zwischen einem betriebswirtschaftlichen und einem volkswirtschaftlichen Ansatz ist die Art und Weise, wie man mit dem Wirtschaftszyklus umgeht. Ein Betriebswirt reagiert auf eine Wirtschaftskrise oft mit Konsolidierung. Wenn der Abschwung kommt, dann wird landauf und landab der Gürtel enger geschnallt, werden Mitarbeiter entlassen, Betriebszweige geschlossen, Spesen gekürzt.

Ein Staat muss genau das Gegenteil tun. Der Grund sind die so genannten Externalitäten: Ein Betrieb kann sich auf Kosten der Allgemeinheit gesundschrumpfen, meistens auf Kosten des Staates, der verhindert, dass das Wachstum völlig einbricht. Ein Staat kann sich nicht auf seine eigenen Kosten gesundschrumpfen. Er hat niemanden, auf dessen Kosten er sich gesundschrumpfen kann.

Prozyklisches Denken ist gang und gäbe in der Betriebs-
wirtschaft. Ob es aus Sicht von Betrieben immer richtig ist, so
zu handeln, mag dahingestellt sein. Es gibt gerade unter den
besten Unternehmen solche, die sehr antizyklisch denken. Für
eine Volkswirtschaft ist prozyklisches Denken immer schädlich.

Hans Eichels Steuersenkungen im Jahre 2000 waren prozyklisch. Sie kamen in einem Jahr, in dem Deutschland das
größte Wachstum seit zehn Jahren verzeichnete. Die Sparmaßnahmen in den darauf folgenden Jahren waren ebenfalls prozyklisch. Man musste sparen, als man die Drei-Prozent-Hürde des
europäischen Stabilitätspaktes überschritt. Gerhard Schröders
Hartz-IV-Strukturreformen waren ebenfalls prozyklisch, denn
hier wurde mitten in einer Wirtschaftskrise den Langzeitar-
beitslosen das Geld gekürzt. Angela Merkels Vorhaben einer
Mehrwertsteuererhöhung war ebenfalls prozyklisch, weil man
in einer Krise nicht die Steuern erhöhen darf, schon gar nicht
Verbrauchssteuern. Wenn überhaupt, muss man das Gegenteil
machen.

Kein deutscher Politiker war prozyklischer als der Grüne
Oswald Metzger, der mitten in der Rezession einen drastischen
Sparhaushalt forderte. Auch einige deutsche Wirtschaftspro-
fessoren denken prozyklisch.

Auch die vor der Wahl ausufernde Debatte um Paul Kirchhofs Ein-Stufen-Steuermodell mit einem konstanten Steuer-
satz von 25 Prozent wurde nur unter dem Aspekt der sozialen
Gerechtigkeit oder der Effizienz geführt. Die Überlegung, dass
man eine dermaßen große Steuersenkung nicht in einen Aufschwung hinein umsetzen sollte, kam nur wenigen in den
Sinn, am wenigsten Kirchhof selbst.

In den 60er und 70er Jahren gab es im Gegensatz zu heute
eine ganze Reihe ökonomisch denkender Politiker, gerade bei
der SPD, zum Beispiel den großen Ökonomen und Finanz-

minister Karl Schiller und natürlich auch Helmut Schmidt, den späteren Bundeskanzler. Seitdem ist in dieser Partei, aber auch in anderen Parteien, die ökonomische Debatte verflacht. Die Ökonomen sind abgetreten. Jetzt reden die Betriebswirte, Juristen und Schullehrer. Die wiederum behaupten, das vorwiegende wirtschaftliche Problem des Landes sei die Wettbewerbsfähigkeit.

Auch das ist wieder eine typische betriebswirtschaftliche Analyse des Problems. Unternehmen sind wettbewerbsorientiert. Viele Unternehmen stehen in einem globalen Wettbewerb. Bei ihnen kommt es darauf an, besser zu sein als die Konkurrenz, Marktanteile zu gewinnen, Profitmargen zu erhöhen, die Technologie von morgen zu entwickeln. Die fundamentale Funktion eines Unternehmens ist es, Profite zu genieren. Das kann es nur, solange es wettbewerbsfähig ist.

Der Versuch, dieses Denken auf den Staat zu extrapolieren, ist zum Scheitern verurteilt. Wenn Deutschland, die drittgrößte Volkswirtschaft der Welt, in einem volkswirtschaftlichen Wettbewerb stünde, dann ist zunächst die Frage: Mit wem? Mit anderen Ländern? Mein Kollege Sir Samuel Brittan von der *Financial Times* stellte daraufhin die Frage, gegen wen denn die Weltwirtschaft im Wettbewerb steht? Mit dem Mond?

So nützlich das Konzept der Wettbewerbsfähigkeit für Unternehmen auch sein mag, so untauglich ist es für Länder. Die gesamte Weltwirtschaft kann wie im Jahre 2004 um ganze fünf Prozent wachsen. Aber sie kann nicht wettbewerbsfähiger werden.

Es gibt sicherlich Maße für die relative Wettbewerbsfähigkeit von Ländern. Aber hierbei handelt es sich um etwas anderes, was die Wettbewerbsbeschwörer meinen. Das ökonomische Maß für die Wettbewerbsfähigkeit eines Landes ist der reale Wechselkurs (das ist der Wechselkurs, bereinigt um die Differenzen in den Inflationsraten).

Deutschland ist dem Eurogebiet im Jahre 1999 mit einem überbewerteten Wechselkurs beigetreten. In dem Moment hatte Deutschland ein klares Wettbewerbsproblem. Wenn man einmal Mitglied im Eurogebiet ist, dann ist es natürlich nicht mehr möglich, nominell abzuwerten. Man kann aber „real" abwerten, indem man geringere Inflationsraten als die anderen Länder produziert.

Genau das ist in Deutschland passiert. Deutschland hat sich seit Eintritt der Währungsunion gesundgeschrumpft, seine Wettbewerbsfähigkeit durch Lohnzurückhaltung erkauft, die zu einer geringeren Inflation führte. Wenn man Deutschland heute beschreibt, dann muss man zugeben, dass Deutschland wieder extrem wettbewerbsfähig geworden ist, dadurch nämlich, dass sein realer Wechselkurs gefallen ist. (Der nominale Wechselkurs gegenüber den anderen Ländern im Eurogebiet ist durch die Währungsunion logischerweise gleich geblieben.)

Wäre Wettbewerbsfähigkeit wirklich das große deutsche Problem, wie erklären sich dann Deutschlands riesige Handelsüberschüsse? Deutschland war Exportweltmeister im Jahre 2004. Selbst wenn ein wachsender Teil dieser Exporte aus importierten Zwischenprodukten besteht, so lässt sich zumindest nicht nachweisen, dass es sich im Falle Deutschlands um ein Wettbewerbsproblem handelt.

Wäre Wettbewerbsfähigkeit das Problem, dann hätte Deutschland sein Problem gelöst. Das ist aber nicht der Fall. Deutschlands wirkliches Problem ist ein anderes: Es ist schwaches Wachstum. Jetzt wird der eine oder andere Leser meinen, das sei doch dasselbe. Weit gefehlt! Auch wettbewerbsfähige Länder können schwaches Wachstum haben.

Mit Strukturreformen kommt man aus keinem Konjunkturloch

Was Wachstum geniert, gehört nach wie vor zu den großen Mysterien in der Volkswirtschaft. Man weiß, dass demokratische Länder höhere Wachstumsraten erzielen als Diktaturen, dass Länder mit freien Märkten in der Regel höheres Wachstum generieren als Planwirtschaften. Man sollte allerdings diese Beobachtung nicht zu weit treiben und erst recht kein geradliniges Verhältnis aufstellen.

Mit Wachstum beschreibt man das Wachstum des Bruttoinlandsproduktes (BIP), aller in einem Land produzierten Waren. Das Bruttoinlandsprodukt pro Kopf der Bevölkerung besteht aus drei Faktoren: das Inlandsprodukt pro durchschnittliche Arbeitsstunde, die Anzahl der gearbeiteten Stunden pro Arbeitnehmer und die Anzahl der Arbeitnehmer an der Gesamtbevölkerung.

Den ersten dieser Faktoren, die pro Stunde erbrachte Leistung, nennt man die Produktivität.

Länder mit höherem Bevölkerungswachstum haben daher in der Regel ein höheres BIP-Wachstum als Länder mit abnehmender Bevölkerung. Daher interessiert uns zunächst das Pro-Kopf-Wachstum des BIP. In einer Volkswirtschaft, die an der Kapazitätsgrenze arbeitet, bestehen die Möglichkeiten, das BIP zu erhöhen, lediglich darin, die drei Faktoren zu erhöhen. Entweder man ist produktiver, oder man arbeitet länger, oder es arbeiten mehr Menschen, wobei es passieren kann, dass ein Mensch produktiver wird, je weniger er arbeitet.

In den USA und Großbritannien wird im Allgemeinen länger gearbeitet als in Deutschland, und die Anzahl der arbeitenden Menschen ist ebenfalls höher. In Deutschland war traditionell die Produktivität sehr hoch und ihr Wachstum höher als etwa das amerikanische bis Mitte der 90er Jahre. Es ist immer noch ungefähr 20 Prozent höher als das britische. Doch seit Mitte der 90er Jahre hat Deutschland ein geringeres Produktivitätswachstum als die USA, wo es ein regelrechtes Produktivitätswunder gegeben hat. Ich benutze das Wort *Wunder* vor allem auch in dem Sinne, weil man es nicht so richtig verstanden hat.

Danach wäre die Antwort auf das deutsche Wachstumsproblem relativ klar, mehr Produktivität, mehr Arbeitsstunden und weniger Hausfrauen in der Küche.

Das Problem ist nur, dass wir nicht genau wissen, worin unser Produktivitätsproblem genau besteht. Investieren wir nicht genug in neue Technologien, wie etwa in Computer oder Internet-Anschlüsse? Investieren wir nicht genug in Forschung und Entwicklung? Sind unsere Arbeitnehmer vielleicht doch nicht so gut ausgebildet, wie wir immer dachten?

Es gibt auf diesem Gebiet eine große Anzahl von spekulativen Meinungen. Bislang existiert noch keine befriedigende Theorie, die uns erklärt, warum das Produktivitätswachstum in den USA höher ist als bei uns. Es gibt Vermutungen, dass das schon etwas mit Informationstechnologie zu tun hat, nicht nur mit ihrer Produktion, sondern mit der Art, wie wir sie benutzen. Unter Ökonomen herrscht auf diesem Gebiet bislang alles andere als Einvernehmen.

Die Theorie, dass unser Produktivitätsproblem daran liegt, dass wir die Hochtechnologien anders nutzen als die USA, wird insbesondere von dem Ökonomen Bart van Ark von der Universität von Groningen in den Niederlanden vertreten.[87] Nach seinen Recherchen sind gerade amerikanische Dienstleister besser darin, Informationstechnologien zu nutzen als europäische. Er beobachtete eklatante Produktivitätsunterschiede bei den Großhändlern, den Einzelhändlern und im Finanzsektor.

Van Ark plädierte daher für Reformen, aber besonders für

Reformen im Dienstleistungsbereich. In Europa begrenzen viele Länder die Ausbreitung von Einzelhändlern durch Beschränkungen von Bauland. Durch ein Übermaß an Regeln im Finanzsektor hat Europa nicht genügend Wettbewerb in diesem Bereich. Laut van Ark besteht der Löwenanteil der Produktivitätsdifferenz lediglich in diesen drei Bereichen. Es wäre daher sinnvoll, ganz spezifisch hier anzusetzen.

Andere Ökonomen sehen das Problem in einer Kombination aus geringen Arbeitszeiten und einem starren unflexiblen Arbeitsmarkt. Behindert durch Kündigungsschutz oder durch unflexible Tarifverträge sind Firmen nicht mehr in der Lage, die Arbeit optimal einzusetzen. Da die globalen Produktmärkte flexibler geworden sind, müssen sich die Arbeitsmärkte dem anpassen. Wer die Position vertritt, fordert in erster Linie Arbeitsmarktreformen.

Wenn die Kapazitäten ausgelastet wären, dann wäre es in der Tat so, dass Strukturreformen die einzigen sinnvollen Maßnahmen wären. Diese Annahme ist für Deutschland aber falsch. In Deutschland sind die Kapazitäten bei weitem nicht ausgenutzt.

Deutschland leidet sowohl an einem Gesamtnachfrageproblem für Konsum- und Investitionsgüter als auch an einem Strukturproblem. Seit den 50er Jahren hat sich das durchschnittliche deutsche Wirtschaftswachstum kontinuierlich verringert. Das Potentialwachstum ist heutzutage kaum größer als ein Prozent. Wenn man sich damit langfristig zufrieden gäbe, bedeuten derart geringe Wachstumsraten ein weiteres Ansteigen der Arbeitslosigkeit, vor allem aber eine langfristige Insolvenz der Rentenversicherung und anderer Sozialleistungen.

Mit einer Wachstumsrate von einem Prozent und einer fallenden Bevölkerungszahl würde die deutsche Wirtschaft auf eine Insolvenz zusteuern. Standard & Poor's, die internationale Rating-Agentur, hatte ein Szenario ausgerechnet, wonach

Deutschlands Schulden bei unveränderter Politik von gegenwärtig 65 auf über 200 Prozent des BIP ansteigen.

Um das Wachstum langfristig auf über ein Prozent zu erhöhen, sind tiefgreifende Strukturreformen nötig, nicht allein in den Sozialsystemen, sondern vor allen in den verschiedenen Märkten. Wir müssten insbesondere die Finanzmärkte modernisieren, den mittelständischen Klüngel zerbrechen und gleichzeitig die Arbeitsmärkte flexibilisieren sowie unser Ausbildungssystem an der globalen Elite orientieren.

Wir müssten andererseits uns auch überlegen, inwieweit die Ergebnisse der modernen Produktivitätsliteratur für uns relevant sind. Ich halte es zum Beispiel für sinnvoll, den Dienstleistungssektor zu liberalisieren, weil gerade hier Wachstumspotential herrscht. In den angelsächsischen Ländern sind dort die meisten neuen Arbeitsplätze entstanden. Voraussetzung dafür ist aber eine liberale Marktordnung. Deutschland ist leider eine Dienstleistungswüste, ein Land, in dem Dienstleistungen verpönt sind, wo man lieber eine Maschine baut, als dass man sich mit einem unzufriedenen Kunden abgibt.

Ohne Strukturreformen ist Deutschlands Wirtschaft nicht zu retten. Aber mit Strukturreformen allein ist Deutschlands Wirtschaft ebenfalls nicht zu retten. Im Gegenteil, Strukturreformen wirken oft kurzfristig negativ, wie wir bei der Einführung der Hartz-Reformen gesehen haben. Wenn Menschen Reformen als eine Erhöhung ihrer persönlichen Unsicherheit begreifen, dann reagieren sie auf Reformen mit Konsumzurückhaltung.

Genau das ist in Deutschland passiert, und das ist der Grund, warum der für das Jahr 2005 prognostizierte Aufschwung nicht eingetroffen ist. Es ist im Übrigen völlig rational, dass sich Menschen so verhalten. Sie reagieren auf eine Unsicherheit, die sie nicht abschätzen können. Strukturreformen eignen sich daher überhaupt nicht, um ein Land aus einer

Krise zu heben oder um einen zyklischen Aufschwung zu beschleunigen. Ihr Ziel kann es nur sein, langfristig das Wachstumspotential zu erhöhen.

Kurzfristig muss alle Energie der gesamten Wirtschaftspolitik, einschließlich der Geldpolitik, darauf verwendet werden,
das seit vier Jahren ausbleibende Wachstum wiederherzustellen. Mit Strukturreformen allein ist das nicht möglich.

In allen Ländern der Welt gibt es eine Debatte zwischen
denen, die vorwiegend auf makroökonomische, und denen,
die vorwiegend auf mikroökonomische Ansätze setzen. Als US-
Präsident Ronald Reagan an die Macht kam, unternahm er
zwar so genannte „Supply Side"-Reformen, also Reformen,
die die Angebotsseite der Wirtschaft begünstigten, etwa Steuerreformen. Gleichzeitig senkte die Notenbank aggressiv die Zinsen, und Reagan erhöhte aggressiv das Haushaltsdefizit. Hier
kamen sowohl Strukturreformen als auch eine keynesianische
Nachfragepolitik zusammen.

Auch unter dem Präsidenten George W. Bush verfolgen die
USA eine liberale Wirtschaftspolitik, verbunden mit einer
keynesianischen Nachfragepolitik. Der Keynesianismus ist in
den USA im Übrigen eher im rechten als im linken politischen
Lager verankert. Der Grund dafür liegt darin, dass Keynesianismus unter einer marktwirtschaftsorientierten Politik viel
besser funktioniert als in einem Land wie Deutschland, in dem
Arbeits- und Finanzmärkte von monolithischen Institutionen
gemanagt werden oder, um mit Walter Eucken zu sprechen, *geordnet* werden. In Deutschland führt eine keynesianische Haushaltspolitik lediglich dazu, dass man das strukturelle Haushaltsdefizit erhöht. In den USA wurde Derartiges auch behauptet.
Aber der US-Haushalt hat sich unter Bush wider Erwarten sta-
bilisiert. Hier funktioniert ein moderater Keynesianismus tatsächlich. Der Grund, warum er in Deutschland nicht funktioniert, ist die Soziale Marktwirtschaft.

Die Frage, die ich mir immer wieder stelle, ist diese: Warum bevorzugen gerade deutsche Keynesianer nicht das Modell einer freien Marktwirtschaft? Ich halte die Politik der Europäischen Zentralbank zwar auch für zu konservativ, muss allerdings zugeben, dass Zinssenkungen in Europa tatsächlich einen ganz anderen Effekt haben als in den USA. In den USA führen Zinssenkungen über den Mechanismus der Hypothekenumfinanzierung sofort zu einem höheren verfügbaren Einkommen, und oft auch zu einem höheren verfügbaren Kreditrahmen für Konsumkredite. Bei uns hat eine Zinssenkung keinen Effekt auf die verfügbaren Einkommen der Konsumenten.

Wäre es daher aus Sicht eines deutschen Keynesianers nicht sinnvoller, zunächst für die Voraussetzungen zu plädieren, die nötig wären, damit die Transmissionsmechanismen der Geldpolitik und Haushaltspolitik funktionieren? Gerade ein Keynesianer müsste hier lautstark eine Deregulierung aller Faktormärkte fordern. Die Tatsache, dass das nicht der Fall ist, bedeutet aus meiner Sicht, dass man es hier vorzieht, auf altbekannten Standpunkten herumzureiten, anstatt die Probleme zu lösen.

Umgekehrt fragt man sich, warum befürworten die deutschen Supply-Sider, die Kirchhofs dieser Welt, keinen Keynesianismus so wie Reagan? Wenn Kirchhof jemals die Gelegenheit gehabt hätte, seine Steuerreform zu implementieren, was wäre passiert, wenn es zu den erwarteten Steuerausfällen in Milliardenhöhe gekommen wäre? Reagan ließ den Haushalt ins Defizit laufen. Die Union würde im Gegensatz dazu die Mehrwertsteuer so lange erhöhen, bis das Haushaltsloch wieder gestopft würde. Wir würden also nicht wie in den USA ein Haushaltsdefizit von über fünf Prozent des BIP akzeptieren. Kirchhof hätte uns mit seiner Steuerreform einen konjunkturellen Schweinezyklus beschert. Zunächst wäre es zu einer Wirtschaftsblase gekommen, gefolgt von einer scharfen Rezession.

Ich kenne kaum einen amerikanischen Ökonomen, der hier nicht eine Kombination aus makroökonomischen Maßnahmen und Strukturmaßnahmen vorschlägt. Einer von denen ist Adam Posen, Deutschland-Spezialist am renommierten Institute for International Economics in Washington. Posen argumentiert, dass ohne Strukturreformen der maximal zu erwartende Aufschwung nur sehr schwach sein wird[88]:

> Deutschland wird weiter unter dem leiden, was Ökonomen Hysterese nennen: In jedem Aufschwung verharrt die Beschäftigung auf einem niedrigeren Niveau als im vorherigen Zyklus. Die Exporte sind immer noch Hauptquelle des Wachstums, die Investitionen haben kürzlich angezogen, aber der Konsum bleibt schwach – und damit auch zwei Drittel der Gesamtwirtschaft.

Posen stellte in einem anderen Artikel vor einiger Zeit einen interessanten Vergleich an zwischen den Politikmechanismen in den USA und in Europa.[89] Nachdem US-Präsident Bill Clinton im Jahre 1993 ein über viele Jahre angelegtes Haushaltskonsolidierungsprogramm durchsetzte, reagierte die Federal Reserve mit einer moderaten Geldpolitik. Diese wiederum führte zu höheren Konsumausgaben und höheren Investitionen. Dies wiederum beflügelte die Steuereinnahmen des Staates, so dass die Haushaltskonsolidierung viel schneller als erwartet erfolgen konnte. So bildete sich ein positiver Kreislauf.

In Europa ist es anders. Im Eurogebiet haben Regierungen kein Eigeninteresse, ihren Haushalt zu konsolidieren, denn die EZB würde weiterhin nur ihrem Inflationsziel hinterherlaufen. Selbst wenn die EZB die Zinsen senken würde, würde es nicht die Konsumausgaben beflügeln. Wir hätten also nicht den positiven Kreislauf, den man durch eine unilaterale Haushaltskonsolidierung wie in den USA in Gang setzen könnte. Um das zu erreichen, müssten in Europa alle Akteure zusammen am gleichen Strang ziehen.

Dazu sehe ich kaum eine Chance. Dies liegt hauptsächlich daran, dass unsere volkswirtschaftlichen Akteure ordnungspolitisch und nicht ökonomisch denken. Die Geldpolitiker interessieren sich ausschließlich für die Inflationsrate. Fiskalpolitiker wie Kirchhof interessieren sich ausschließlich für ihr Steuersystem, und die Europäische Kommission interessiert sich ausschließlich für die Einhaltung des Stabilitätspakts.

Wir haben gegenwärtig weder in Deutschland noch in Europa Politiker oder Institutionen, die das kurz- und langfristige Wachstum der Wirtschaft priorisieren und die Politik koordinieren. Wenn Staaten wie Deutschland Wachstum nicht mehr priorisieren, sondern Stabilität, ökologischen Ausgleich – was auch immer das bedeuten mag – oder soziale Gerechtigkeit, dann braucht sich so ein Land auch nicht zu wundern, dass es kein Wachstum erzielt, dabei aber seine ökonomischen Sekundärziele über das Maß erfüllt. Wachstum ist nicht Folge eines ordnungspolitischen Autopiloten, sondern die Konsequenz einer zielgerichteten Wirtschaftspolitik.

Wir müssen uns besser auf globale Schocks vorbereiten

In der vorglobalisierten Welt war eine inflexible ordoliberale Wirtschaftspolitik zumindest noch möglich. In einer globalisierten Welt, in der Deutschland und Europa von der Größe der Wirtschaft und der Einwohner her nur noch eine relativ kleine Rolle spielen, ist ein solches Denken gefährlich. Die wirtschaftlichen Schocks, die um uns herum passieren, sind mittlerweile derart groß, dass wir es uns in Zukunft überhaupt nicht mehr leisten können, unsere Wirtschaft gemäß dem ordnungspolitischen Dogma auf Autopilot zu stellen. Auf einen dieser möglichen Schocks möchte ich hier spezifisch eingehen.

Seit einigen Jahren verschlechtert sich das Leistungsbilanzdefizit der USA gegenüber dem Rest der Welt. Es betrug zu-
letzt um die sechs Prozent vom US-BIP, ein Wert, von dem
Ökonomen glauben, dass er nicht nachhaltig zu halten ist. Das
Problem ist relativ einfach: Die Amerikaner konsumieren zu
viel, vor allem importieren sie zu viel. Andererseits haben die
amerikanischen Konsumenten durch ihren freudigen Konsum
die Weltwirtschaft in den Jahren nach den Anschlägen vom
11. September kräftig unterstützt.

Das Problem ist, dass große Teile der Welt, insbesondere in
Asien und Lateinamerika, ihre Währung fest an den Dollar gekoppelt haben. Das hohe Leistungsbilanzdefizit ist ein Zeichen
für eine globale Überbewertung des Dollars – und dies, obwohl der Dollar in den letzten Jahren gerade gegenüber dem
Euro kräftig an Wert verloren hat.

Die Chinesen haben im Sommer 2005 erstmalig ihren Ren-
minbi um einen kleinen Betrag gegenüber dem Dollar auf-
gewertet, aber das wird bei weitem nicht ausreichen, das Un-
gleichgewicht zu beseitigen. Die Währungen, auf denen der
Anpassungsdruck am Ende lastet, sind die Währungen, die gegenüber dem Dollar frei gehandelt werden, insbesondere der
Euro und das britische Pfund.

Der bekannte US-Ökonom Kenneth Rogoff, ehemaliger
Chefvolkswirt des Internationalen Währungsfonds und jetzt
Professor für Ökonomie an der Harvard University, und sein
Kollege Professor Maurice Obstfeld von der University of
California in Berkeley[90] analysierten den Effekt einer Redu-
zierung des US-Leistungsbilanzdefizits auf die Wechselkurse.
Dabei könnte es zu einem dramatischen weiteren Verfall des
Dollars gegenüber dem Euro kommen, der den Verfall der letz-
ten Jahre noch weit in den Schatten stellen würde.

Jetzt lassen sich Wechselkurse nicht vorhersagen. Auch dies
ist keine Vorhersage, eher ein Szenario, das unter Umständen

eintreten könnte. Wenn zum Beispiel der überhitzte US-Immobilienmarkt krachen und die US-Nachfrage nach importierten Gütern sich reduzieren sollte, könnte sich eine Kette von Ereignissen an verschiedenen Märkten abspielen, dass es zu einem derartig dramatischen Verfall des Dollars führen könnte.

Was würde dann im Euroraum und in Deutschland passieren, wenn es keine Wirtschaftspolitik gibt, die hier irgendetwas ausrichten kann? Werden unsere Finanzpolitiker dann immer noch an neuen Steuermodellen basteln und wird die EZB die stabilitätsorientierte Geldpolitik feiern?

Obstfeld und Rogoff sagen, wie viele Amerikaner auch, dass in diesem Fall das Eurogebiet und insbesondere Deutschland die Rolle der USA übernehmen müssten, ähnlich wie Ende der 70er Jahre unter Helmut Schmidt, und die weltweite Konjunktur anheizen sollten. Hierzu bedarf es unter anderem einer etwas lockereren Geld- und Haushaltspolitik. Aber, so die Autoren, es bedarf noch etwas anderem. Europa müsste seine Wirtschaft weg vom traditionell starken Exportsektor stärker in Richtung inländische Dienstleistungen orientieren, um intern genügend Nachfrage zu genieren.

Wären wir die USA, dann wären wir jetzt schon dabei, genau dies zu unternehmen. Die Zentralbank hätte die Zinsen auf beinahe null gesenkt. Das durchschnittliche Haushaltsdefizit im Eurogebiet wäre jetzt nicht drei Prozent, sondern eher vier oder fünf Prozent. Aber wir sind nicht die USA. Unsere Produkt-, Kapital- und Arbeitsmärkte sind derart stark reguliert, dass ein moderner Dienstleistungssektor im Stil der USA nicht möglich ist. Unsere Wirtschaftspolitik ist dermaßen dogmatisch und regelgebunden, dass sie diesen Anpassungsprozess nicht mitmachen wird.

Unsere dogmatische ordnungspolitische Soziale Marktwirtschaft wird unter anderem deswegen an der Globalisierung scheitern, weil wir überhaupt nicht willens oder in der Lage sind, uns an globale Schocks anzupassen. Mit diesen Schocks verhält es sich ähnlich wie mit der Intensität von Orkanen und Fluten als Konsequenz aus der globalen Erwärmung der Erdoberfläche. Sie werden in diesem Jahrhundert deutlich an Intensität zunehmen.

Irrtum 10: Die Soziale Marktwirtschaft lässt sich reformieren

Können Sie das Wort Reformen überhaupt noch hören? Seit zehn Jahren tobt in Deutschland eine Reformdebatte. Reformen tönen aus allen Kanälen. Mein Lieblingsbeispiel für den Widersinn des Wortes „Reform" ist die „Reform" des Kündigungsschutzes.

Bevor mit dem Reformieren angefangen wurde, galt der Kündigungsschutz für Firmen mit mehr als fünf Mitarbeitern (also ab sechs Mitarbeitern). Unter der Regierung von Helmut Kohl wurde der Kündigungsschutz „reformiert". Von da an galt er für Firmen mit mehr als zehn Mitarbeitern. Als Gerhard Schröder an die Macht kam, wurde erneut „reformiert". Dann galt er wieder für Firmen mit mehr als fünf Mitarbeitern. Man benötigte also zwei Reformen, um genau wieder an den Punkt zu gelangen, von dem aus man gestartet ist. Während des Bundestagswahlkampfes 2005 wollte die Union die Grenze auf 20 und die FDP auf 50 erhöhen. Alle diese Mätzchen laufen unter dem Namen Reformen. In der Tat handelt es sich bei uns um ein ewiges Herumschieben von Ausführungsbestimmungen.

Richtig reformiert, im Sinne von Systemänderungen, wurde in Deutschland fast überhaupt nicht. An dem System herumgefummelt wurde dahingegen sehr viel. Reformen haben deswegen in Deutschland mittlerweile einen schlechten Namen. Die Politiker, die für Reformen sind, verlieren mit großer Sicherheit die nächste Wahl. Reformen sind gescheitert, sang- und klanglos. Die Ironie dabei ist, dass das Wirtschaftssystem der Bundesrepublik, die Soziale Marktwirtschaft, überhaupt nicht reformiert wurde. Ich habe aus diesem Grund immer geglaubt, dass diejenigen in Deutschland, die am lautesten nach Reformen schreien, letztlich an der Reformmisere schuld sind.

Nicht alle Probleme lassen sich lösen

Vor ein paar Jahren wurde ich von einer Wirtschaftsvereinigung zu einer Diskussion um die Zukunft des Reformprozesses in Deutschland in ein schönes Hotel in Montreux am Genfer See eingeladen. Dort saß ich auf dem Podium mit dem Chefvolkswirt einer großen Bank. In meinen Eingangsbemerkungen sagte ich etwas, was meinen Diskussionspartner sehr erregte. Ich behauptete, ähnlich wie in diesem Buch, dass es in Deutschland nicht zu Reformen kommen würde (das war noch vor der Agenda 2010 des ehemaligen Bundeskanzlers Gerhard Schröder). Wenn reformiert würde, dann entweder falsch oder nicht ausreichend, wie etwa bei der Einführung der Bachelorstudiengänge.

Darüber hinaus ist überhaupt nicht gesagt, dass Gesellschaften tatsächlich ihre Probleme lösen. Zum Beispiel kann es sein, dass sich in Deutschland die Reformgegner durchsetzen. Hier handelt es sich letztlich um einen politischen Prozess, den man schlecht vorhersagen kann. In Großbritannien, so fuhr ich fort, habe der wirtschaftliche Niedergang nach dem Krieg ganze 35 Jahre gedauert. Hätten die Briten das deutsche Wahlsystem gehabt, wäre Margaret Thatcher nie an die Macht gekommen, oder sie hätte eine Koalition eingehen müssen, in der sie ihr Wirtschaftsprogramm nicht in der Form hätte realisieren können.

Auf Deutschland bezogen, meinte ich damit: Es kann also noch weiter bergab gehen, bevor es bergauf geht, wenn es überhaupt bergauf geht. Nach dem Niedergang des Römischen Reiches gab es schließlich auch keine Reformen, die den wirtschaftlichen Glanz vergangener Zeiten wiederherstellten und die die Macht der Cäsaren in Europa wieder konsolidierten. Ich erinnere mich noch, wie empört mein Diskussionspartner reagierte. Er selbst glaubte fest an die Reformpolitik. Er wüsste nicht, wann es passiert, aber er war sich sicher, dass es passiert.

Seitdem hat es die Agenda 2010 gegeben, und die Ereignisse schienen meinem Diskussionspartner zunächst Recht zu geben. Aber die Frage, ob wir unsere Probleme durch Reformen lösen werden, ist heute immer noch nicht beantwortet.

Zunächst sind Reformen nicht dasselbe wie Reformen. Im Universitätsbereich haben wir versäumt, die entscheidenden Reformen durchzuführen – Autonomie der Universitäten, Auswahl der Studenten durch die Universitäten, Studiengebühren. Anstatt dessen haben wir das gute alte Diplomstudium abgeschafft, und es durch ein Bachelor-/Masterstudium ersetzt, das im Ausland im Gegensatz zu dem Diplomstudium nicht anerkannt ist. Wir haben durch Reformen unsere Situation also erheblich verschlechtert.

Spätestens seit der „Ruck-Rede" des ehemaligen Bundespräsidenten Roman Herzog haben wir in Deutschland eine nicht mehr abbrechende Reformdebatte. Einige Anhänger der Sozialen Marktwirtschaft, wie der ehemalige CDU-Fraktionsvorsitzende Friedrich Merz oder der ehemalige Bundesbankpräsident Hans Tietmeyer, haben sich in der *Initiative Neue Soziale Marktwirtschaft* organisiert[91], mit dem Ziel, das deutsche Wirtschaftssystem den Erfordernissen des 21. Jahrhunderts anzupassen. Einige halten diese Initiative für die deutsche Inkarnation der amerikanischen Neokonservativen, der ultraliberalen Politik- und Wirtschaftseliten innerhalb der Republikanischen Partei von US-Präsident George W. Bush.

Genau das Gegenteil ist der Fall. Die Initiative Neue Soziale Marktwirtschaft versteht sich als[92]

Anlaufstelle für alle Bürgerinnen und Bürger, die sich dem Gedanken der Sozialen Marktwirtschaft verpflichtet fühlen und
sich aktiv für die Erneuerung unseres Wirtschafts- und Sozialsystems einsetzen wollen. Ziel des Fördervereins ist, das Verständnis der Bürger für wirtschaftliche Zusammenhänge zu
stärken und auf die notwendigen marktwirtschaftlichen Reformen aufmerksam zu machen. Langfristig sollen durch die Arbeit des Fördervereins die Rahmenbedingungen für wirtschaftliches Handeln in Deutschland verbessert werden. Der Förder-
verein steht dabei stets für eine klare ordnungspolitische Linie
im Sinne Ludwig Erhards.

Also geht es hier eher um die Rückkehr zu den Ursprüngen
der Sozialen Marktwirtschaft als um die Verbreitung neokon-
servativer Ideologie.

Josef Ackermann, Chef der Deutschen Bank, denkt ähnlich. Auch er glaubt, die Soziale Marktwirtschaft sei durch eine
Rückbesinnung reformierbar[93]:

Wir müssen die Uhr ein bisschen zurückdrehen, ohne die sozialen Elemente aufzugeben, die Marktkräfte wieder etwas
mehr betonen.

Ich selbst stehe diesem Versuch skeptisch gegenüber. Die Initiative ist fest in dem deutschen System der Sozialen Marktwirtschaft verankert. Sie ist eine Arbeitgeberinitiative, ins Leben
gerufen und kofinanziert vom Arbeitgeberverband Gesamtmetall und wissenschaftlich beraten von dem arbeitgeberna-
hen Institut der deutschen Wirtschaft in Köln. Die Initiative
darf sich zum Beispiel nicht in die Tarifpolitik einschalten, und
erst recht nicht die Abschaffung des Tarifkartells fordern, denn
Gesamtmetall ist selbst Teil dieses Systems. Der Gründung der
Initiative ging eine für die Arbeitgeber erschreckende Umfrage voraus, wonach 42 Prozent der deutschen Bevölkerung

sich für einen dritten Weg zwischen Kommunismus und Kapitalismus aussprachen. Die Arbeitgeber hatten insbesondere
Angst vor einer Vertiefung einer industriefeindlichen Gesin-
nung in der deutschen Gesellschaft. Aus ihrer Sicht macht eine
derartige Initiative Sinn.

Ich glaube hingegen, die Soziale Marktwirtschaft ist nur
bedingt reformierbar. Das wird aber nicht ausreichend sein für
eine moderne Wissensgesellschaft des globalisierten 21. Jahrhunderts. Deutschlands Probleme liegen nicht nur in den äu-
ßerlichen gesetzlichen oder institutionellen Restriktionen wie
Kündigungsschutz oder Flächentarifvertrag, sondern sind tief
im System verankert. Wer ein Tarifkartell abschaffen will – denn
nichts anderes ist der Flächentarifvertrag –, der kann nicht im
Auftrag eines Arbeitgeberverbands handeln. Das Problem
Deutschlands ist nicht die Tatsache, dass das Land zu arbeit-
nehmerfreundlich ist und dass man sich auf der alten Links-
rechts-Schiene ein wenig wieder nach rechts in Richtung der
Unternehmer bewegen muss. Mein Problem ist die Schiene an
sich. Deutschland muss auf eine andere Schiene.

In diesem Abschnitt will ich begründen, warum das so ist,
und zwar mit zwei Methoden, zunächst als politisches Argument und danach als Versuch, eine der großen Theorien der
politischen Ökonomie auf Deutschland anzuwenden.

Was man wirklich hätte reformieren müssen

Wir sind uns in Deutschland alle einig, dass wir reformieren
müssen. Wir sind uns aber nicht einig, was wir reformieren
müssen, wie viel wir reformieren müssen, in welcher Reihen-
folge wir reformieren müssen und was wir überhaupt mit dem
nebulösen Wort *Reformen* meinen. Das Wort *Reform* ist wieder
so eines dieser Wörter wie Soziale Marktwirtschaft, die alles

oder nichts bedeuten können, ein Wort für Rechte und für Linke, ausgesprochen unkonkret.

Als Margaret Thatcher und Ronald Reagan in den 80er Jahren die Wirtschaft der USA und Großbritanniens kräftig durcheinander wirbelten, sprachen sie nicht von Reformen. Frau Thatcher gab unverhohlen zu, dass sie die Macht der Gewerkschaften *zerstören* wollte, die Kapitalkontrollen *abschaffen* und die staatlichen Betriebe *privatisieren* wollte. Sie sagte einmal, es gebe so etwas wie eine Gesellschaft überhaupt nicht, sondern es gebe nur noch Individuen.

In den USA verhielt es sich ähnlich. Nachdem sich Ronald Reagan von einer auf eine Papierserviette gemalten Kurve davon überzeugen ließ, dass hohe Steuern nicht notwendigerweise auch hohe Staatseinnahmen bedeuten, beschloss er keine Steuerreform, sondern *Tax Cuts* – Steuersenkungen.

Wer von Reformen redet, schwafelt und verdunkelt. Wir müssen daher zunächst klären, ähnlich wie bei der Globalisierung und der Sozialen Marktwirtschaft, worum es geht, was diejenigen, die von Reformen reden, tatsächlich meinen.

Adam Posen vom Institute for International Economics in Washington, ein großer Kenner der deutschen Wirtschaft mit einem messerscharfen ökonomischen Verstand, präsentierte vor der letzten Bundestagswahl in einem Artikel im *Handelsblatt* eine Liste von Maßnahmen, die der Wahlsieger treffen sollte, um die deutsche Wirtschaft nach vorne zu bringen. Wenn Sie diese Liste lesen, wird Ihnen schwindelig.

Posen ist kein Konservativer, erst recht kein amerikanischer Konservativer. Während meines Besuchs in Washington zur Präsidentschaftswahl 2004 habe ich keinen Amerikaner erlebt, der so deprimiert über den Ausgang der US-Präsidentschaftswahlen war wie er. Hier ist also die Diagnose eines amerikanischen *Liberalen*, wie die Linken in den USA verwirrenderweise bezeichnet werden.

Posen stellte fünf Grundsätze für eine erfolgreiche Reformpolitik auf und 14 Maßnahmen. Die Liste ist von mir selbst erstellt und reflektiert daher meine Ordnung, nicht unbedingt seine. Hier sind zunächst die Grundsätze[94]:

Grundsatz 1:   Akzeptanz, dass Reformen kurzfristig der Wirtschaft schaden.

Grundsatz 2:   Akzeptanz, dass Arbeitsmarktreformen erst wirken, nachdem sich die Wirtschaft erholt hat.

Grundsatz 3:   Akzeptanz, dass Arbeitsmarktreformen gleichzeitig Reformen von Produkt- und Finanzmärkten bedingen.

Grundsatz 4:   Akzeptanz, dass die Entwicklung der Weltkonjunktur nicht als Entschuldigung für fehlende Reformen verantwortlich gemacht werden darf.

Grundsatz 5:   Schließlich Akzeptanz, dass das alles nur funktioniert, wenn die Regierung über solide Mehrheiten in Bundestag und Bundesrat verfügt.

Hier nun ist Posens Liste von 14 Maßnahmen:

1. Weitere Zinssenkungen der Europäischen Zentralbank, um den Reformprozess in Deutschland und im restlichen Eurogebiet zu unterstützen.
2. Rückkehr zum europäischen Stabilitätspakt.
3. Verzicht auf eine Anhebung der Mehrwertsteuer.
4. Verringerung der Ausgaben bei Subventionen, im Gesundheitswesen und bei der Rentenversicherung.
5. Reform von „Corporate Germany" (mehr dazu gleich).
6. Abschaffung des Flächentarifs.
7. Akzeptanz eines einheitlichen Arbeitsmarktes.
8. Abschaffung von Privilegien im Handwerk.
9. Akzeptanz von Firmenübernahmen aus dem Ausland.
10. Reform des Föderalismus.

11. Offene Einwanderungspolitik.
12. Akzeptanz der EU-Mitgliedschaft der Türkei.
13. Akzeptanz der EU-Dienstleistungsrichtlinie.
14. Bessere Zusammenarbeit mit den USA in der globalen Wirtschaftspolitik.

Nicht alle Punkte sind gleichwertig, keiner ist trivial. Posen ist erstaunt darüber, dass die deutschen Parteien kein Interesse an der aus seiner Perspektive wichtigsten Reform überhaupt zeigen, nämlich Punkt fünf, der Reform des deutschen Korporatismus, also der Beziehungen zwischen Regierung, Gewerkschaften, Unternehmern und Banken. Posen verlangt eine Zerschlagung der verbandlicher Strukturen, um

> die gefährliche Nähe zwischen Management, Gewerkschaften, lokalen Politikern und den vom Staat geschützten Finanzinstitutionen

zu zersprengen. Er zitiert hier den Volkswagen-Skandal. Er sagt,

> dieses Geflecht halte Deutschlands Industrie und Wirtschaft davon ab, sich auf effiziente Art und Weise zu konsolidieren und dass Branche für Branche wieder zu wachsen beginnt.

Als Ehrenmitglied der Initiative Neue Soziale Marktwirtschaft kommt er also nicht in Frage.

Wenn es nur eine Reform gäbe, die er machen dürfte, ich würde vermuten, dass Posen seinen Punkt Nummer fünf priorisieren würde. Die Entflechtung des Korporatismus wäre auch aus meiner Sicht die wichtigste Einzelmaßnahme. Ich stimme ebenfalls mit ihm überein, dass Ladenschlusszeiten nichts mit Wirtschaftspolitik zu tun haben, und daher auch nicht auf diese Liste gehören. Bei der Ladenschlussdebatte handelt es sich vielmehr um grundsätzliche Freiheitsrechte.

Posens Liste ist meinem Erachten nach richtig spezifiziert. Sie funktioniert trotzdem nicht. Denn sie überfordert das System. In der Tat, ich kenne kein Wirtschaftssystem der Welt, das mit so einem weitreichenden Programm nicht überfordert wäre. Das gilt insbesondere für die USA selbst. Man stelle sich nur einmal vor, die US-Administration wäre mit einer ähnlichen Liste von Wirtschaftsreformen konfrontiert. Die Chance, dass so etwas das Weiße Haus, den Senat und das Repräsentantenhaus passieren würde, unabhängig von der politischen Mehrheit, ist gleich null. Deutschland hat ein ähnlich verflochtenes politisches System. Das läuft bei uns, selbst beim besten Willen aller Beteiligten, nicht grundsätzlich anders.

Meine Skepsis gegenüber einem Reformprogramm liegt nicht darin begründet, dass Reformen an sich falsch sind, nicht einmal darin, dass sie kurzfristig negative Wachstumseffekte produzieren. Ich glaube vielmehr, dass wir mit unserer seit jetzt zehn Jahren andauernden Reformdebatte an die Grenzen der Reformierbarkeit der Sozialen Marktwirtschaft gestoßen sind. Wirtschaftssysteme wie die Soziale Marktwirtschaft sind zwar nicht grundlegend reformresistent. Gerade in Europa gibt es viele Beispiele von Ländern, die die notwendigen Reformen schnell und entschlossen durchgeführt haben, wie zum Beispiel Großbritannien in den 80er Jahren oder Schweden und Finnland in den 90ern.

Aber Wirtschaftssysteme sind im Allgemeinen resistent gegen Reformen, die ihre *Ultima Ratio* in Frage stellen. Sie sind nicht gegen ihr eigenes Wesen reformierbar. In Schweden und Finnland war das kein Problem. Dort koexistierten lange ein starker Staat – mit höherer Staatsquote als etwa Deutschland – und ein ausgeprägt marktwirtschaftliches System im Privatsektor. In Großbritannien war der wirtschaftspolitische Sozialismus, der in der Übermacht der Gewerkschaften seinen Ausdruck fand, nicht Teil der britischen Wirtschaftsverfassung, sondern Teil einer jederzeit änderbaren Wirtschaftspolitik. Als Margaret Thatcher im Jahre 1979 an die Macht kam, war sie in der Position, diese Strukturen in einer Weise zu ändern, wie das in Deutschland überhaupt nicht denkbar gewesen wäre.

Ein Beispiel für die vollkommene Reformunfähigkeit eines Wirtschaftssystems war die Sowjetunion. Dort scheiterte die Perestroika des früheren sowjetischen Präsidenten Michail Gorbatschow nicht daran, dass seine Reformen falsch waren. Sie waren genauso wenig falsch wie die Reformen, die man heute in Deutschland diskutiert. Das Problem war, dass die Sowjetunion politisch nicht reformierbar war. Denn Wirtschaftssysteme und politische Systeme sind zwei Seiten derselben Medaille.

Genau dasselbe Problem werden diejenige erfahren, die sich aufmachen, die Soziale Marktwirtschaft zu reformieren. Wer die Auflösung der Mitbestimmung fordert oder gar eine Zerschlagung der Deutschland AG, die durch ihre Seilschaften den Mittelstand in Watte gepackt hält, der geht an den innersten Kern der Sozialen Marktwirtschaft.

Wirtschaftssysteme sind häufig tief in den staatlichen Verfassungen verankert. Eines der wesentlichen Charakteristika der amerikanischen Verfassung ist die Einschränkung des Rechtes des Staates gegenüber dem Einzelnen. Genau diese Definition prägte im Verlauf der Jahrhunderte den amerikanischen Kapitalismus. Die Soziale Marktwirtschaft, wie sie in Deutschland praktiziert wird, wäre in den USA nicht nur politisch undenkbar. Sie wäre womöglich verfassungswidrig. Es ist nur schwer vorzustellen, dass das Oberste Verfassungsgericht der USA ein Gesetz wie das über die Mitbestimmung als verfassungsgemäß erachtet hätte. Der verfassungsrechtliche Schutz des Eigentums und seine freie Verfügbarkeit wären im Innersten angegriffen. Die US-Verfassung entspricht damit auch Milton Friedmans Aussage, dass die soziale Verantwortung von Unternehmern lediglich darin besteht, möglichst hohe Gewinne zu erzielen.

So, wie die freie Marktwirtschaft in der US-Verfassung verankert ist, ist die Soziale Marktwirtschaft im Grundgesetz der Bundesrepublik verankert. Einer dieser Ankerpunkte ist der schon vorher zitierte Artikel 14, Absatz 2 des Grundgesetzes, der besagt, dass Eigentum verpflichtet und dass sein Gebrauch dem Wohle der Allgemeinheit dienen solle.

Artikel 14, Absatz 2 ist inhaltlich genau das Gegenteil von Milton Friedmans Aussage über die soziale Verantwortung der Unternehmer. Friedmans Philosophie ist in Deutschland genauso verfassungswidrig, wie die deutsche Mitbestimmung es in den USA wäre. Zwischen den beiden herrscht ein enormer philosophischer Disput.

Darüber hinaus enthält die deutsche Verfassung das allgemeine Gleichheitsrecht und das Sozialstaatsprinzip.[95] Beim Gleichheitsrecht geht es um die Gleichbehandlung durch den Staat, nicht allein um Gleichheit vor dem Gesetz. Es hat weitreichende Auswirkungen bis in das Steuerrecht hinein. Das Bundesverfassungsgericht kippte damit einst die Vermögenssteuer. Der Verfassungsexperte Jörg Neuner formuliert die sozialen Aspekte des Grundgesetzes folgendermaßen[96]:

> Wer den Rechtsstaat will, muss den Sozialstaat befürworten, wer liberale Grundrechte einfordert, muss soziale Rechte anerkennen, und wer die Privatrechtsgesellschaft postuliert, muss deren soziale Verantwortung respektieren.

Mir geht es nicht darum, die Meinung eines Verfassungsexperten juristisch zu kommentieren. Auch wenn ich seine These inhaltlich für grundlegend falsch halte, muss ich zugeben, dass sie eine möglicherweise korrekte Interpretation des Grundgesetzes ist. Sie ist jedenfalls typisch dafür, wie Juristen in Deutschland das Grundgesetz interpretieren.

Wichtig ist hier auch nicht allein die formell juristische Sichtweise, sondern die politische. Der Verfassungsjurist Christoph Möllers, Professor für öffentliches Recht und Rechtsphilosophie an der Universität Münster, sagte einmal im Zusammenhang mit der Verfassungsdebatte über die Neuwahlen 2005, Verfassungen seien keine Straßenverkehrsordnungen.[97]

Sie prägen die politische Kultur und die politischen Debatten eines Landes. Die Soziale Marktwirtschaft und das Grundgesetz haben nicht nur die Gesetze in Deutschland geprägt, sondern auch den Diskurs über die Wirtschaft. Es sollte daher auch nicht überraschen, warum sich die Deutschen mit einigen der Reformvorschläge so schwer tun. Die schwer reformierbare Soziale Marktwirtschaft ist nicht nur Teil unseres Systems. Sie ist ein Teil unseres politischen Egos.

Wer wie ich behauptet, die Soziale Marktwirtschaft würde als System scheitern, macht daher eine viel weiter gehende Aussage, nämlich eine Aussage über das Scheitern des politischen Systems der Bundesrepublik. Die Debatte über das Scheitern der Sozialen Marktwirtschaft ist somit keine technische Debatte unter Wirtschaftsexperten. Sie hätte weitreichende Konsequenzen für unser Gemeinwesen.

Wir können uns nicht mehr auf die EU als Reformer der letzten Instanz verlassen

Eine weitere Variante eines Reformirrweges ist der Versuch, Reformen, die man im Inland politisch nicht durchsetzen kann, über die Europäische Union quasi durch die Hintertür einzuführen.

Ein Beispiel dafür war die Einführung des in den 80er Jahren beschlossenen europäischen Binnenmarktes. Unter dem Deckmantel der europäischen Integration wurde hier eine der fundamentalsten Marktliberalisierungen durchgeführt, die je in Europa stattgefunden haben. Durch den Binnenmarkt sind nicht nur unzählige protektionistische Schranken in den Produktmärkten gefallen. Wir haben Energiemärkte sowie den Transport- und den Telekommunikationssektor weitgehend privatisiert.

Wir haben das Ursprungslandprinzip eingeführt, wonach Waren überall in der EU zugelassen sind, solange sie in einem Land zugelassen sind. Wir haben die Grenzen geöffnet, eine eigene Währung geschaffen und die EU auf 25 Länder erweitert in der Hoffnung, von einem riesigen Binnenmarkt zu profitieren.

In Deutschland, Frankreich und anderswo galt der Weg über Europa als der sicherste Weg, unpopuläre Liberalisierungen zu erwirken, die in den nationalen Parlamenten nicht die geringsten Chancen gehabt hätten. Hätte Deutschland jemals von sich aus das protektionistische Reinheitsgebot für das Bier aufgehoben, das am Ende lediglich dazu diente, ausländische Anbieter vom deutschen Markt fern zu halten? Hätten die Briten jemals ihr imperiales Maßsystem aufgegeben? Hätten die Franzosen jemals der Privatisierung ihrer Banken zugestimmt? Ohne die EU wäre Europa weitaus protektionistischer.

Das Problem ist, dass diese im Prinzip auf Unehrlichkeit basierende Strategie nur eine Zeit lang funktionieren konnte. Im Englischen gibt es ein Sprichwort, wonach man alle Menschen eine Zeit lang hinters Licht führen und einige Menschen auch immer hinters Licht führen kann. Man kann nur nicht alle Menschen für immer hinters Licht führen. Genau das aber beinhaltet eine solche Strategie. Sie war erfolgreich, aber nur eine kurze Zeit lang. Im Jahre 2005 ging diese Strategie gründlich nach hinten los.

Nachdem man die Produktmärkte öffnete, wollte die Europäische Kommission im Jahre 2005 den gleichen Weg für die Dienstleistungsmärkte gehen durch die so genannte Dienstleistungsrichtlinie. Die Pläne dafür waren schon von der vorangegangenen Kommission vorgefertigt. Sie waren größtenteils das Werk des liberal gesonnenen ehemaligen niederländischen Kommissars Frits Bolkestein. Danach dürften alle Dienstleister überall in der EU tätig sein, und zwar nach den Regeln des Heimatlandes.

Die Richtlinie hat bis dahin lediglich das Interesse einiger Verbände und Konsumentenvertreter geweckt. Es handelte sich zunächst um eine typisch Brüsseler Insidergeschichte, für die sich kaum einer interessierte.

Man hoffte somit auf ein schnelles Umsetzungsverfahren. Das Ursprungslandprinzip galt schließlich auch schon für Produkte. Danach darf ein deutscher Produzent sein deutsches Produkt ohne weitere Auflage überall in der EU verkaufen, und zwar nach deutschem Recht. Bei Dienstleistungen gab es aber eine Reihe von subtilen Behinderungen und nationalen Regulierungen, die dazu führten, dass es in der EU nicht zu einem effektiven Dienstleistungsmarkt gekommen ist. Zum Beispiel erkennt Deutschland nicht die juristischen Studienabschlüsse anderer Länder an. Wer bei uns als Rechtsanwalt tätig sein will, benötigt das zweite Staatsexamen. Das lässt sich weder in Madrid noch in Helsinki absolvieren. Wir haben somit eine nationale Schranke für diesen Beruf errichtet, obwohl wir uns theoretisch alle darauf geeinigt haben, Berufsabschlüsse anzuerkennen.

Die Dienstleistungsrichtlinie wollte genau diese Art von Protektionismus erschweren. Sie war inhaltlich eine gute Idee. Doch ihre politische Wirkung war dermaßen verheerend, vor allem in Deutschland und in Frankreich, dass die EU heutzutage als Reformierer in letzter Instanz nicht mehr in Frage kommt. Die Debatte um die Dienstleistungsrichtlinie vermischte sich nämlich mit der Debatte um den Raubtierkapitalismus.

Die oft nicht gut informierten Gegner der Richtlinie argumentierten, dass diese Richtlinie unweigerlich zu *Social Dumping,* dem Unterwandern von sozialen Mindeststandards, führen würde. Sie wussten nicht oder verdrängten bewusst, dass das Ursprungslandprinzip schon seit Einführung des Binnenmarktes gilt. Dabei handelte es sich um einen wirklich wichtigen politischen Prozess, der damals von der Öffentlichkeit und vor allem von den Medien massiv unterschätzt wurde.

Die Dienstleistungsrichtlinie ist lediglich nicht viel mehr als eine Ausführungsbestimmung. Da sie aber konkrete Dinge wie zum Beispiel die Frage der Pflegedienste berührte, steigerte sich diese Debatte in eine Grundsatzdebatte für oder gegen den angelsächsischen Kapitalismus. Dabei wären es laut Information der Kommission gerade Deutschland und Frankreich, die von dieser Richtlinie am meisten profitieren würden. Der Nettoeffekt der Dienstleistungsdirektive für die gesamte EU wären ein Anstieg des Konsums um 37 Milliarden Euro sowie 600 000 neue Arbeitsplätze.[98]

Die aufgeregte Diskussion hat erheblich dazu beigetragen, dass die französische Regierung nicht nur diese Richtlinie blockierte. Sie spielte vor allem in der Debatte um die Ratifizierung des europäischen Verfassungsvertrags eine Rolle. Mit dem Nein der Franzosen und Holländer endete eine lange Phase in Europa, während derer Politiker hinter dem Rücken ihrer Bürger Deregulierung und Liberalisierung durchführen konnten.

Wenn es Ärger gab, war Europa ein nützlicher Umweg und auch ein nützlicher Sündenbock. Überall beschwert man sich heute über die „Brüsseler Bürokratie", ohne zu wissen, dass die Europäische Kommission weniger Beamte beschäftigt als viele nationale Ministerien oder Bürokratien.

Dieses Spiel ist jetzt ausgereizt. Über Europa lässt sich kein national unerfolgreiches Reformprojekt mehr schieben. Europa hat dadurch bei den Bürgern einen unverdient schlechten Ruf abbekommen. Es war nicht nur eine zum Scheitern verurteilte Strategie, es war vor allem eine gefährliche Strategie.

Wie steht es denn mit der Lissabon-Agenda, dem an Größenwahn grenzenden Versuch europäischer Staats- und Regierungschefs aus dem Jahr 2000, die EU binnen zehn Jahren zur wettbewerbsfähigsten Wirtschaftsregion der Welt zu entwickeln. Die Lissabon-Agenda, eine Kopfgeburt aus dem Zeitalter der New Economy, beinhaltete eine Reihe interessanter Ideen, wie zum Beispiel zur Wissensgesellschaft, zu Forschung und Entwicklung oder zur Beschäftigung. Eine sinnvolle Forderung war es, den Anteil der arbeitenden Bevölkerung auf 70 Prozent der Gesamtbevölkerung zu erhöhen. Einige Länder, wie Großbritannien zum Beispiel, haben diesen Schritt getan. Deutschland hat hier Fortschritte gemacht, steht aber noch deutlich unter der Schwelle.

Die Lissabon-Agenda droht zu scheitern. Im Jahre 2005 einigte sich die EU, die Agenda wieder aufleben zu lassen. Aber das Problem war immer, dass es sich hierbei größtenteils um Reformen handelte, für die nationale Regierungen die volle Verantwortung hatten. Im Jahre 2003 stellte der ehemalige

Bundeskanzler Gerhard Schröder seine Agenda 2010 vor, die den gleichen Stichtag beinhaltete wie die Lissabon-Agenda. Schröder wie auch andere Regierungschefs argumentierten bei ihren Reformvorhaben immer nur national. Die Lissabon-Agenda spielte in der deutschen Reform effektiv keine Rolle. Das hat allerdings deutsche Beamte nicht daran gehindert, auf EU-Ebene das Gegenteil zu behaupten.

Die EU ist für viele politische Bereiche eine sinnvolle Ebene, wie zum Beispiel für die Gestaltung des Binnenmarktes, die Wettbewerbspolitik und von mir aus auch die Außen- und Sicherheitspolitik. Sie ist aber nicht die optimale Einheit für alle Bereiche. Für eine gemeinsame Reformpolitik wären die zwölf Mitgliedsländer der Europäischen Währungsunion eine viel sinnvollere Gruppe. Zum Beispiel sind die fehlenden Arbeitsmarkt- und Finanzmarktreformen in Italien ein wirkliches Problem für das Eurogebiet, insbesondere auch für Deutschland. Ohne Italien im Bund könnten die Zinsen im Euroraum geringer sein. Wir Deutsche haben ein Interesse an Reformen in Italien, viel mehr als etwa an Reformen in Großbritannien, Dänemark oder Schweden, Länder, die nicht den Euro eingeführt haben.

Nur leider hat sich diese Ebene politisch noch nicht entwickelt. Sie hat sich aus dem gleichen Grund nicht entwickelt, aus dem sich eine effektive nationale Strategie nicht entwickelt hat. Es gibt in der Bevölkerung dieser Länder nicht die genügende Zustimmung für die nötigen Reformen. Wer jetzt Reformen will, muss es selbst tun. Über Europa läuft hier nichts mehr. Der Sündenbock hat ausgedient.

Die New Economy ist ebenfalls kein Ausweg

Eine andere Hoffnung war die New Economy. Sie war ein Experiment mit einer postindustriellen Gesellschaft, allerdings mit verheerenden Folgen. Die New Economy war das Wirtschaftssystem der Globalisierung, der jungen Entrepreneure, kurzum das Wirtschaftssystem der Zukunft. Es enthielt das Versprechen einer wirtschaftlichen Erneuerung. Wie wir im Nachhinein wissen, entpuppte sie sich als Luftblase. Das galt insbesondere für das mit der New Economy einhergehende Börsenfieber in den Jahren 1999 und 2000.

Sie war aber gleichzeitig der erste Versuch in der Geschichte der Bundesrepublik, eine Alternative für die Soziale Marktwirtschaft zu bieten. In der New Economy spielten Finanzmärkte und Investmentbanker eine wichtigere Rolle als Banken und Sparkassen und deren gestriegelte Standesvertreter. In ihr waren Innovation und Service wichtiger als Produktion und ständisches Denken. In ihr gab es effektiv keinen Kündigungsschutz, keine geregelten Arbeitszeiten, keine Tariflöhne, keine Gewerkschaften. Sowohl die Arbeits- als auch die Finanzmärkte der New Economy waren eine klare Abkehr von dem Ethos der Sozialen Marktwirtschaft.

Der Grund dafür lag daran, dass sich diejenigen, die in dieser Industrie arbeiteten, anders verhielten. Angestellte bestanden oft nicht auf Kündigungsschutz. Im Gegenteil, ich selbst kannte einen Kollegen, der in seinem Arbeitsvertrag bewusst die Kündigungszeit von drei auf einen Monat reduzierte, damit er schnell in der Lage war, die Firma zu wechseln – was er dann später auch tat. In der New Economy gab es keine Loyalitäten.

Es gab auch weniger Hierarchien. Man duzte sich, trug keine Krawatte, man kommunizierte direkt. Allein deswegen brauchte man auch viele der sonst in Deutschland üblichen

Institutionen nicht. Zum Beispiel brauchte man keinen Betriebsrat.

In Zeiten, in denen es auf dem Arbeitsmarkt mehr Nachfrage als Angebot gab, was für den New-Economy-Bereich bis zum Jahre 2001 zutraf, interessierte sich kein Angestellter für Kündigungsschutz. Hier regelte der Markt alles. Zur Überraschung vieler Unternehmer waren es gerade die Angestellten selbst, die die Marktmechanismen hochhielten. Wenn man die erhoffte Lohnerhöhung nicht erhielt, dann kündigte man eben und wechselte zur Konkurrenz. Friss oder stirb, so sagte der Angestellte der New Economy zu seinem Arbeitgeber.

Kein Ereignis symbolisierte das bittere Ende der New Economy daher mehr als die Nachricht, dass sich bei Pixelpark, einem Anbieter von Internet-Dienstleistungen, ein Betriebsrat formierte.[99] Als die Internet-Konjunktur einbrach, organisierten sich die Mitarbeiter dieses Vorzeigeunternehmens der New Economy genau so, wie es Generationen von Metallarbeitern, Stahlkochern und Bergleuten vor ihnen taten. Pixelpark war da angekommen, von wo seine Gründer einst losmarschierten, in der Sozialen Marktwirtschaft.

Danach war wieder alles so wie früher. Der krawattenlose Stil hat sich mittlerweile verabschiedet. Die Firmen kommunizieren nicht mehr direkt, sondern durch den Betriebsrat. Das alte hierarchische Verhältnis zwischen Chef und Mitarbeiter hat sich reetabliert. Im Gegensatz zu ihren Kollegen im Ausland verbringen deutsche Chefs einen unverhältnismäßig großen Teil ihrer Zeit mit arbeitsrechtlichen Fragen. In der Zeit zwischen 2001 und 2003 änderte sich das Klima in deutschen Betrieben grundlegend, und zwar zum Schlechteren.

Die New Economy war auf eine Weise der Versuch einer Erneuerung unseres Wirtschaftssystems, und zwar nicht durch Änderung der Gesetze, also nicht durch Reformen, sondern durch eine Änderung des Marktverhaltens.

In Deutschland haben viele Menschen, vor allem in Politik und Medien, genau die falschen Schlussfolgerungen aus dem Scheitern der New Economy gezogen. Sie ist an falschen Erwartungshaltungen gescheitert, ähnlich wie in den 20er Jahren des letzten Jahrhunderts ein ungezügelter Kapitalismus (hier kann man den Ausdruck getrost stehen lassen) scheiterte, dessen Konsequenzen durch eine fatale Wirtschaftspolitik noch verstärkt wurden.

Ich erinnere mich noch gut an einen Winterabend im Jahre 2001, als ich das Redaktionsgebäude der *Financial Times Deutschland* spätabends mit einem Taxi verließ und mich der Taxifahrer nach den neuesten Aktientipps fragte. Ich sagte ihm, ich hätte keine. Wenn Sie glauben, dass durch meine etwas abrupte Antwort das Gespräch dadurch zu Ende gewesen wäre, dann irren Sie gewaltig. Er hatte nämlich eine ganze Reihe von Aktientipps für mich, die er in irgendwelchen drittklassigen Finanzmagazinen aufgegabelt hatte. Er teilte mir daraufhin ebenfalls mit, dass er sich bislang an fast allen Neuemissionen beteiligt hätte.

Mich erinnerte meine Taxifahrt an die unter Investoren und Bankern beliebte Anekdote über den großen amerikanischen Bankier John D. Rockefeller, der im Jahre 1929 alle seine Aktien verkaufte, nachdem ihm sein Schuhputzer einen Aktientipp gegeben hatte. Er war davon überzeugt, dass es sich um eine Aktienblase handeln musste, wenn sogar Schuhputzer in Aktien handelten. Kurze Zeit später kam es dann auch zu dem Wall Street Crash.

Im Gegensatz zu Rockefeller hatte ich keine Aktien zu verkaufen, und mein Taxifahrer hatte wahrscheinlich einen höheren Bildungsgrad als Rockefellers Schuhputzer. Aber wie Rockefellers Schuhputzer hatte er nur ein oberflächliches Verständnis von Finanzmärkten und war wie viele andere Menschen von dem damals allgegenwärtigen Börsenfieber geblendet. Ich habe diesen Taxifahrer nie wieder getroffen und hoffe, dass er sich nicht in den Ruin gezockt hat.

Wir haben in Deutschland die New Economy hinter uns gelassen, samt ihren falschen Versprechen, den Zockern, den halbseidenen Finanztipps und dem oft damit einhergehenden Insiderhandel. Wir haben sogar den Neuen Markt nicht mehr, der als Markt für die New Economy ein neues Zeitalter einläuten sollte. Der NEMAX-50-Aktienindex, der die 50 meistgehandelten Technologieaktien enthielt, erreichte am 10. März 2000 seinen Höchststand von 9 665 Punkten und fiel bis zum 9. Oktober 2002 auf 318 Punkte, was einen Verlust von 96 Prozent bedeutete. Keine andere Technologiebörse der westlichen Welt war dermaßen volatil. Die New Economy war eine ökonomische Luftblase sondergleichen.

Es ist einerseits gut, dass wir die New Economy hinter uns gelassen haben. Anderseits ist es nicht gut, dass wir aus ihrem Untergang die falschen Schlüsse gezogen haben. Das Problem mit der New Economy waren nicht das Gründungsfieber, die Faszination mit neuen Technologien und die Bereitschaft, Risiken einzugehen. Das sind nämlich genau die Qualitäten, die wir brauchen, um im globalen Wettbewerb zu bestehen.

Das Problem mit der New Economy waren überzogene Erwartungen, der Glaube auf schnelle und sichere Gewinne, der Glaube, man habe plötzlich die Regeln der Ökonomie und die der Finanzmärkte geändert. New Economy ist daher auch das falsche Wort. Sie war neu lediglich aus der Perspektive eines in der Sozialen Marktwirtschaft denkenden Menschen. Sie war eben neu für die Deutschen. Im Angelsächsischen sprach man auch nicht von der New-Economy-Blase, sondern von der *Dotcom-Blase*, gemeint ist die Internet-Aktienblase.

Wenn junge Leute ihr Studium abbrechen und in der Garage oder im Keller ihrer Eltern ein eigenes Technologieunternehmen gründen, dann nennt man das in den USA nicht New

Economy, sondern man nennt es Microsoft. Diese Wirtschaft stellt mit Sicherheit nicht die Spielregeln der Ökonomie auf den Kopf. Im Gegenteil, Microsoft hat sich in seiner Geschichte fast so verhalten, wie Textbücher das Verhalten eines klassischen Monopolisten schon immer beschrieben haben.

Mit der New Economy haben wir in Deutschland etwas sehr Wichtiges verloren, nämlich einen für kurze Zeit wieder aufflammenden Gründergeist. *Very Old Economy* wäre eine viel zutreffendere Beschreibung gewesen. Sie war nichts anderes als das Modell des berühmten österreichischen Ökonomen Alois Schumpeter, der wirtschaftlichen Fortschritt als einen dynamischen Prozess der „kreativen Zerstörung" auffasste.[100] Die New Economy scheiterte bekanntermaßen an einer Spekulationsblase. Somit stellt sich die Frage, ob eine New Economy ohne Blase eventuell resistenter gewesen wäre und ob sich ein zweiter Versuch lohnt.

Meine Antwort darauf ist einen eindeutiges Nein. Die New Economy hat sicher durch die Aktienspekulationen gelitten. Sie ist aber vor allem deswegen zugrunde gegangen, weil sie im Moment ihrer Krise ein anderes Wirtschaftssystem als die Soziale Marktwirtschaft benötigt hätte. Sie hätte ein Wirtschaftssystem gebraucht, das es ihr erlaubt hätte, sich in der Rezession schnell umzustrukturieren. Anstatt dessen erlebten wir, wie sich bei den Firmen der New Economy plötzlich Betriebsräte formierten, die dem Ziel dienten, den nötigen Umstrukturierungsprozess zu behindern oder zu blockieren.

New Economy und Soziale Marktwirtschaft koexistierten nur so lange miteinander, solange es der New Economy gut ging. Als Schönwetterkonstruktion ist die Soziale Marktwirtschaft funktionstüchtig. Während eines konjunkturellen Booms funktioniert fast jedes Wirtschaftssystem gut. Der Test eines Systems kommt während eines Wirtschaftsabschwungs, insbesondere in Krisenzeiten. Als Schlechtwetterkonstruktion taugt die Soziale Marktwirtschaft überhaupt nicht mehr. Erst recht taugt sie nicht für kleine flexible Firmen, die sich schnell, unbürokratisch und kostensparend anpassen müssen.

Es ist schon absurd, zu glauben, dass man mit einem einzelnen Wirtschaftssektor eine Volkswirtschaft verändern kann. Es spricht von dem in der deutschen Debatte sehr häufig anzutreffenden betriebswirtschaftlichen Denken in volkswirtschaftlichen Debatten. Das betriebswirtschaftliche Argument ist, dass sich in einem Wettstreit das bessere System durchsetzen wird. Der Denkfehler ist, dass Wirtschaftssysteme selbst keinen Marktmechanismen unterliegen. Wenn die New Economy, deren Firmen nie mehr als fünf Prozent der Volkswirtschaft ausmachten, auch über 30 Jahre erfolgreicher wäre als die *Old Economy*, bedeutet das zunächst gar nichts. Solange wir die Old Economy nicht reformieren, so lange bleiben die Systeme, wie sie sind. Es gibt keinen Grund für Arbeitnehmer in der Old Economy, auf ihren Kündigungsschutz zu verzichten. Genauso wenig gibt es einen Grund für Mitarbeiter, auf einen Betriebsrat zu verzichten, solange sie glauben, dass ein Betriebsrat in ihrem Interesse ist.

Ohne eine grundlegende Änderung der Sozialen Marktwirtschaft lohnt sich ein zweiter Versuch mit der New Economy überhaupt nicht. Dieser Versuch würde genauso wie der letzte scheitern, wenn nicht an einer Aktienblase, dann am Konjunkturzyklus. In dem Moment, in dem sich der Zyklus nach unten dreht, was alle paar Jahre passiert, ist die deutsche Wirtschaft zu unflexibel, egal ob New oder Old Economy.

Einige Interessengruppen sind wichtiger als andere

Selbst wenn es technisch möglich wäre, mit Reformen oder Parallelstrukturen wie der New Economy die wirtschaftlichen Probleme zu lösen, ist dieser Versuch politisch unrealistisch. Wie die Bundestagswahl vom 18. September 2005 gezeigt hat, gewinnt man mit Reformen keine Wahlen, und dies trotz für die Union und FDP günstigster Umstände. Zwei Monate vor der Wahl genoss die Union Umfragewerte um die 50 Prozent. Die Konjunktur lag brach. Die Popularität von Gerhard Schröders rot-grüner Regierung war so gering wie nie. Es herrschte eine Wechselstimmung im Lande, denn nach sieben Jahren Rot-Grün traute niemand dieser Regierung noch etwas zu.

Zunächst sah es sogar nach einer absoluten Mehrheit für die Union aus. Am Ende reichte es bei weitem nicht für eine Koalition mit der FDP. Zusammen kamen beide Parteien auf 45 Prozent.

Die Parteiprogramme von Union und FDP waren für deutsche Verhältnisse radikal. Dort wurde die Öffnung der Flächentarifverträge gefordert, geringere Steuern mit Stufensystem, bei der Union eine Verringerung der Lohnnebenkosten. Es gab relativ radikale Vorschläge bei der Gesundheitsreform und eine Kehrtwende in der Energiepolitik. Für einen ordnungspolitisch denkenden Menschen war das ein gutes Paket. Zwar war die Wirtschaftspolitik wie immer bei diesen Parteien prozyklisch. Im Grunde machen Union und FDP Steuerpolitik ohne jegliche Rücksicht auf die Konjunktur. Aber zumindest was Strukturreformen angeht, handelte es sich hierbei um ein ambitiöses Programm.

Die Union hat die Wahl verloren nicht wegen ihres sonderbaren Finanzexperten Paul Kirchhof. Dessen unpolitische Albereien haben sicherlich nicht geholfen. Die Wahl ging deswegen verloren, weil Angela Merkels radikale Reformagenda dem politischen Gegner eine glaubwürdige Gewinn-und-Verlust-Rechnung ermöglichte. Insbesondere bei den Steuerreformen war es einfach zu errechnen, wer wie viel gewinnen und verlieren würde. Die SPD hat dieses Spiel konsequent und mit Erfolg gespielt. Am Ende wussten die meisten Menschen, dass sie weniger Geld hätten, wenn die Union ihr Programm durchsetzt.

Mit Reformen gewinnt man in Deutschland keine Wahlen. Alle sind für Reformen, aber man wählt nicht Reformen, insbesondere nicht die, die Unsicherheit versprechen, und erst recht nicht die, die einem einen persönlichen Nachteil bescheren. Warum sollten Wähler aus altruistischen Motiven auch eine derartige Wahl treffen? Auch wenn eine erfolgreiche Reformpolitik langfristig die Arbeitslosigkeit beseitigen mag, wird kein Arbeitsloser sich für eine Politik entscheiden, als dessen Konsequenz seine eigene Arbeitslosenhilfe fällt, auch wenn das zur langfristigen Lösung des Problems beitragen sollte. Der Grund ist, dass aus Sicht des Arbeitslosen die Kürzung der Bezüge sicher ist, die Lösung des Problems allerdings nicht.

Es ist lediglich eine Hoffnung, ein Versprechen. Wer weiß schließlich, ob der erhoffte Erfolg wirklich eintritt? Wie viele politische Parteien haben in der Vergangenheit das Ende der Arbeitslosigkeit versprochen und wie wenig ist dabei herausgekommen?

Ich kann bis heute nicht die politische Logik derer nachvollziehen, die behaupten, dass Arbeitslose ein Interesse an Reformen hätten. Im Gegenteil. Für einen rationalen Arbeitslosen gilt das überhaupt nicht. Dass Arbeitslose sich für die Linkspartei entscheiden, halte ich aus deren Sicht für völlig nachvollziehbar.

Warum sollte ein Pendler freiwillig auf die Pendlerpauschale verzichten? Oder ein Nachtarbeiter auf den Nachtarbeiterzuschlag? Alle stehen angesichts einer Reformpolitik vor der Wahl zwischen sicheren Opfern und unsicherem Nutzen.

Die Konsequenz dessen ist es, dass auch demokratische Gesellschaften nicht immer in ihrem eigenen Interesse handeln, sondern dass Interessen von einzelnen Gruppen immer überwiegen. Warum das so ist, wurde von dem politischen Ökonomen Mancur Olson im Detail erklärt.

Ich habe bislang meine Argumentation, dass die Soziale Marktwirtschaft nicht reformierbar ist, rein politisch und verfassungsrechtlich begründet. Man kann diese Argumentation aber auch anders führen, und zwar mit den Mitteln einer Wissenschaft, die man im englischen *Political Economy* nennt, also der politischen Volkswirtschaftslehre. Einer ihrer wichtigsten Repräsentanten im letzten Jahrhundert war Olson, der einmal als der Siegmund Freud seiner Disziplin beschrieben wurde.

Auch unabhängig von unserer Debatte lohnt es sich, sich mit Olson ein wenig zu beschäftigen. Denn er gehört zu den wenigen Ökonomen, die einen konsistenten logischen Rahmen bieten, in dem man die Debatte über Wirtschaftssysteme führen kann. Ähnlich wie in der vorangegangenen Diskussion um die philosophischen Einflüsse auf die Marktwirtschaft muss ich auch hier betonen, dass es im Rahmen dieses Buches vermessen wäre, Olson auch nur annähernd vollständig zusammenzufassen. Um Olson vollständig zu verstehen, ist die Lektüre seiner beide großen Werke, „The Logic of Collective Action" und „The Rise and Decline of Nations", notwendig. Ich beschränke mich hier lediglich auf die Aspekte von Olsons Ansatz, die für unser Thema wichtig sind.

Olsons Ausgangspunkt ist die politische Gruppen-Theorie, also die Frage, warum in einer Gesellschaft sich spezielle Interessengruppen formieren und wie sie funktionieren. (Was das mit unserer Debatte über Wirtschaftssysteme zu tun hat,

wird gleich ersichtlich.) Ursprünglich ging die Politikwissen-
schaft davon aus, dass Menschen sich zu Interessengruppen
zusammenschließen, um ihre Interessen durchzusetzen. Im
Allgemeinen nahm man an, dass der Einfluss dieser Gruppen
proportional ist zu ihrer Größe oder zu ihrem Einkommen.
Man glaubte jedenfalls an eine lineare Beziehung.

Olson machte diesbezüglich eine Reihe von Beobachtungen, von denen sich später herausstellte, dass sie für unsere
Debatte eine große Bedeutung haben. Eine dieser Beobachtungen ist, dass der Einfluss Arbeitsloser in einer Gesellschaft
weitaus geringer ist als der von zahlenmäßig kleineren Gewerkschaften. Auch Konsumenten sind als Lobby meistens
schwächer als die viel kleineren Gruppen der Einzelhändler.
Die Beziehungen sind in der Realität also alles andere als
linear.

Olson hat hierzu eine sehr umfangreiche Theorie entwickelt. Er zog folgende Schlussfolgerungen[101]:

Erstens: Interessengruppen sind umso effektiver, je stärker
ihre eigene Macht gegenüber ihren eigenen Mitgliedern ist.
Gewerkschaften mit Zwangsmitgliedschaft, so wie zum Beispiel in Großbritannien in den 70er Jahren, sind weitaus mäch-
tiger als Gewerkschaften, deren Mitgliedschaft freiwillig ist. Da
es keine Möglichkeit gibt, Arbeitslose und Konsumenten in
einer Zwangsinteressengruppe zu vereinigen, ist ihr politischer
Einfluss daher auch gering.

Zweitens: Kleinere Gruppen sind effektiver als größere Gruppen, gemessen am politischen Einfluss pro Kopf. Nehmen wir
als Beispiel für eine große Lobbygruppe die Konsumenten.
Wenn ich als Konsument einen Widerstand gegen einen
Monopolisten organisieren möchte, dann würde ich Zeit und
eventuell Geld investieren müssen. Wenn ich erfolgreich bin,
wäre ich selbst zwar auch Nutznießer meiner Aktion. Aber alle

anderen Konsumenten wären das auch. Große Gruppen sind deswegen träge, weil einzelne Mitglieder keinen Anreiz haben, Eigeninitiative zu ergreifen.

Drittens: Interessengruppen vermehren sich wie Kaninchen. Der berühmte deutsche Soziologe Max Weber hatte schon Anfang des 20. Jahrhunderts festgestellt, dass die Anführer von speziellen Interessengruppen ihre Organisation am Leben erhalten, selbst wenn der ursprüngliche Grund nicht mehr gegeben ist. Olson nannte als Beispiel die Gewerkschaft der Pferdekutscher, aus der sich die Gewerkschaft der Lastwagenfahrer entwickelt hat.

Viertens: Interessengruppen vertreten fast nie das Interesse des Staates insgesamt, sondern nur ihre eigenen. Sie sind natürlich selbst Teil des Staates und würden davon profitieren, wenn der Staat effizienter wäre. Aber auch hier gilt dasselbe Prinzip wie für den Einsatz eines Einzelnen innerhalb einer Gruppe. Der Aufwand ist fast immer höher als der Ertrag, weil man selbst den Aufwand hat, aber alle haben den Ertrag. Daraus folgert Olson:

> Im Durchschnitt reduzieren spezielle Interessengruppen und Kartelle die Effizienz und das aggregierte Einkommen der Gesellschaft, in der sie tätig sind, und sie haben zur Folge, dass die politische Debatte unversöhnlicher geführt wird.

Es gibt zu dieser Regel eine wichtige Ausnahme: Das sind Interessengruppen, die selbst sehr groß sind. Wenn ein Unternehmensverband alle Firmen seines Landes vertritt, oder eine Gewerkschaft alle Arbeitnehmer, dann wäre es unwahrscheinlich, dass eine solche Interessenvereinigung nicht das Wohlergehen des gesamten Staates im Auge behielte. Schließlich ist die Gruppe selbst ein bedeutender Teil des Staates.

Fünftens: Spezielle Interessengruppen beeinträchtigen die Bereitschaft einer Gesellschaft, moderne Technologien anzunehmen. Langfristig ist geringeres Wachstum die Folge. Man kann hier als Beispiel die Druckergewerkschaften nennen: Sie protestierten gegen moderne Drucktechnologien – doch genau das führte später zu einem Arbeitsplatzverlust bei den Druckern.

Sechstens: Wenn Interessengruppen eine bestimmte kritische Größe überschreiten, dann versuchen sie, die Einkommen ihrer Mitglieder zu kontrollieren und in einem relativ engen Rahmen zu halten. Ferner sind sie bestrebt, volle Kontrolle darüber zu erlangen, wer dieser Gruppe beitreten kann.

Olson bemüht hier das Beispiel einer Ärztevereinigung. Die Eintrittsbarrieren sind in der Regel sehr hoch – mehrere Jahre Praxiserfahrung, bestandene Studienexamen. Ebenso ist man bemüht, zu verhindern, dass Ärzte zu viel verdienen, weil sie dann andere Interessen vertreten könnten als die Gruppe.

Siebtens: Die Konsequenz von vielen sich vermehrenden, das Wachstum einschränkenden Interessengruppen ist eine Zunahme an Komplexität und Bürokratie.

Mit diesen sieben Beobachtungen versucht Olson zu erklären, warum Deutschland und Japan in den ersten zwei Jahrzehnten nach dem Zweiten Weltkrieg erfolgreicher waren als die USA und Großbritannien. Die Argumentationsweise ist sehr interessant, denn hiermit erklärt sich nicht nur der ökonomische Aufstieg dieser Länder, sondern auch ihr Abstieg. Im Falle der USA und Großbritanniens verhält es sich genau andersherum.

Wir beschränken uns in unserer Debatte auf Deutschland. Nach dem verlorenen Zweiten Weltkrieg war nicht nur das Land in Schutt und Asche samt seiner Infrastruktur, vor allem aber auch seine Interessengruppen und Seilschaften. Während der Nazizeit gab es bekannterweise eine sehr enge Beziehung zwischen der Schwerindustrie und der Regierung. Der Krieg zerstörte die Netzwerke, die sich sonst ungestört vermehrt hätten und die Produktivität, Wachstum und technologischen Fortschritt vermindert hätten.

Nach dem Krieg hatte die Bundesrepublik zunächst einen sehr kleinen Regierungsapparat – weitaus kleiner als der Großbritanniens. Es dauerte ungefähr 20 Jahre, bis sich Deutschland wieder normalisierte, bis sich neue Interessengruppen ihren Einfluss erkämpft hatten. Diese Beobachtung ist konsistent mit den Wachstumsraten Deutschlands, die 20 Jahre lang extrem hoch waren, relativ zu anderen Ländern, sich dann normalisierten und dann stark abnahmen.

Das geringere britische Wachstum in den Jahrzehnten nach dem Krieg führt Olson auf die weiter bestehenden Interessengruppen, insbesondere die Gewerkschaften, zurück. Das ist keine besonders originelle Analyse. Aber wie erklärt man den Aufschwung nach der Regierungsübernahme von Margaret Thatcher? Thatchers Politik bestand hauptsächlich aus institutionellen Reformen. Sie zerstörte die Macht der Gewerkschaften durch Gesetze, wonach Streikposten keine Gewalt mehr anwenden durften und wonach Streiks erst nach einer Urabstimmung unter den Gewerkschaftsmitgliedern möglich wurden. Durch die Privatisierung der Telekommunikations-, Stahl- und Energieunternehmen zerbrach sie die industriellen Lobbys und Seilschaften, die bis dahin die britische Wirtschaftspolitik entschieden geprägt hatten.

Wenn man Olsons Theorie auf das heutige Deutschland anwendet, dann erklären sich nicht nur seine groben Voraussagen, wie das geringe Wachstum, sondern auch einige bemerkenswerte Teilaussagen. Erinnern wir uns an die Ausnahme der vierten Regel. Danach kann es schon sein, dass große Interessengruppen das Wohl des Staates im Auge haben.

Im korporatistischen Deutschland der 70er Jahre war ein Großteil der Arbeitnehmer und Arbeitgeber in Gewerkschaften und Verbänden organisiert. Damals funktionierte der deutsche Korporatismus noch relativ gut. Jedenfalls produzierte er über lange Perioden gute Wachstumsraten.

Heute ist sowohl bei den Gewerkschaften als auch bei den Unternehmensverbänden der Organisierungsgrad erheblich geringer. Großgewerkschaften wie die IG Metall oder ver.di sprechen heute nicht mehr für die Mehrheit der Arbeitnehmer in ihrem Sektor. Ein wachsender Teil der Unternehmen ist heute nicht mehr Mitglied von Verbänden. Dass gilt insbesondere für junge Unternehmen.

Trotzdem sind Gewerkschaften und Unternehmensverbände nicht nur in der Lage, ihre gesellschaftliche Position zu behaupten. Sie haben sie sogar noch erhöht. Man denke zum Beispiel daran, dass die Regierung Schröder den Sozialpartnern gestattete, für ihren Sektor verbindliche Mindestlöhne auszuhandeln.

Eine Analyse nach Olson ist daher konsistent mit den Forderungen des Ökonomen Adam Posen: Das Problem Deutschlands ist nicht in erster Linie zu viel Bürokratie oder zu hohe Kosten. Das entscheidende Problem ist das Phänomen, das man weitläufig als Deutschland AG bezeichnet – oder den rheinischen Kapitalismus –, nämlich die unselige Verflechtung von Industrie, Banken, Politik und Gewerkschaften.

Dabei handelt sich um die entscheidenden Institutionen der Sozialen Marktwirtschaft. Die einzigen Reformen, die wirklich helfen, sind diejenigen, die diese Strukturen sprengen, die also die Soziale Marktwirtschaft an sich sprengen.

Das ist der tiefe Grund, warum Soziale Marktwirtschaft nicht reformierbar ist. Man kann natürlich wie wild weiter reformieren. Man kann möglicherweise, wenn man geschickt ist, die wirtschaftliche Lage durch ein paar gezielte Reformen ein wenig verbessern. Man wird durch Reformen die Probleme aber nicht lösen können, solange man die Machtposition von Organisationen und Institutionen nicht antastet, die nach Olson ein logisches Interesse haben, eben diese Reformen zu verhindern.

Es ergibt daher auch keinen Sinn, lange Listen mit Reformvorschlägen vorzulegen. Es würden zunächst zwei oder drei wichtige strukturelle Reformen ausreichen, die allerdings nicht einmal auf der Agenda des wirtschaftsliberalen Flügels der FDP stehen: vollständige Privatisierung des Finanzsektors; Abschaffung des Tarifkartells und bestehender Zwangsmitgliedschaften etwa bei Industrie- und Handelskammern; ersatzlose Streichung des Gesetzes gegen den unlauteren Wettbewerb.

Um wirtschaftlich erfolgreich zu sein, wird man auch dann immer noch gute Wirtschaftspolitik machen müssen. Hier gibt es keinen „Ordnungsrahmen", der das von allein bewerkstelligt. Aber diese drei Maßnahmen wären eine Voraussetzung dafür, dass man überhaupt eine vernünftige Wirtschaftspolitik betreiben kann. Arbeitsmarktreformen, zum Beispiel, oder die Abschaffung des Ladenschlussgesetzes ergäben sich damit fast automatisch.

Die Chancen für solche Reformen sind gleich null. Daraus ergibt sich notwendigerweise die Frage: Was tun? Ich werde im Teil 2 versuchen, diese schwierige Frage zu beantworten.

Teil 2:
Der Wandel der Sozialen Marktwirtschaft

Der Weg von der Sozialen zur normalen Marktwirtschaft

Nur ein Idiot glaubt, aus den eigenen Erfahrungen zu lernen.
Ich ziehe es vor, aus den Erfahrungen anderer zu lernen, um von
vornherein eigene Fehler zu vermeiden.

Otto von Bismarck

Wenn Reformen die Probleme nicht lösen, was dann? Meine Antwort darauf ist, dass die einzige Art und Weise, wie Deutschland die Soziale Marktwirtschaft durch die Marktwirtschaft ohne Adjektiv ersetzen kann, eine Krise ist.

Man sollte das Wort Krise nicht missverstehen. Ich meine hiermit nicht eine Krise derart, wie Deutschland sie in den 20er und 30er Jahren des vorigen Jahrhunderts erlebt hat. Ich spreche hier von einer positiven Krise, einer Krise, die uns die Möglichkeit der Erneuerung gibt. Die Soziale Marktwirtschaft ist nicht reformierbar, genauso wenig wie Verfassungen reformierbar sind. Die Soziale Marktwirtschaft ist wesentlicher Bestandteil der deutschen Verfassung. Sie ist ein wesentlicher Bestandteil des politischen Systems. Ohne eine Krise oder einen Schock wird es nicht zu einer grundlegenden Erneuerung kommen.

Auslöser dieser Krise ist die Globalisierung. Offen ist, wann es dazu kommt und wie es passiert. Hierüber zu spekulieren – denn mehr kann ich nicht tun – ist Inhalt dieses Kapitels.

Der legendäre ehemalige SPD-Fraktionsvorsitzende Herbert Wehner machte nach dem Scheitern der sozialliberalen Koalition im Jahre 1982 die Prognose, dass die SPD für die nächsten 16 Jahre nicht mehr an die Regierung zurückkehrt. Wehners

Prognose traf haargenau zu. Es war eine der erstaunlichsten politischen Prognosen, die ich je gehört habe. Ich glaube trotzdem, dass es eher Zufall gewesen sein dürfte, dass Wehner hier richtig lag. Denn er wusste nicht von der Wiedervereinigung, und ohne Wiedervereinigung wäre Helmut Kohl auch nicht 16 Jahre lang Bundeskanzler geblieben.

Eine ähnlich präzise Prognose wage ich nicht. Es wäre gut, wenn es die Soziale Marktwirtschaft in 16 Jahren nicht mehr gäbe. Das hieße allerdings auch, dass es das Grundgesetz in seiner jetzigen Form nicht mehr gäbe. Damit das passiert, müsste sich der politische Konsens in Deutschland radikal ändern. Damit das wiederum passiert, bedarf es, wie eingangs schon erwähnt, einer Krise. Die Ablösung der Sozialen Marktwirtschaft wäre somit das Resultat einer Reihe sich bedingender Ereignisse.

Um was für eine Krise wird es sich handeln? In der Vergangenheit waren es Kriege. Durch den Ersten Weltkrieg endete das Kaiserreich, durch den Zweiten endete die Nazidiktatur. Im letzten Abschnitt zitierte ich den politischen Ökonomen Mancur Olson, der den verlorenen Zweiten Weltkrieg für das Wirtschaftswunder in Deutschland und Japan verantwortlich machte. Der Mechanismus war der, dass durch den verlorenen Krieg nicht nur Armeen und Infrastruktur zerstört wurden, sondern auch Seilschaften, Lobbygruppen und Bürokratie. Das unterlegene Deutschland konnte nach dem Krieg einen vollständigen Neuanfang unternehmen, etwas, was sich normale Länder nie leisten können.

Olson stellte sich die hypothetische Frage, ob Länder sich einen wirtschaftlichen Vorteil dadurch verschaffen könnten, dass sie einen Krieg beginnen mit dem ausdrücklichen Ziel, ihn zu verlieren. So absurd dieser Vorschlag auch sein mag, Olson setzte sich in der Tat mit ihm ernsthaft auseinander. Seine Antwort war, dass es nicht möglich wäre, denn die herrschenden

Gruppen würden einen solchen Krieg natürlich verhindern, genauso wie Krupp und IG Farben versucht hätten, den Zweiten Weltkrieg zu verhindern, wenn sie den Ausgang des Krieges von vornherein gewusst hätten.

Zu einem Krieg wird es hoffentlich nicht kommen, aber zu einer anderen Form einer Krise. Eine Krise ist allerdings nur eine notwendige, aber keine hinreichende Voraussetzung für die Lösung unserer Probleme. Nach dem Ersten Weltkrieg nahm Deutschland zwar die Demokratie an, aber die Weimarer Republik war instabil. In den Köpfen der Menschen war die Demokratie nicht tief genug verwurzelt im Gegensatz zu den damalig vorherrschenden Utopien des Faschismus und des Kommunismus. Eine Krise kann dazu führen, dass man sein Problem löst oder dass man an ihm endgültig scheitert.

Wie die politischen Krisen der Vergangenheit müsste auch diese Krise das Bewusstsein der Bürger ändern. Nach dem Zweiten Weltkrieg akzeptierte Deutschland die Demokratie – ohne Wenn und Aber. Deutschland wurde sogar zu einem Musterschüler der Demokratie. Deutschlands Politiker und Intellektuelle akzeptierten aber nicht die freie Marktwirtschaft. Das wäre eine wünschenswerte Konsequenz der nächsten Krise. Nur wenn sich die Grundüberzeugungen ändern, funktioniert der Wechsel der Systeme. In dem Moment, in dem Deutschlands Intellektuelle, Politiker, Unternehmer und Gewerkschafter die freie Marktwirtschaft akzeptieren, wenn diese Akzeptanz dann auch im Grundgesetz verankert wird, dann ließen sich Deutschlands akkumulierte Probleme relativ schnell lösen.

Ich glaube, dass wir ohne tiefe Krise nicht dahin kommen werden. Wir werden uns also nicht gesundreformieren und erst recht nicht gesundschrumpfen können. Hier reicht kein einfacher Sinneswandel aus, sondern hier muss es zu einer äußeren Veränderung kommen, um die tiefgreifende Skepsis vor dem Markt und seinen Mechanismen zu besiegen.

Ein Generationenwechsel allein bringt keinen Systemwechsel hervor

Warum funktioniert ein einfacher Generationenwechsel nicht, um die notwendigen Veränderungen herbeizuführen? Schließlich, so behaupten viele, sei die Generation der 40- bis 50-Jährigen doch deutlich aufgeschlossener gegenüber der Marktwirtschaft als frühere Generationen.

Die Nachkriegsgeneration war die Generation der Gründer der Sozialen Marktwirtschaft. Sie waren keine klassischen Liberalen. Für sie war Marktwirtschaft identisch mit Wildwuchs, mit Unordnung. Andererseits wollten sie die Marktwirtschaft, weil sie Wohlstand versprach. Nicht umsonst nannte Ludwig Erhard sein bekanntes Buch „Wohlstand für alle"[102].

Sie wollten aber eine „geordnete" Marktwirtschaft, man könnte auch sagen eine „gemanagte" Marktwirtschaft, also wirklich einen Zwitter zwischen Markt und Plan. So viel Plan wie nötig, so viel Markt wie möglich. Im Einzelnen aber entscheidet die so genannte Ordnungspolitik.

Diese Generation – man könnte auch von Generationen sprechen – war die Generation von Erhard bis Kohl. Es war die Generation der Nachkriegspolitiker. Kohl war der letzte Bundeskanzler der Nachkriegszeit, also der Periode 1945 bis 1989. Der ehemalige Bundeskanzler Helmut Schmidt sagte einmal in einem Fernsehinterview[103], die Nachkriegsgeneration sei damals aus Patriotismus in die Politik gegangen, um die schlimme politische und wirtschaftliche Lage des Landes zu verbessern, nicht aber, um Karriere zu machen so wie einige Politiker heute.

Die politische Sozialisierung der 68er geschah in den 60er und 70er Jahren. Sie entstammen politisch zumeist antimarktwirtschaftlich eingestellten Organisationen, Atomkraftgegnern, Jusos, Trotzkisten oder Anti-Vietnamkriegs-Gruppierungen. Die 60er Jahre waren weltweit eine Ära von Studentenprotesten und Anti-Establishment-Bewegungen. Es war ein Jahrzehnt gesellschaftlichen und kulturellen Umsturzes.

In den USA dominierte die Anti-War-Bewegung. In Deutschland war es die Anti-Ludwig-Erhard-Bewegung. Die 68er-Generation stand mit ihrem Protest nicht nur für ein neues Lebensgefühl und eine neue Moral in der Außenpolitik. Sie war fundamental antikapitalistisch, antiamerikanisch und antiliberal.

Durch die heftige und fast die gesamte Generation umfassende Politisierung entstand aus dieser Generation eine große Menge an politischen Talenten, wie Oskar Lafontaine, Gerhard Schröder, Rudolf Scharping, Björn Engholm – allesamt ehemalige SPD-Vorsitzende – sowie Joschka Fischer von den Grünen, um nur einige wenige zu nennen. Viele von ihnen sind heute zum Teil zerstritten, und sie reden nicht mehr miteinander. In den 70er Jahren waren sie Leidensgenossen, gemeinsame Kämpfer zumeist am linken Flügel der SPD. Ihre politischen Instinkte entwickelten sie in diesen frühen Jahren.

Schröder entwickelte sich vom Juso-Chef in den 70er Jahren zum Genossen der Bosse. Als niedersächsischer Ministerpräsident war Gerhard Schröder Mitglied im Aufsichtsrat von Volkswagen. In der Automobilbranche nannte man ihn auch den Autokanzler. Aber die Nähe zur Industrie machte ihn nicht zu einem marktwirtschaftlich orientierten Bundeskanzler. Schröder ist ein Mann des rheinischen Kapitalismus, ein Mann des industriell-gewerkschaftlichen Komplexes in Deutschland. Er ist ein Mann des runden Tisches. Seine Reformen, wie die Hartz-IV-Reform, zielten darauf ab, das bestehende System ein wenig effizienter oder kostensparender zu gestalten. Es ging ihm nie darum, die Wirtschaft zu liberalisieren.

Wie steht es mit der neuen Generation der in den 60er und 70er Jahren geborenen Frauen und Männer, die möglicherweise ein eher normales Verhältnis zum Markt entwickelt haben? Ihre politische Machtübernahme ist vielleicht auch als Anfang eines Prozesses der gesellschaftlichen Veränderung zu bewerten. Leute wie Bundeskanzlerin Angela Merkel, der FDP-Vorsitzende Guido Westerwelle oder der niedersächsische Ministerpräsident Christian Wulff stehen stellvertretend für diese Generation.

Das mag sein. Ich bin trotzdem skeptisch. Meine eigene subjektive Erfahrung mit dieser Altersgruppe – meiner eigenen – ist eine andere. Diese Gruppe ist ein Stück weniger politisiert als die 68er, weniger ideologisch, aber hier zeichnet sich meiner Beobachtung nach kein wirklicher Wechsel ab. In einer gewissen Weise ist diese Generation zum Teil noch weniger global als ihre Vorgänger. Diese Generation ist materieller eingestellt, aber eher im Sinne dessen, was sie bereit ist, zu fordern, als zu leisten.

Wenn es in dieser Generation überhaupt einen Lichtblick gibt, dann ist es die Generation der jungen Leute aus Ostdeutschland, die nicht in unserem System sozialisiert wurden, die aber aufgrund ihrer persönlichen Geschichte erlebt haben, was die Abwesenheit von Freiheit bedeutet, und die dadurch ein anderes Verhältnis zur Freiheit entwickelt haben. Die beste Hoffnung für das Land sind daher zunächst nicht die Reformen, sondern die bevorstehende Machtergreifung dieser Gruppen in den politischen und gesellschaftlichen Schaltstellen.

Ostdeutsche wie Merkel oder der neue SPD-Vorsitzende Matthias Platzeck haben in der Politik die Top-Positionen erreicht. Mindestens ebenso wichtig ist der bevorstehende Generationenwechsel im öffentlich-rechtlichen Rundfunk, in den Zeitungen und Magazinen und vor allem auch in den Unternehmen.

Wie groß ist die Wahrscheinlichkeit, dass so etwas gelingt? Nach meinen subjektiven Erfahrungen bin ich nicht übermäßig optimistisch. Die Mehrheit dieser Generation ist nach wie vor für den geordneten Markt, die geordnete Freiheit, wobei der Ordnung jeweils eine höhere Priorität zukommt als der Freiheit und dem Markt. Da auch die Demografie gegen diese Gruppe spricht, und somit auch gegen die Radikalreformer innerhalb dieser Gruppe, halte ich einen Systemwechsel, wie gerade beschrieben, für wenig wahrscheinlich. Damit das funktioniert, bedarf es einer Krise.

Um was für eine Krise wird es sich handeln? Ich glaube, dass sich hier zwei Möglichkeiten anbieten. Die erste ist ein direkter Globalisierungsschock, etwa ein Wechselkursschock oder ein Handelsschock, ausgelöst durch eine Verschiebung von Warenströmen oder durch ein Anwachsen des weltweiten Protektionismus. Der zweite Mechanismus wäre eine Finanzkrise. Ich bin mir sicher, dass es zu einer oder beiden Krisen in diesem Jahrhundert kommen wird. Ich habe nicht die geringste Ahnung, wann das passiert. Wirtschaftssysteme, auch und insbesondere die Soziale Marktwirtschaft, sind zäh. Die folgenden beiden Unterkapitel beschreiben diese beiden Krisenmechanismen im Detail.

Krisenszenario 1: Der Globalisierungsschock

Die Globalisierung kann, aber muss nicht zu einer Krise führen. Eine Globalisierungskrise ist die weniger wahrscheinliche der beiden Krisen, denn die Geschwindigkeit der Globalisierung ist zwar relativ schnell, doch nicht so schnell, dass sich die Welt nicht darauf einstellen kann.

Trotzdem sollte man das Risiko einer direkten Globalisierungskrise nicht unterschätzen. Zum Beispiel könnte die

Verlagerung von Produktion und Handelsströmen eine sehr
starke Auswirkung auf in Deutschland ansässige Industrien
haben. In der Vergangenheit war dieser Effekt eher gering. Zu
den Spezialisierungen Indiens gehört zum Beispiel das Call-
Center, also der telefonische Kundendienst. Solange eine
Dienstleistung über Telekommunikationswege leistbar ist, wird
sie zu einem handelbaren Gut. Ich habe einmal die Geschichte
gehört, dass die Bahnsteigansage im Bremer Hauptbahnhof zu
bestimmten Zeiten in einem indischen Call-Center gesprochen wurde. In Europa war bislang Irland eines der beliebtes-
ten Länder für große Kundendiensttelefonzentralen.

Eine weitere Spezialisierung ist Software, insbesondere An-
wendersoftware. Indien bildet gute Programmierer und Softwareingenieure aus. In Anlehnung an das berühmte Massa-
chusetts Institute of Technology (MIT) haben die Inder ihr eigenes IIT (Indian Institute of Technology), ein Netzwerk von
sieben Universitäten mit einem ähnlichen Anspruch.

Die nächste Phase der indischen industriellen Entwicklung
betrifft die Automobilzulieferindustrie. Ich zitierte in diesem
Buch den früheren VW-Chef und heutigen Aufsichtsratsvorsitzenden Ferdinand Piëch, der prophezeite, dass in Zukunft
nur noch die automobile Oberklasse in Deutschland profitabel
produziert werden kann.

Da die Oberklasse mengenmäßig klein ist relativ zur Mit-
tel- und Kleinwagenklasse, bedeutet seine Prognose in letzter
Konsequenz die Auslagerung eines Großteils der wichtigsten
deutschen Industrie ins Ausland, vor allem nach Osteuropa
und Asien. Was Indien da plant, ist nichts anderes als die industrielle Vorbereitung auf diese neue Zeit. Es wäre auch ein industrieller Frontalangriff auf Deutschland. Die Chinesen und
Koreaner werden die Autos bauen, die Inder werden die Teile
liefern. In Deutschland werden Mercedes, BMW und Porsche
ihre Topmodelle zwar weiterhin produzieren, wofür sie aller-

dings nur eine geringe Menge an Stahl, Elektronik und Einzel-
teilen benötigen.

Kommt dieser Schock innerhalb der nächsten Jahre – was
möglich, aber nicht sicher ist – dann kann es in Deutschland
zu einem ernsten Problem kommen. Wie schon beschrieben,
ist unsere Soziale Marktwirtschaft nicht flexibel genug, um sich
schnell genug anzupassen. Deutschland könnte einen schnellen Verlust der Automobilindustrie, sagen wir innerhalb von
zehn Jahren, nicht verkraften. Unsere politischen und wirtschaftlichen Systeme würden auf ein derart kataklysmisches
Ereignis viel zu lethargisch reagieren. Es würde zu einer in unserer Demokratie bislang nicht gekannten Massenarbeitslosigkeit führen, insbesondere in Westdeutschland, und dies könnte
eine politische Umwälzung zur Folge haben.

Des Weiteren erleben wir jetzt schon ein Phänomen, das Irland während eines Großteils des 20. Jahrhunderts erlebte,
nämlich eine Auswanderung der Eliten. Momentan ist dies
lediglich ein zu beobachtender Trend mit noch nicht alarmie-
renden Ausmaßen. Aber wenn dieser Trend bestehen bleibt,
wird das die Krise beschleunigen und verschärfen.

Nach einer gemeinsamen Studie von McKinsey & Company und dem *manager magazin* glauben 56 Prozent der Studie-
renden, in den nächsten Jahren aus wirtschaftlichen Gründen
auswandern zu müssen.[104] Ein überproportionaler Anteil sind
Studenten höherer Semester der Ingenieurwissenschaften, Informatik und Elektronik.

Ich bin allerdings skeptisch, dass es zu so einem Krisenszenario kommen wird. Industrielle Verlagerungsprozesse sind in
der Regel langsam, auch in der heutigen Zeit, und sie bieten
daher den betroffenen Ländern die Möglichkeit, sich anzupassen. Dem so genannten *Brain Drain* – dem Verlust der in-
telligentesten und leistungsfähigsten Leute ins Ausland – kann
man ebenfalls entgegenwirken, wenn man das will. Hier be-

steht zumindest die Möglichkeit, dass dieses Problem gelöst werden kann, selbst in einer weiter bestehenden Sozialen Marktwirtschaft.

Wahrscheinlicher ist meines Erachtens eine makroökonomische Krise, ausgelöst etwa durch einen starken Verfall des Dollars gegenüber dem Euro, eine globale Finanzmarktkrise ähnlich wie in den späten 90er Jahren oder einen Ausbruch des Protektionismus. Währungs- und Handelskrisen sind beide wahrscheinlicher geworden. Eine Währungskrise hätte nicht ursächlich etwas mit uns zu tun. Sie wäre die Folge der überfälligen Anpassung des amerikanischen Handelsdefizits. Da große Teile Asiens und Lateinamerikas fest an den Dollar gekoppelt sind, würde eine solche Krise uns in Europa am meisten betreffen, denn der Euro unterliegt keinem Wechselkursziel. Er floatet, wie man im Währungsjargon sagt. Eine Abwertung des Euro um 20 Prozent, wie einige Währungsexperten prophezeien, würde für Deutschland eine sofortige tiefe Rezession zur Folge haben.

Wie wahrscheinlich eine Handelskrise wird, hängt zu einem großen Teil davon ab, ob es der Welthandelsorganisation WTO gelingt, die so genannte Doha-Handelsrunde erfolgreich zu Ende zu bringen. Bei der Doha-Runde geht es darum, das internationale Handelssystem zu stärken und zu erweitern. Das Treffen der Handelsminister im mexikanischen Cancún ist im Jahre 2004 gescheitert. Auch bei einem weiteren Treffen in Hong Kong im Dezember 2005 gab es wenig Fortschritte. Zum Zeitpunkt, da ich dieses Buch schreibe, sieht es nicht danach aus, dass die Minister bis zum Jahre 2006 eine Einigung erzielen werden.

Wenn dieser Termin überschritten wird, dann wird es besonders schwierig, denn US-Präsident George W. Bush hat lediglich bis zu diesem Zeitpunkt das so genannte *Fast Track*-Mandat. Dieses Mandat wurde ihm vom US-Kongress genehmigt, und es erlaubt ihm, internationale Handelsgespräche zu führen. Denn nach der US-Verfassung ist der Kongress selbst für Handelsgespräche verantwortlich. Durch das Fast Track-Mandat hat der Kongress zwar immer noch das letzte Wort, aber nicht mehr das Recht, Handelsabkommen zu zerpflücken. Er kann sie nur als Ganzes ablehnen oder zustimmen. Ohne Fast Track, da sind sich alle Experten einig, ist die US effektiv nicht mehr in der Lage, internationale Handelsabkommen abzuschließen.

Handelsabkommen dieser Art sind notwendig, nicht allein, um den Welthandel aufrechtzuerhalten, sondern ihn vor allem für neue Produktkategorien zu öffnen. Ein Scheitern der Doha-Runde oder ein protektionistischer Handelskrieg in der nahen Zukunft hätte gerade für das exportabhängige Deutschland enorme wirtschaftliche Konsequenzen, die einem wirtschaftlichen Schock nahe kommen.

Schocks dieser Art sind durch gute internationale Zusammenarbeit vermeidbar. Die wichtigsten Wirtschaftsnationen der Welt können sich wie in den 80er Jahren darauf verständigen, Währungsschwankungen zu begrenzen. Ein Handelsabkommen gilt heute zwar noch als möglich, aber nicht wahrscheinlich. Inwieweit wir einem derartigen Schock ausgesetzt werden, hängt also zu einem gewissen Maß von uns selbst und anderen Wirtschaftsnationen ab. Die Tatsache, dass es sich hierbei um vermeidbare Schocks handelt, bedeutet natürlich nicht notwendigerweise, dass sie auch vermieden werden.

Krisenszenario 2: Der Liquiditätsschock

Für wahrscheinlicher und destruktiver halte ich die Möglichkeit eines Schuldenschocks. Eine Schuldenkrise ist nicht unbdingt, wie so oft behauptet, die Konsequenz unsoliden

Haushaltens. Zu einem Schuldenschock kann es zum Beispiel dann kommen, wenn eine Wirtschaft über lange Perioden zu geringes Wachstum produziert. Das wiederum senkt die Steuereinnahmen, was unweigerlich dazu führen wird, dass der Staat neue Schulden aufnimmt. Wenn man dazu noch die schlechte demografische Entwicklung hinzurechnet, kommt man zu dem Schluss, dass Deutschland unweigerlich auf den Bankrott zusteuert. Hans-Werner Sinn, Präsident des Münchener ifo Institutes, hat in seinem Buch „Ist Deutschland noch zu retten" diesen Punkt mit großer Überzeugung dargelegt.[105] Wenn Deutschlands Bevölkerungsentwicklung sich unverändert fortsetzt, wenn die sozialen Sicherungssysteme unreformiert bleiben und wenn das Wachstum des Bruttoinlandsproduktes bei einem Prozent bleiben wird, dann ist Deutschland in 50 Jahren pleite, oder vornehmer ausgedrückt: Deutschland kann seine staatlichen Obligationen nicht mehr erfüllen.

Von diesen Obligationen gibt es zwei Arten. Die eine sind die Obligationen gegenüber Schuldnern – Eignern von Bundesanleihen und Schatzbriefen. Die andere sind die so genannten konditionellen Obligationen – Obligationen des Staates gegenüber seinen Bürgern. Das Wichtigste bei diesen konditionellen Obligationen ist die Bereitstellung von Renten oder Altenpflege, vor allem wenn die Rentenversicherung dazu nicht mehr von sich aus in der Lage ist, wie das in der Bundesrepublik mit großer Wahrscheinlichkeit der Fall sein wird.

Beides wären dramatische Ereignisse. Sie werden immer wahrscheinlicher oder zumindest eines davon. Bei derartig geringen Wachstumsraten steuert Deutschland auf eine langfristige Liquiditätskrise zu.

Was bestimmt die langfristige Liquidität eines Staates? Natürlich der Schuldenstand und die jährliche Neuverschuldung, aber auch das Wachstum, Zinsen und Faktoren wie etwa die Altersstruktur der Bevölkerung und das Rentensystem.

Eine Rentenreform, die das effektive Renteneintrittsalter entsprechend der steigenden Lebenserwartungen erhöht, wäre eine notwendige, aber keine hinreichende Maßnahme zur Lösung des Problems. Das Wachstum müsste ebenfalls ansteigen. Ein Defizit von 3,8 Prozent und eine nominelle Wachstumsrate von nur 2,3 Prozent wie im Jahr 2004 entsprechen langfristig einem Schuldenstand von 165 Prozent des Bruttoinlandsprodukts.[106] Verbessern ließe sich die Nachhaltigkeit der Staatsfinanzen nicht nur durch eine Reduzierung der Nettoneuverschuldung, sondern auch durch höheres langfristiges Wachstum. Mit Wachstumsraten, die am oberen Ende des Konjunkturzyklus gerade mal zwei Prozent betragen, wird sich eine nachhaltige Solvenz der Staatsfinanzen nicht aufrechterhalten lassen.

Zum Zeitpunkt, da ich dieses Buch schreibe, im Winter 2005/2006, spiegelt sich diese anbahnende Krise noch nicht in den Kursen in den Finanzmärkten wider. Das kann lange dauern, bis es dazu kommt. Insbesondere boomen gerade die Rentenmärkte, getrieben durch eine lockere Geldpolitik der großen Zentralbanken. Mittlerweile aber haben sie alle signalisiert, dass sie zu einer neutralen Geldpolitik zurückkehren wollen. In den USA liegt der neutrale Kurzfristzinssatz zwischen vier und 4,5 Prozent, im Eurogebiet etwas darunter. Der Weg zurück zur Neutralität ist lang und für Rentenmärkte, aber vor allem für die europäischen Regierungen, unangenehm.

Vor die Wahl gestellt zwischen einer Nichterfüllung von Obligationen gegenüber der eigenen Bevölkerung und ausländischen Investoren, werden Regierungen es wahrscheinlich vorziehen, eher ihre Rentenobligationen zu erfüllen als ihre externen Obligationen. Das bedeutet natürlich, dass festverzinsliche Wertpapiere, die sich in der Vergangenheit stabiler als andere Wertpapiere erwiesen haben, kräftig an Wert verlieren werden.

Ein solcher Schock hätte drastische langfristige Konsequenzen für das Wirtschaftssystem. Denn ein „Default" bedeutet in der Regel die komplette Übernahme des wirtschaftlichen Managements durch andere, sei es im Extremfall durch den Internationalen Währungsfonds oder durch eine neue Generation von Politikern. In einer solchen tiefen Krise ließen sich möglicherweise die Reformen durchführen.

Jetzt hört man gelegentlich die Frage: Könnte sich Deutschland, wie einige Linke glauben, einfach auf einem niedrigeren Niveau einpendeln, etwa, indem man auf Wachstum und Konsum verzichtet? Ich habe schon gehört, dass man in einer solchen utopischen Gesellschaft seine große Freizeit damit verbringen könnte, sich einander Gedichte vorzulesen und ins Museum zu gehen. Wäre die Antwort nicht die Akzeptanz einer ökologischen Gesellschaft ohne Autos und Industrie, eine Gesellschaft, in der wir alle vom ökologischen Ackerbau leben, wenn wir uns gerade keine Gedichte vorlesen?

Konkret ist dies aber nichts anderes als unser ursprüngliches Krisenszenario, denn eine Gesellschaft, die nicht produziert, kann sich auch nicht erlauben, Renten zu bezahlen, erst recht nicht das großzügige Rentensystem, das wir uns in Deutschland leisten. Nullwachstum bedeutet in jedem Fall Nichterfüllung von Obligationen gegenüber bestimmten Gruppen. Bescheidenheit ist also keine langfristige Option, es sei denn, wir akzeptieren eine derartige Nichterfüllung. Das halte ich aber für unwahrscheinlich, zumal eine alternde Bevölkerung so etwas auch nicht politisch zulassen wird.

Die Wahrscheinlichkeit, dass es zu einer derartigen Krise kommt, halte ich für relativ hoch. Wie lange es dauern wird, kann niemand genau sagen. Ebenfalls steht nicht fest, dass wir die Krise auch kreativ nutzen. Aber es besteht hier zumindest die Möglichkeit. Ich glaube, wenn es zu einer Lösung des Problems kommt, dann nur durch eine derartige Krise und nicht

durch einen von uns selbst lancierten Ruck durch die Gesellschaft. Nur durch eine Krise wird die deutsche Gesellschaft
den Markt akzeptieren, ebenso, wie sie durch die politischen
Krisen des 20. Jahrhunderts die Demokratie akzeptierte. Und
nur so wird es zu den Reformen kommen, die Deutschland im
21. Jahrhundert benötigt.

Warum eine Marktwirtschaft sozialer ist als unser Wirtschaftssystem

Wie müsste man sich das Leben unter einer normalen Marktwirtschaft vorstellen? In dem zu Anfang des Buches zitierten Gespräch mit Friedrich von Hayek behauptet Ludwig Erhard, die Soziale Marktwirtschaft sei an sich sozial, sie müsse nicht erst sozial gemacht werden. Wie wir gesehen haben, trifft diese Definition nicht zu. Umgekehrt gilt aber schon, dass eine freie Marktwirtschaft, sofern sie vernünftigen verfassungsmäßigen und politischen Rahmenbedingungen unterliegt, sozial sein kann, und zwar sozialer als die Soziale Marktwirtschaft.

Diese Aussage mag für viele Menschen überraschend klingen. Denn die Debatte über Wirtschafts- und Sozialsysteme verlief immer nach dem Muster, dass marktwirtschaftlich orientierte Systeme wie die angelsächsischen eben deswegen unsozialer sind. Und es stimmt auch, dass in einigen marktwirtschaftlichen Systemen der Grad der Sozialleistungen geringer ist als in Deutschland.

Trotzdem gilt auch dort die Trennung von Sozial- und Wirtschaftssystemen. Die USA können sich entscheiden, die Steuern zu erhöhen und den Sozialstaat zu stärken, genauso wie Deutschland den Sozialstaat reduzieren kann, ohne dass sich an den Wirtschaftssystemen irgendetwas ändern würde.

Ich habe selbst lange in angelsächsischen Ländern gelebt, vorwiegend in Großbritannien und in den USA. Wenn man als Deutscher in diese Länder zieht, fällt einiges auf, das mit den in Deutschland gängigen Vorurteilen nicht vereinbar ist.

Als ich im Jahre 1992 in die USA kam, herrschte dort gerade eine Rezession mit relativ hoher Arbeitslosigkeit. In den USA existiert, wie in Deutschland auch, eine Arbeitslosenversicherung. Man hat dort Anspruch auf ein zeitlich befristetes, vom Einkommen abhängiges Arbeitslosengeld. Normalerweise wird dieses Geld in den USA nur sechs Monate lang bezahlt. Wegen der Rezession wurde diese Frist auf zwölf Monate verlängert. Mir schien das ein sehr intelligenter Ansatz zu sein. Im Grunde bestand zu dieser Zeit zumindest kein grundsätzlicher Unterschied, wie die USA und Deutschland mit dem Problem Arbeitslosigkeit umgehen.

Ein weiteres Beispiel ist die amerikanische Rentenversicherung – dort für uns oft missverständlich *social security* genannt. Hierbei handelt es sich um ein System mit sehr großen Ähnlichkeiten mit der deutschen Rentenversicherung. Es zahlen Arbeitgeber und Arbeitnehmer ein, und am Ende wird der Rentenanspruch aufgrund einer finanzmathematischen Formel errechnet.

Es stimmt sicherlich, dass die Sozialleistungen in den USA insgesamt geringer sind als in Deutschland. Aber für mich damals überraschend war es, dass sich die Systeme in ihren Strukturen weitgehend ähnelten. Auch bei der Krankenversicherung gab es einige Parallelen.

Wir sollten zunächst sehr vorsichtig sein mit dem Vorurteil, wir Deutschen seien sozialer als andere. Wer jemals mit einem Kleinwagen längere Strecken auf einer deutschen Autobahn verbrachte, hat sicherlich nicht mehr die Illusion eines rücksichtsvollen Landes mit einem hohen sozialen Bewusstsein. Dort herrscht eine Ellenbogengesellschaft vor, wie ich sie selten irgendwo anders erlebt habe.

Ähnlich überraschend ist ebenfalls die Tatsache, dass einige der angeblich kapitalistischen Länder, insbesondere Großbritannien, in einigen Punkten weitaus sozialer sind als wir.

Zum Beispiel ist der Grad der öffentlichen Investitionen in Großbritannien mittlerweile höher als bei uns.

Zum Beispiel ist dort das Gesundheitssystem völlig verstaatlicht. Man bekommt dort zwar grundsätzlich nie eine Kur verschrieben. Man erhält aber in vielen Fällen, gerade bei ernsten Krankheiten, eine Behandlung, deren Qualität weltweit als vorbildlich gilt und die man in Deutschland privat finanzieren müsste.

Zum Beispiel gibt es aufgrund einer gut abgestimmten Geld- und Fiskalpolitik in Großbritannien so gut wie keine unfreiwillige Arbeitslosigkeit. Im Herbst des Jahres 2005 war die offizielle Arbeitslosigkeit bei nur 2,8 Prozent der Bevölkerung.

Natürlich sind auch freie Marktwirtschaften nicht problemfrei. Großbritannien zum Beispiel hat ein viel zu geringes Produktivitätswachstum. Es gibt ebenfalls weiterhin das Problem geringer Qualifikationen, gerade im Handwerk. Wehe dem, der in London einen Handwerker benötigt. Klempner haben dort Stundensätze wie bei uns Unternehmensberater.

Vor zehn Jahren war Großbritannien insgesamt sicherlich unsozialer als wir, insbesondere weil das Land damals Armut tolerierte. Das hat sich mit der Labour-Regierung, die 1997 an die Macht kam, grundlegend geändert. Dadurch, dass wir die Debatte um Wirtschafts- und Sozialsysteme in einen Hut schmeißen, irren wir uns in der Beurteilung von Großbritannien unter Tony Blair. Hier wird nämlich der angelsächsische Kapitalismus mit einem weitreichenden Sozialstaat kombiniert.

Eine der wichtigsten sozialpolitischen Maßnahmen, die dort ergriffen wurde und auch für uns interessant sein könnte, war die Einführung von Unterstützungsmechanismen für Geringverdiener. Die Philosophie dahinter bestand darin, dass man für Arbeitslose Anreize schafft, gering bezahlte Jobs anzunehmen. Es handelt sich hierbei um eine sehr moderne Form der Sozialpolitik, die überhaupt nicht in das Denkschema der Sozialen Marktwirtschaft hineinpasst. Es ist ein Beispiel dafür, wie der Markt soziale Probleme lösen kann, in diesem Fall das Problem der Armut Geringverdienender. In Großbritannien bedeutet das konkret, dass man mit Hilfe von Marktmechanismen gleichzeitig die unfreiwillige Arbeitslosigkeit beseitigt und auf gutem Wege ist, die Armut Geringverdienender zu reduzieren.

In den folgenden drei Unterkapiteln gebe ich Beispiele dafür, wie ein Markt sozial sein kann. Das erste Unterkapitel handelt von der eben erwähnten negativen Einkommenssteuer für Geringverdienende. Im darauf folgenden Kapitel geht es um die Finanzierung von Zusatzrenten. Das dritte Unterkapitel behandelt die wichtigste soziale Absicherung überhaupt: das Wohneigentum.

Beispiel: Niedriglohnsektor

Wenn wir in Deutschland von Arbeitsmarktreformen sprechen, dann reden wir fast immer nur von einer Reduzierung der Lohnnebenkosten oder von einem Ende des Kündigungsschutzes.

Ich finde, die wichtigste Arbeitsmarktreform überhaupt wäre eine negative Einkommenssteuer. Lassen Sie mich an einem Beispiel aus einem anderen Sektor erklären, was es damit auf sich hat.

In der Diskussion um die besten Universitäten der Welt erzählte ich das Beispiel von den staatlichen kalifornischen Universitäten. Der Staat Kalifornien unterstützt nicht die Universitäten direkt, sondern die Studenten. Damit wird der Marktmechanismus aufrechterhalten. Die Universitäten in Kalifornien verhalten sich genauso wie private Universitäten. Sie erheben eine hohe Studiengebühr, sie wählen ihre eigenen Studenten aus und so weiter. Wer in Kalifornien wohnt, braucht diese Gebühr nicht selbst zu bezahlen. Der Staat übernimmt den Löwenanteil.

Wir in Deutschland neigen oft dazu, nicht Menschen zu subventionieren, sondern Institutionen. Zum Beispiel finanziert in Deutschland der Staat die Universitäten direkt, die wiederum keine Gebühren erheben dürfen. Die Konsequenz ist, dass es keine Marktmechanismen gibt. Wir führen in diesem Bereich eine regelrechte Planwirtschaft.

In Deutschland subventionieren wir zum Beispiel den Kohlebergbau, obwohl es schon seit vielen Jahrzehnten nicht mehr rentabel ist, in Deutschland Kohle zu fördern. Wir sollten die Bergarbeiter fördern, indem wir ihnen den beruflichen Umstieg ermöglichen. Anstatt dessen gibt es im Bergbau sogar noch Ausbildungsberufe. Hier wird also der Versuch unternommen, jungen Menschen vorzugaukeln, sie hätten im Bergbau eine Zukunft.

Genau dieses Prinzip lässt sich auch auf die Subventionierung des Niedriglohnsektors übertragen. Wir Deutsche subventionieren Arbeitgeber. Die Amerikaner subventionieren die Arbeitnehmer. Letzteres ist viel intelligenter, da es Marktmechanismen aufrechterhält.

Im Niedriglohnsektor haben die Amerikaner den so genannten *income tax credit* eingeführt. Hierbei handelt es sich um eine negative Einkommenssteuer. Wer unterhalb eines bestimmten Schwellenwertes verdient, bezahlt keine Steuern, sondern er erhält Steuern von Staat.

Im Jahre 1998 ergab eine Studie des Haushaltsbüros des amerikanischen Kongresses[107], dass eine Familie mit Kindern und einem Jahreseinkommen zwischen null und 10 000 Dollar einen Einkommenssteuersatz von minus 17 Prozent hatte. Sie zahlten also keine Steuern, sondern der Staat zahlte Steuern an sie.

Damit so ein System funktioniert, benötigt man einen

staatlichen Mindestlohn. Denn ohne Mindestlohn, aber mit einer negativen Einkommenssteuer würden sich Niedriglohngehälter alsbald gegen null bewegen. Denn warum sollte ein Unternehmer freiwillig sieben Euro bezahlen, wenn ein Gehalt von einem Euro dem Arbeitnehmer genau das gleiche Einkommen garantiert?

In Großbritannien liegt der Mindestlohn bei etwas über sieben Euro die Stunde, in den USA etwas darunter. Es ist illegal, jemanden unter diesem Mindestlohn zu beschäftigen.

Der Witz bei den negativen Einkommenssteuern – in Deutschland übrigens nur von der FDP in das Wahlprogramm aufgenommen – ist der, dass man dadurch für Arbeitslose einen positiven Anreiz schafft, wieder in den Arbeitsmarkt einzutreten. Bei den Hartz-IV-Reformen handelte es sich ausschließlich um einen negativen Anreiz. Man macht die Arbeit nicht attraktiver, man macht lediglich die Arbeitslosigkeit weniger attraktiv. Am besten verbindet man beide Maßnahmen.

Genau damit haben auch einige US-Bundesstaaten, wie zum Beispiel Wisconsin, experimentiert. Dort gab es den Versuch, die Sozialhilfe auf zwei Jahre zu begrenzen. Danach ist der Staat verpflichtet, einem Arbeitslosen eine neue Stelle zu besorgen. Die Zumutbarkeitsschwellen sind dabei deutlich geringer als in Deutschland. Wenn der Arbeitslose die Arbeit nicht annimmt, entfällt jede Art von staatlicher Zuwendung.

In Deutschland wäre so etwas wahrscheinlich verfassungswidrig, denn so eine Maßnahme würde mit großer Wahrscheinlichkeit gegen das im Grundgesetz verankerte Sozialstaatsprinzip verstoßen.

Einige weitere Probleme tun sich hier auf. Das erste Problem mit den subventionierten Mindestlöhnen hängt mit der Entwicklung des Arbeitsmarkts zusammen. Diese Maßnahme könnte Deutschland überhaupt nicht einführen, denn nach 20 Jahren der subventionierten Massenarbeitslosigkeit ist der

Arbeitsmarkt im unteren Segment effektiv tot. Viele Billigproduzenten sind ins Ausland abgewandert. Viele Betriebe haben in arbeitsplatzsparende Technologien investiert. Wenn in einem modernen Supermarkt die Einkaufstüten durch eine intelligente Technologie automatisch gepackt werden, dann wird dieser Supermarkt keine Einpacker einstellen, egal zu welchem Tarif. Wir haben viele dieser Jobs wegrationalisiert. Es wird eine gewisse Zeit dauern, bis ein subventionierter Niedriglohnsektor wieder entstehen kann.

Das zweite Problem ist die Tarifautonomie. In den meisten Sektoren liegen die tariflichen Mindestlöhne viel zu hoch. Das hat zur Konsequenz, dass dieser oben beschriebene Mechanismus nicht greifen kann. Dieses problemlösende System ist mit einer zentralen Institution unserer Sozialen Marktwirtschaft, nämlich dem Tarifkartell zwischen Gewerkschaften und Unternehmensverbänden, nicht kompatibel. Bei uns in Deutschland hat der Staat nicht dieselben gestalterischen Spielräume im Arbeitsmarkt wie in einer freien Marktwirtschaft. Bei uns laufen nicht nur Geld- und Fiskalpolitik auf Autopilot, sondern auch die Arbeitsmarktpolitik. Der Staat ist machtlos, es sei denn, er ist bereit und fähig, die Macht dieser Institutionen zu brechen. Deutschland ist dazu aber nicht in der Lage.

Ich beschrieb bereits die Soziale Marktwirtschaft als ein System der institutionalisierten Klüngelei. Das ist auch der Grund, warum wir Institutionen und nicht Individuen unterstützen. Bei uns entscheidet nicht eine gewählte Regierung darüber, wie man die Wirtschaft organisiert, sondern eine Vielzahl nicht demokratisch legitimierter Institutionen wie Gewerkschaften und Verbände. Mit demokratisch nicht legitimiert meine ich, dass sie nicht durch den Wähler legitimiert sind, allenfalls durch ihre Mitglieder, die aber nicht mehr repräsentativ für die Mehrheit sind.

Eine Gewerkschaft hat überhaupt kein Interesse daran, dass

der Staat an der Gewerkschaft vorbei einen staatlichen Mindestlohn einführt, die Arbeitnehmer direkt subventioniert und
ansonsten den Markt sich selbst überlässt. Das Gleiche gilt für
Arbeitgeberverbände. Die Systeme, die die Amerikaner und
Briten eingeführt haben, wären also in Deutschland überhaupt
nicht denkbar, da sie an den Institutionen vorbeigehen. Somit
ist die wichtigste unter allen Arbeitsmarktreformen eine, über
die in der deutschen Politik kaum jemand spricht.

Das Wichtigste aber ist, eine solche Politik wäre sozialer als
das, was wir in Deutschland haben. Großbritannien, mit einer
Marktwirtschaft ohne Adjektiv, ist in einigen entscheidenden
Bereichen sozialer als Deutschland.

Beispiel: Private Zusatzrenten

In den 90er Jahren war es unter Marktliberalen üblich, das
deutsche Rentensystem zu kritisieren und anstatt dessen für
das britische System zu plädieren, in dem das Gros der Renten
durch Unternehmen zur Verfügung gestellt wird. Damals sah
es auch wirklich so aus, als ob dieses so genannte Kapitaldeckungsverfahren – wobei die Renten privat angespart werden –
dem deutschen Solidarprinzip überlegen war. Damals stiegen
die Kurse an den Aktienmärkten, wo die Renten größtenteils
investiert waren, auf der ganzen Welt. Wäre die Entwicklung
so weitergegangen, dann hätte sich das so bewahrheitet.

Nach dem Verfall der Aktien hat sich die Sichtweise geändert. Das britische Rentensystem befindet sich mittlerweile
in einer tieferen Krise als das deutsche. Viele Unternehmen
sind schon jetzt kaum noch in der Lage, ihre Rentenobligationen zu erfüllen. Man rechnet in Großbritannien mit einem
Massenausfall, der am Ende letztlich nur durch den Staat finanziert werden kann.

Die deutschen und amerikanischen Rentensysteme – die beiden ähneln sich sehr stark – basieren auf dem Prinzip, dass Arbeitgeber und Arbeitnehmer in einen Rententopf einbezahlen. Die Höhe der Rente berechnet sich nach den Beiträgen und wird mit einer so genannten Rentenformel ermittelt. Aber auch diese Systeme unterliegen einem Risiko. Eines davon ist die Demografie, insbesondere ein Problem für Deutschland, infolgedessen die Rentenauszahlungen in der Zukunft die Einnahmen weit übersteigen werden. Wer heute unter 30 ist, wäre äußerst naiv, zu glauben, dass die Einzahlungen in die Rentenversicherungen eine angemessene Rente ergeben werden. Das wäre nur dann der Fall, wenn die Lebensarbeitszeit drastisch verlängert würde.

Für einen deutschen Arbeitnehmer wäre die beste Vorsorge daher eine Kombination aus der gesetzlichen Rentenversicherung und dem privaten Sparen. Sowohl die deutsche als auch die amerikanische Regierung sehen das genauso.

In den USA hat jeder das Recht, steuerfrei einen bestimmten Teil seines Einkommens für die Rente zu sparen. Was er dabei macht, ist seine eigene Sache. Er kann das Geld in ein Sparbuch investieren – was dort aber niemand macht – oder in Aktien, in Fonds, was auch immer. Hauptsache ist, dass er das Geld nicht vorzeitig abzieht.

In Deutschland hingegen gibt es die Riester-Rente. Auch diese beruht auf dem Prinzip des privaten Zusatzsparens. Der Unterschied ist nur, dass es nicht dem Einzelnen überlassen ist, das Geld anzulegen. In Deutschland wird man indes bevormundet. Riester-Renten müssen nämlich zertifiziert werden. Die großen Versicherungsgesellschaften und Fondsgesellschaften bieten maßgeschneiderte Pakete an, die eine Mindestrendite enthalten müssen. Das Resultat ist, dass man den in Deutschland ansässigen Finanzierungsgesellschaften schöne gesicherte Profite unterjubelt auf Kosten der Allgemeinheit. Hier gilt das Prinzip Soziale Marktwirtschaft in vollem Maße. Der Verbraucher wird als unmündig betrachtet. Man schiebt das Geld lieber direkt den Versicherungen zu.

Warum eine Mindestrendite? Wenn es sich um die einzige Rente handeln würde, dann wäre es sicherlich nicht ratsam, wenn jeder nach Belieben investieren würde. Denn was würde passieren, wenn jemand besonders riskante Anlageformen wählt, die einen hohen Gewinn versprechen. Wenn alles gut geht, bekäme er den Gewinn in voller Höhe. Wenn nicht, wäre im Extremfall die Rente weg. Der Staat müsste dann aber einspringen, etwa mit einer garantierten Mindestrente oder mit Sozialhilfe. Ein solches System würde lediglich dazu führen, dass Menschen unnötig hohe Risiken eingehen.

Das gilt allerdings nicht für Zusatzrenten. Die Riester-Rente ist relativ klein. Hier besteht überhaupt kein Problem. Wenn der Einzelne zu riskant spart, dann verbleibt ihm immer noch die gesetzliche Rente. Hier würde nicht der Staat einspringen müssen. Es gibt also kein ökonomisches Argument für ein System, das den Einzelnen effektiv entmündigt.

Der Punkt ist, dass der ehemalige Arbeitsminister Walter Riester keine Vorstellung hatte davon, wie ein freier Kapitalmarkt funktioniert. Es ist keineswegs optimal, den Großteil des Finanzsektors auf wenige Großbanken und Versicherungsgesellschaften aufzuteilen. Ein fragmentierter freier Kapitalmarkt mit vielen Banken, Pensionsfonds, Risikofonds (Hedge-Fonds), Investmentfonds, unabhängigen Finanzberatern und Maklern kann das gesamte nachgefragte Risikospektrum von Millionen Anlegern weitaus besser befriedigen als ein kleines Oligopol von Finanzgesellschaften. Hier sollte man keine Restriktionen auferlegen mit der einzigen Ausnahme: Die Rente darf erst ab dem 65. Lebensjahr ausbezahlt werden. Den Rest erledigt der freie Markt weitaus besser als ein noch so ausgeklügeltes System von Vorschriften und Regulierungen.

Das Problem mit der Riester-Rente ist, dass hierdurch die
Möglichkeit genommen wurde, dass die Deutschen ihr vola-
tiles Verhältnis zu den Kapitalmärkten etwas normalisieren.
Entweder investieren wir wie die Wilden, oder wir schrecken
vor dem Markt vollständig zurück. Riester hat uns eine kleine
Privatrente gebracht. Aber zwischen uns und der Rente steht
nicht der Markt, sondern eine Reihe von Institutionen. Das
Organisationssystem, das dahinter steckt, ist nicht das einer
freien Marktwirtschaft, sondern einer teils privatwirtschaftlich
organisierten Planwirtschaft.

Beispiel: Wohneigentum

Was ist das Erste, was ein englischer Student tut, nachdem er
seinen ersten Job gefunden hat? Er sucht in einer bescheidenen
Gegend eine bescheidene Wohnung, und er finanziert sie über
eine Hypothek, die den gesamten Wert dieser Wohnung ausmacht. Die Hypothekenbank interessiert sich dabei lediglich
für das Einkommen des Antragstellers. Er muss natürlich in der
Lage sein, von seinem Nettogehalt die Hypothek zu bezahlen.
Man geht in der Regel davon aus, dass dieser Betrag im Ideal-
fall nicht mehr als ein Drittel des Nettoeinkommens ausmachen darf.

In Deutschland würde man sich eine Mietwohnung suchen. Warum ist das Erste effizienter? Weil man dadurch langfristig einen Kapitalstock sichert. Später in seinem Leben wird
dieser Student seine kleine Wohnung in eine größere um-
tauschen. Dann wird er sich vielleicht ein kleines Haus kaufen,
danach ein größeres. So kann er sich beliebig und flexibel verändern, je nach Einkommenslage und familiärer Situation,
zumal die Transaktionskosten eines Eigentumskaufs und -ver-
kaufs natürlich auch viel geringer als bei uns sind, insbesondere

die Grunderwerbssteuer. In der Regel sind diese Hypotheken längst vor der Pensionierung abbezahlt. Wenn man in die Rente geht, hat man also Grundeigentum. Selbst wenn die Rentenversicherung zusammenbräche und mit ihr der gesamte Aktienmarkt, man hat immer sein eigenes Haus und vielleicht sogar seinen eigenen Garten. Man braucht auch dann Geld zum Leben, aber weitaus weniger als jemand, der im Alter noch Miete bezahlen muss.

Grundeigentum ist eine der besten Formen der sozialen Sicherung. Auch in Deutschland haben ungefähr 40 Prozent der Menschen Grundeigentum. Aber es ist der wohlhabendere Teil der Gesellschaft. Das Interessante an Großbritannien ist, dass dort gerade Geringverdienende über Grundeigentum verfügen. Das liegt insbesondere daran, dass die Premierministerin Margaret Thatcher die Wohnungen im sozialen Wohnungsbau an die Mieter verkaufte.

Der Unterschied in der Eigentumsquote hat nichts mit unterschiedlicher Mentalität zu tun. Man sagt den Briten oft einen besonderen Hang zu Grund und Boden nach. Der Unterschied besteht in den Finanzmärkten. In Deutschland gewährt eine Bank eine Hypothek. Es handelt sich um einen Kredit, der durch das Haus selbst abgesichert ist.

In Großbritannien und in den USA erhält man so genannte *Mortgages*. Hierbei handelt es um Produkte, die zwar über eine Bank bezogen werden, die aber in den Kapitalmärkten gehandelt werden. Die Gewinnspanne einer typischen Mortgage ist weitaus geringer als die einer Hypothek einer deutschen Großbank. Auch hier gilt wieder das gleiche Prinzip wie bei den Anlagen für zusätzliche Privatrenten. Der freie Markt bietet nicht nur günstigere Produkte, sondern vielfältigere Produkte. Bei den Mortgages gibt es nicht nur unterschiedliche Laufzeiten sowie Mortgages mit variablen und festen Zinssätzen wie bei uns, sondern vor allem sind sie vielfältiger. Es gibt Mortgages, gerade für Berufsanfänger interessant, die im ersten Jahr eine geringere Abzahlung vorsehen. Es gibt Mortgages, die nicht durch eine einfache Tilgung zurückbezahlt werden, sondern durch eine parallele Rentenversicherung. Es gibt dort unendlich viel mehr Vielfalt im Markt, maßgeschneidert für jeden Geschmack.

Man kann einen solchen Markt effizienter nennen. Er ist vor allem aber auch sozialer. Dieser Markt bietet ein Produkt für die Altersabsicherung, nämlich eine Wohnung oder ein Haus. Der Finanzmarkt unserer Sozialen Marktwirtschaft ist dazu nicht in der Lage. Er ist in diesem Sinne weniger sozial.

Ausblick

Eine Marktwirtschaft ohne Adjektiv kann also sozialer sein als eine Marktwirtschaft mit Adjektiv. Wie müssen wir uns in Deutschland eine solche Marktwirtschaft konkret vorstellen? Was wäre das für eine Republik, die sich der Sozialen Marktwirtschaft entledigt hätte?

Es wäre sicher „eine andere Republik", wie man in Wahlkämpfen immer hört. Es wäre aber immer noch eine Republik mit Sozialstaat, meinetwegen auch in der Verfassung verankert.

In einem solchen Staat gilt das Prinzip der Unantastbarkeit des Eigentums. Es darf kein Gesetz erlassen werden, das Eigentumsrechte einschränkt. Aktionäre entscheiden über ihr Unternehmen, nicht obskure Aufsichtsräte. Staatliche Institutionen unterhalten keine Banken. Der Finanzsektor in einem solchen System ist privatisiert und weitgehend dereguliert. Die Regulierung dieses Sektors erfolgt nach internationalen Gepflogenheiten.

Der Arbeitsmarkt in einem solchen System ist ebenfalls weitgehend dereguliert. Natürlich wird es auch in diesem System Formen des Kündigungsschutzes geben, wahrscheinlich allerdings etwas flexibler als heute. Auch Sozialpartner wird es geben, aber keine Exklusivrechte mehr.

Betriebsräte wird es auch in einem solchen System geben, aber wohl keine paritätische Mitbestimmung in Aufsichtsräten.

In diesem System ist der Dienstleistungssektor anders reguliert. Es gibt sicher keine Ladenschlusszeiten mehr. Der Meisterbrief ist in diesem System keine Voraussetzung für die Eröffnung eines Handwerksbetriebs. Die Eintrittsbarrieren für viele Berufe sind gelockert beziehungsweise abgeschafft.

Den Wettbewerb einschränkende Gesetze wie das Gesetz gegen den unlauteren Wettbewerb gibt es in einem solchen System nicht. Es gilt das Prinzip: Es ist alles erlaubt, es sei denn, es ist ausdrücklich verboten.

Wäre ein solches System die Übernahme des amerikanischen Kapitalismus? Ganz und gar nicht. Ich treffe zum Beispiel hier keine Aussage über die Staatsquote. Diese beträgt in den USA 36 Prozent und in Deutschland um die 50 Prozent. Es ist überhaupt nicht notwendig, die Staatsquote zu reduzieren. Im Gegenteil: Durch jahrelange Sparmaßnahmen investiert der Staat eigentlich viel zu wenig. Die Hochschulmisere ist zwar zu einem großen Teil eine Strukturmisere, aber auch eine Misere der Unterfinanzierung. Der schlechte Zustand der deutschen Autobahnen ist ebenfalls das Resultat einer Unterfinanzierung, ebenso wie die ungenügende Ausstattung der Polizei und der Bundeswehr.

Unser Rentensystem kann in einer solchen Marktwirtschaft bestehen bleiben, ebenso unser Gesundheitssystem. Unsere Arbeitslosenversicherung ist vorbildlich. Sie sollte auf jeden Fall bestehen bleiben.

Es ist sicherlich legitim, die Debatte zu führen, ob man die Universitäten und die Autobahnen privatisieren soll. Es gibt da gute Argumente auf beiden Seiten. In diesem Buch führe ich diese Debatte nicht. Ich stelle lediglich fest, dass es für jede Demokratie legitim ist, zu entscheiden, wie groß der Staatssektor sein soll. Wie schon vorher beschrieben, hat unser Problem mit den Universitäten nicht damit zu tun, dass sie staatlich sind, sondern dass sie unterfinanziert und vor allem nicht autonom sind.

Es gibt somit keine optimale Staatsquote, und aus diesem Grunde gibt es auch keine optimalen Steuerquoten und keine optimalen Steuersätze. Es ist das Recht jeder Gesellschaft, die optimale Staatsquote für sich zu entscheiden.

Wie ich in diesem Kapitel versuchte, aufzuzeigen, kann eine Marktwirtschaft ohne Adjektiv unsere Bedürfnisse nach sozialer Sicherheit befriedigen. Sie kann sogar sozialer sein als eine Soziale Marktwirtschaft. Unser rheinischer Kapitalismus ist mittlerweile zutiefst unsozial, weil das System nicht in der Lage ist, Deutschlands Probleme zu lösen. Wer den Sozialstaat retten will, braucht mehr Markt. Markt und Soziales schließen einander heutzutage nicht mehr aus. Sie bedingen einander.

Wir brauchen nicht die Soziale Marktwirtschaft, sondern den sozialen Markt.

Anhang: Die besten Universitäten der Welt

Weltrang	Institution	Land	Punkte
1	Harvard	USA	100
2	Cambridge	GB	73,6
3	Stanford	USA	73,4
4	California – Berkeley	USA	72,8
5	MIT	USA	70,1
6	California Inst Tech	USA	67,1
7	Columbia	USA	62,3
8	Princeton	USA	60,9
9	Chicago	USA	60,1
10	Oxford	GB	59,7
11	Yale	USA	56,9
12	Cornell	USA	54,6
13	California – San Diego	USA	51,0
14	California – Los Angeles	USA	50,6
15	Pennsylvania	USA	50,2
16	Wisconsin – Madison	USA	49,2
17	Washington – Seattle	USA	48,4
18	California – San Francisco	USA	47,8
19	Johns Hopkins	USA	46,9
20	Tokio	Japan	46,7
27	ETH – Zürich	Schweiz	41,7
51	LMU München	Deutschland	31,4
52	TU München	Deutschland	31,3
57	Universität Zürich	Schweiz	30,0
71	Heidelberg	Deutschland	28,0
84	Göttingen	Deutschland	25,8
90	Freiburg	Deutschland	24,9

Quelle: Academic Ranking of World Universities

Anmerkungen

1 Herzog, R.: Rede, Berlin, Hotel Adlon, 26. April 1997.

2 Schäuble, W., Kleiner Parteitag der CDU Deutschlands in Berlin, 13. Dezember 1999

3 Rede im Deutschen Bundestag, 12. Mai 2005.

4 Leserbrief unterzeichnet von José María Aznar López, José Manuel Durão Barroso, Silvio Berlusconi, Tony Blair, Václav Havel, Peter Medgyessy, Leszek Miller and Anders Fogh Rasmussen im *Wall Street Journal Europe*, am 30. Januar 2003

5 Chirac sagte das während einer Pressekonferenz am Ende des Brüsseler EU-Gipfels vom 18. Februar 2003. Er benutzte den Ausdruck „de se taire", was ich übersetzt habe als „die Klappe halten".

6 Im Gespräch mit dem Autor, damals auf Besuch in Prag als Journalist der Londoner *Times*.

7 Zitiert in Wolf, M.: Why Globalisation Works, Routledge, 2004.

8 Meadows, D. H./Meadows, D. L./Randers, J./Behrens, W. III.: The Limits to Growth. A Report to The Club of Rome, 1972.

9 Meadows, D. H./Randers, J./Meadows, D. L.: Limits to Growth: The 30-Year Update, Chelsea Green Publishing Company, 1. Juni 2004.

10 Grass, G.: „Freiheit nach Börsenmaß. Die Politik ist machtlos gegen die Ökonomie", *DIE ZEIT*, 19/2005.

11 Blüm, N.: „Ich eigne mich nicht zu einem Global Player", *Berliner Zeitung*, Magazin, 9. Juli 2005.

12 Habermas, J.: „Le non illusoire de la gauche", *Nouvel Observateur*, 5. Mai 2005.

13 Laut einer forsa-Umfrage für den Nachrichtensender n-tv am 5. Mai 2005 unterstützten 78 Prozent der Deutschen die Thesen, dass Unternehmen aus Profitgier Arbeitnehmer entlassen.

14 Balladur. E.: Interview *Financial Times*, 31. Dezember 1993.

15 Hayek, F. v.: The Road to Serfdom, Routeledge, 1944, S. 178, Übersetzung des Autors.

16 Popper, K.: The Open Society and its Enemies, Princeton University Press, 1950.

17 Albert, M.: Kapitalismus contra Kapitalismus, Campus Verlag, 1992.

18 Müller-Armack, A.: Wirtschaftslenkung und Marktwirtschaft, Verlag Paul Haupt, 1946. Das Buch erschien in neueren Auflagen in den Jahren 1966, 1976 sowie im Jahre 1990 beim Kastell-Verlag.

19 Für eine Diskussion über den Ursprung des Namens Soziale Marktwirtschaft, siehe zum Beispiel: Goldschmidt, N.: „Müller-Armack und Ludwig Erhard: Social Market Liberalism", Freiburger Diskussionspapiere zur Ordnungsökonomik, 04/12, Walter Eucken Institut.

[20] Kommentar während der „Münchner Runde", Bayerischer Rundfunk, 18. Juli 2005.

[21] „Diese SPD ist nur noch Hülle", Interview mit Oskar Lafontaine, *Süddeutsche Zeitung*, 15. Juni 2005.

[22] Siehe Mierzejewski, A. C.: Ludwig Erhard, Siedler Verlag, 2005, für eine Diskussion, S. 76 ff.

[23] Lehmann, K.: „Notwendiger Wandel der Sozialen Marktwirtschaft?", Vortag veranstaltet von der Initiative Neue Soziale Marktwirtschaft „Chancen für alle", 2002.

[24] Mierzejewski, A. C.: Ludwig Erhard, Siedler Verlag, 2005.

[25] Tietmeyer, H.: Interview mit dem Präsidenten der Deutschen Bundesbank, Auricher Wissenschaftstage, Forum einer dritten Kultur, 12. September 1996.

[26] Krugman, P.: „Why Germany Kant Kompete", No Free Lunch Column, *Fortune Magazine*, July 1999.

[27] Hayek, F. v.: „Der Wettbewerb als Entdeckungsverfahren", in: Freiburger Studien, S. 249 f., Mohr Siebeck, 1969.

[28] ibid, S. 255

[29] ibid. S. 258

[30] Friedman, M.: Capitalism and Freedom, University of Chicago Press, 2002, Übersetzung des Autors.

[31] Eucken, W.: Grundsätze der Wirtschaftspolitik, 1. Auflage 1952, 7. Auflage 2004, S. 375.

[32] Beimel, M./Mögenburg, H.: Industrialisierung – das deutsche Beispiel, Diesterweg 1987, S. 101.

[33] ibid. S. 176

[34] Hayek, F. v.: „What is Social – What does it Mean?", Studies in Philosophy, Politics and Economics, Chicago 1967, University of Chicago Press, S. 238 f.

[35] Streit, M. E./Wohlgemuth, M.: ibid.

[36] Webster's Third New International Dictionary of the English Language, Merriam, 1961.

[37] Siehe zum Beispiel Giddens, A.(Hrsg.): The Global Third Way Debate, Polity Press, 2001.

[38] Giddens, A.: The Consequences of Modernity, Stanford University Press, 1990, S. 64.

[39] Henderson, D.: „The MAI Affair: A Story and Its Lessons", Royal Institute of Economic Affairs, 1999.

[40] Baldwin, R. E./Martin, P.: „Two Waves of Globalization: Superficial Similarities, Fundamental Differences", National Bureau of Economic Research Working Paper 6904, January 1999.

[41] Bhagwati, J.: In Defence of Globalisation, Oxford University Press, 2004.

[42] Leadbeater, C./Wilsdon, J.: „Do not fear the rise of world-class science in Asia", Financial Times, 12. Oktober 2005, S. 13.

[43] Bhagwati, J.: ibid, S. 64–64, Übersetzung des Autors.

[44] Wilson, D./Purushothaman, R.: Global Economics Paper No. 99, Goldman Sachs International, 1. Oktober 2003.

45 Eurobarometer, Globalisation, 151b, Oktober 2003, http://europa.eu.int/comm/public_opinion/flash/FL151bGlobalisationREPORT.pdf.

46 Gordon, P.: „Globalization, Europe's Wary Embrace", Yale Center for the Study of Globalization, November 2004.

47 Rede von Dr. Ernst Ulrich von Weizsäcker, Vorsitzender des Bundestags-Umweltausschusses und Gründungspräsident des Wuppertal Instituts für Klima, Umwelt, Energie, anlässlich des Forums IBA 2013 am 14. Dezember 2004.

48 Friedman T, The World is Flat, Penguin Allen Lane, 2005, S. 265, Übersetzung des Autors vom englischen Originaltext.

49 Van Loon, J.: „Mercedes, Quality Dropping, Loses Market Share to BMW, Lexus", Bloomberg, 8. Februar 2005.

50 Piëch, F.: „Wir verkaufen zu wenig Autos", Interview, *stern* 35/2005.

51 China tie-up for MG Rover, BBC News, 21. März 2002.

52 CESIFO: „Report on the European Economy 2005", Center for Economic Studies, Ludwig-Maximilians-Universität, München, und ifo Institut.

53 Interview mit Journalisten der *Financial Times*, einschließlich des Autors, am 16. Juli 2004.

54 Streiktage im internationalen Vergleich: 1990–2002, http://www.bundesregierung.de/dokumente/,-861619/Artikel/dokument.print.htm.

55 Klodt, H.: „Strukturwandel und Arbeitsmarktprobleme in Deutschland" in: *Die Weltwirtschaft*, Heft 3, Springer-Verlag, 2004.

56 ibid.

57 Wolf, M.: Why Globalisation Works, Yale Note Bene, 2005.

58 Der ehemalige Bundeskanzler Gerhard Schröder hat der Europäischen Kommission vorgeworfen, dass sie eine Wirtschaftspolitik vorwiegend für Dienstleistungsstaaten betreibt und damit den Erfordernissen eines Industriestaats wie der Bundesrepublik nicht gerecht wird.

59 Gemessen an Produktivitätsstastiken in der ICT(Information and Communication Technology)-Branche. Siehe auch O'Mahony, van Ark, Groningen Growth and Development Centre, 60 Industry Date Base, February 2005, http://www.ggdc.net.

60 Ricardo, D.: Principles of Political Economy and Taxation, first published in 1817, Prometheus Books, 1996.

61 Samuelson, P.: „Der Markt hat kein Herz", Interview, *DER SPIEGEL*, 17. September 2005.

62 Blüm, N.: „Ich eigne mich nicht zum Global Player", *Berliner Zeitung*, Magazin, 9. Juli 2005.

63 Lind, M.: „Explode the myths of global competition", *Financial Times*, 27. Juli 2005.

64 „Deutscher Bachelor in Amerika nicht anerkannt", *FAZ*, 12. Oktober 2004.

65 http://www.bmwa.bund.de/Navigation/Beruf-und-Karriere/ausbildungsberufe.html

66 Aus www.projektwertstatt.de/zitate/z_arbeit.html. Die Quelle des Zitats wurde wie folgt angegeben. Annette Schlamm, Mail vom 25.5.2001 in der Debatte um Oekonux, freie Kooperationen und Freie Menschen in Freien Vereinbarungen.

[67] Angrist, J./Kugler, A.: „Protective or Counter-Productive? Labor Market Institutions and the Effect of Immigration on EU Natives", Institute for the Study of Labour, University of Bonn, Discussion Paper No. 433, Februar 2002, www.iza.org.

[68] Tucholsky, K.: „Kurzer Abriss der Nationalökonomie", in *Die Weltbühne*, 15. September 1931, S. 393.

[69] Daten entstammen der Finanzgruppe Deutscher Sparkassen- und Giroverband, Diagnose Mittelstand 2005, Mittelstand stärken – Breitere Basis für Wachstum schaffen, S. 20.

[70] ibid.

[71] Gordon, J.: „Das neue deutsche Anti-Übernahmegesetz aus amerikanischer Perspektive", Institut für Bankrecht, Arbeitspapier Nr. 98, 2002.

[72] ibid.

[73] KfW-Research: „Das deutsche Kreditwesen im internationalen Vergleich", 17. Juli 2005.

[74] „Die wichtigsten Anbieter, Kredit gibt es nicht mit jeder Karte", *Der Tagesspiegel* Nr. 18571, 19. August 2004, S. 18.

[75] Morgan, J.: *The Times* (of London), 17. Mai 2005.

[76] Für eine überraschend objektive Chronologie dieser ganzen Geschichte, siehe die Website der WestLB, www.westlb.de.

[77] „Entscheidung des Europäischen Gerichtshofs. Herber Rückschlag für WestLB im Beihilfestreit", www.handelsblatt.com, 12. Dezember 2002.

[78] Jenkins, P.: „Seifert to tell of life with the locusts", *Financial Times*, 25. Juni 2005.

[79] Zitiert in: Rosen, R. v.: „Is there an Equity Culture in Germany?", Written and expanded text of a lecture given at Brandeis University, Waltham, 26. April 1999.

[80] Friedman, M./Schwartz, A.: A Monetary History of the United States, 1867–1960, 1963.

[81] Zitiert in Bhagwati, J., ibid.

[82] Das Zitat stammt aus dem Jahre 1964.

[83] Mierzejewski, A. C.: Ludwig Erhard, Siedler Verlag, 2005.

[84] Für eine umfangreiche Diskussion der Bilanzierungstricks, siehe von Hagen, J./Wolff, G.: „What do Deficits Tell Us about Debts, Empirical Evidence on Creative Accounting with Fiscal Rules in the EU", Deutsche Bundesbank, Discussion Paper, Series 1, Studies of the Economic Research Centre, No 38-2004.

[85] Der 60-Prozent-Wert für die Schuldenquote war ein europäischer Durchschnittswert während der Verhandlung der Maastrichter Verträge Anfang der 90er Jahre. Die Drei-Prozent-Marke für das Defizit ergab sich daraus rechnerisch wie folgt. Man multiplizierte die Schuldequote mit den damaligen durchschnittlichen nominalen Wachstumsraten von fünf Prozent und erhielt drei Prozent. Die Zahl auf einer ökonmomischen Konstellation Anfang der 90er Jahre. Heute ist die Schuldenquote ein wenig höher, aber das nominelle Potentialwachstum entschieden geringer. Würde dieselbe Rechnung auf der Basis heutiger Zahlen durchgeführt, ergäbe sich eine geringe Defizitgrenze, etwas über zwei Prozent.

86 European Commission, Economic Forecasts Spring 2005.

87 Van Ark, B./Inklaar, R./McGukin, M.: „Productivity, ICT and Services: Europe and the United States", Groningen Growth and Development Centre, University Groningen, Discussion Paper GD-60.

88 Posen, A.: „Ein Aufschwung reicht nicht", *Financial Times Deutschland*, 29. August 2005.

89 Posen A, „Can Rubinomics Work in the Eurozone", Institute for International Economics, September 24, 2004

90 Obstfeld, M./Rogoff, K.: „Global Current Account Imbalance and Exchange Rate Adjustments", 2005, http://emlab.berkeley.edu/users/obstfeld/index.shtml.

91 Die Initiative Neue Soziale Marktwirtschaft stellt sich auf ihrer Internet-Seite www.chancenfueralle.de folgendermaßen vor: Die Initiative Neue Soziale Marktwirtschaft ist eine branchen- und parteiübergreifende Plattform und ausdrücklich offen für alle, die sich dem Gedanken der Sozialen Marktwirtschaft verbunden fühlen. Sie wird derzeit mit rund 8,8 Mio. Euro jährlich, nach Abzug von Steuern, von den Arbeitgeberverbänden der Metall- und Elektro-Industrie finanziell getragen und von weiteren führenden Wirtschaftsverbänden unterstützt ... Unter dem Leitmotiv „Chancen für alle" hat die Initiative Neue Soziale Marktwirtschaft im Herbst 2000 eine bundesweite Kampagne gestartet, um die Menschen in Deutschland für marktwirtschaftliche Reformen zu gewinnen. Ziel der Initiative ist es, so der Kuratoriumsvorsitzende Prof. Dr. Hans Tietmeyer, das bewährte Ordnungssystem der Sozialen Marktwirtschaft an die Umfeldbedingungen des 21. Jahrhunderts anzupassen: an die Globalisierung, die Wissensgesellschaft, die Veränderungen in der Arbeitswelt und den demografischen Wandel.

92 www.chancenfueralle.de

93 „Ackermann sieht politischen Stimmungswechsel in Deutschland", *Financial Times Deutschland*, 26. August 2005.

94 Posen, A.: „Über die Wirtschaft hinausdenken", *Handelsblatt* Nr. 160, 19. August 2005.

95 Das Allgemeine Gleichheitsrecht ist in Artikel 3 und 33 des Grundgesetzes verankert. Die besondere Bedeutung für die Wirtschaftspolitik liegt darin, dass man nicht Menschen gleich behandeln muss. Die in vielen Ländern erfolgreichen speziellen Wirtschaftszonen, in den es regulative und Steuervorteile gibt, sind somit in Deutschland verfassungswidrig. Chancengleichheit ist ebenfalls Teil des allgemeinen Gleichheitsrechts. Das Sozialstaatsprinzip ist in Artikel 20, Absatz 1 und in Artikel 28, Absatz 1 verankert. Hiermit wird dem Staat nicht nur das Recht, sondern auch die Pflicht gegeben, soziale Gerechtigkeit zu schaffen, und zu diesem Zweck, wenn nötig, auf wirtschaftliche Prozesse Einfluss zu nehmen. Beim Sozialstaatsprinzip geht es also um Umverteilung nicht allein durch Steuern, sondern durch aktives Eingreifen in die Marktordnung.

96 Neuner, J.; Privatrecht und Sozialstaat, Habil., 1999, S. 291.

97 Möllers, C.: „Warum Köhler den Bundestag auflösen sollte", SPIEGEL ONLINE, 30. Juni 2005, www.spiegel.de.

[98] Die Behauptung basiert auf einer für die EU-Kommission im Jahre 2005 erstellten Studie des dänischen Forschungsinstitutes Copenhagen Economics. Copenhagen Economics Aps, Nyropsgade 13, I., DK-1602 København V, hq@copenhageneconomics.com.

[99] Siehe unter anderem *DIE WELT* vom 5. November 2001, „Vom Kicker zum Betriebsrat". Eine gut erzählte Geschichte, wie es dazu kam, findet sich in der Ost-West-Wochenzeitung *Freitag 22* unter der Internet-Addresse: http://www.freitag.de/2001/22/01220602.php.

[100] Schumpeter, J. A.: Capitalism, Socialism and Democracy, Harper, 1975, Erstausgabe 1942, S. 82–85.

[101] Olsen, M.: ibid., Abschnitte zwei und drei. Die Nummerierung entspricht nicht der von Olson. Seine Theorie ist erheblich umfangreicher als hier dargestellt. Dies ist eine sehr kompakte und auf unser Thema heruntergebrochene Liste.

[102] Erhard, L./Langer, W.: Wohlstand für alle, Econ Verlag, 1957.

[103] Menschen bei Maischberger, ARD, 21. Januar 2004.

[104] „Generation 05 – Wie tickt die junge Elite?", McKinsey & Company und *manager magazin*, 18. März 2005.

[105] Sinn, H.-W.: Ist Deutschland noch zu retten?, Econ Verlag, 2004.

[106] Man errechnet dies, in dem man 3,8 durch 2,3 teilt. Hierbei handelt sich um eine ungefähre statistische Rechnung, die lediglich dazu dienen kann, eine ungefähre Größenordnung zu bestimmen. Genau ist diese Rechnung nicht. Denn wäre das Wachstum in der Tat langfristig nur 2,3 Prozent, dann würde das Defizit wahrscheinlich langfristig ansteigen. Die Lage würde sich also verschlechtern. Insofern sind solche Rechnungen in diesem Fall eher zu optimistisch.

[107] US Congress, Congressional Budget Office, „Estimate of Federal Tax Liabilities for Individuals and Families by Income Category and Family Type for 1995 and 1999, Washington DC, Mai 1998.

Literaturverzeichnis

Abelshauser, W.: Deutsche Wirtschaftsgeschichte seit 1945, Verlag C.H. Beck 2004

Albert, M.: Kapitalismus contra Kapitalismus, Campus Verlag, 1992

Ark, B. v./Inklaar, R./McGukin, M.: „Productivity, ICT and Services: Europe and the United States", Groningen Growth and Development Centre, University Groningen, Discussion Paper GD-60

Angrist, J./Kugler, A.: „Protective or Counter-Productive? Labor Market Institutions and the Effect of Immigration on EU Natives", Institute for the Study of Labour, University of Bonn, Discussion Paper No. 433, Februar 2002, www.iza.org

Baldwin, R. E./Martin, P.: „Two Waves of Globalization: Superficial Similarities, Fundamental Differences", National Bureau of Economic Research Working Paper 6904, Januar 1999

Beimel, M./Mögenburg, H.: Industrialisierung – das deutsche Beispiel, Diesterweg 1987

Bhagwati, J.: In Defence of Globalisation, Oxford University Press, 2004

Dietze, C./Eucken, W./Lampe, A.: Anlage 4: Wirtschafts- und Sozialordnung (1942). In: In der Stunde Null. Die Denkschrift des Freiburger „Bonhoeffer-Kreises": Politische Gemeinschaftsordnung. Ein Versuch zur Selbstbestimmung des christlichen Gewissens in den politischen Nöten unserer Zeit, Mohr Siebeck, 1979, S. 128–145

Ebenstein, A., Friedrich Hayek, A Biography, Palgrave, 2001

Erhard, L.: Das Ordnungsdenken in der Marktwirtschaft, in: Ludwig Erhard. Gedanken aus fünf Jahrzehnten, Reden und Schriften, hrsg. von Karl Homann, Econ Verlag, 1988

Erhard, L./Langer, W.: Wohlstand für alle, Econ Verlag, 1957

Eucken, W.: Grundsätze der Wirtschaftspolitik, 1. Auflage 1952, 7. Auflage 2004

Friedman, M.: Capitalism and Freedom, University of Chicago Press, 2002

Friedman, M./Schwartz, A.: A Monetary History of the United States, 1867–1960, Princeton University Press, 1963

Friedman, T.: The World is Flat, Penguin Allen Lane, 2005, S. 265, Übersetzung des Autors

Gerken, L. (Hrsg.): Walter Eucken und sein Werk, Rückblick auf den Vordenker der sozialen Marktwirtschaft, Walter Eucken Institut, Untersuchungen zur Ordnungstheorie und Ordnungspolitik, Mohr Siebeck, 2000

Giddens, A. (Hrsg.): The Global Third Way Debate, Polity Press, 2001

Giddens, A.: The Consequences of Modernity, Stanford University Press, 1990, S. 64

Goldschmidt, N.: „Müller-Armack und Ludwig Erhard: Social Market Liberalism", Freiburger Diskussionspapiere zur Ordnungsökonomik, 04/12, Walter Eucken Institut

Gordon, J.: „Das neue deutsche Anti-Übernahmegesetz aus amerikanischer Perspektive", Institut für Bankrecht, Arbeitspapier Nr. 98, 2002

Gordon, P.: „Globalization, Europe's Wary Embrace", Yale Center for the Study of Globalization, November 2004

Habermann, G., Hrsg., Vision und Tat, Ein Ludwig-Erhard Brevier, Ott Verlag, 2005

Hayek, F. v.: The Road to Serfdom, Erstausgabe 1948, 50th Anniversary Edition, University of Chicago Press, 1994

Hayek, F. v.: „Der Wettbewerb als Entdeckungsverfahren", in: Freiburger Studien, S. 249 f., Mohr Siebeck, 1969

Hayek, F. v.: „What is Social – What does it Mean?", Studies in Philosophy, Politics and Economics, University of Chicago Press, 1967

Hayek, F. v.: The Constitution of Liberty, University of Chicago Press, 1978

Henderson, D.: „The MAI Affair: A Story and Its Lessons", London, Royal Institute of Economic Affairs, 1999

Keese, C.: Rettet den Kapitalismus, Hoffmann & Campe, 2004

Keynes, J. M.: The General Theory of Employment, Interest and Money, ch. 24, 1936, eigene Übersetzung aus dem Englischen ins Deutsche

KfW-Research: „Das deutsche Kreditwesen im internationalen Vergleich", 17. Juli 2005

Klodt, H.: „Strukturwandel und Arbeitsmarktprobleme in Deutschland" in: *Die Weltwirtschaft*, Heft 3, Springer-Verlag, 2004

Meadows, D. H./Meadows, D. L./Randers, J./Behrens, W. III.: The Limits to Growth. A Report to The Club of Rome, 1972

Meadows, D. H./Randers, J./Meadows, D. L.: Limits to Growth: The 30-Year Update, Chelsea Green Publishing Company, 1. Juni 2004

Miegel, M.: Die Deformierte Gesellschaft, Propyläen Verlag, 2002

Mierzejewski, A. C.: Ludwig Erhard, Siedler Verlag, 2005

Mill, J. S.: On liberty, 1959, Batochone Books, Kitchener 2001

Müller-Armack, A.: Wirtschaftslenkung und Marktwirtschaft, Verlag Paul Haupt, 1946

Obstfeld, M./Rogoff, K.: „Global Current Account Imbalance and Exchange Rate Adjustments", 2005,

http://emlab.berkeley.edu/users/obstfeld/index.shtml

Olson, M.: The Logic of Collective Action, Public Goods and the Theory of Groups, Harvard University Press, revised edition, 1965

Olsen, M.: The Rise and Decline of Nations, Economic Growth, Stagflation, Social Rigidities, Yale University Press, 1984 (reprint edition)

Popper, K.: The Open Society and its Enemies, Princeton University Press, 1950

Posen, A.: „Can Rubinomics Work in the Eurozone", Institute for International Economics, 24. September 2004

Ricardo, D.: Principles of Political Economy and Taxation, first published in 1817, Prometheus Books, 1996

Sinn, H-W.: Ist Deutschland noch zu retten?, Econ Verlag, 2004

Smith. A.: An Inquiry into the Nature and Causes of the Wealth of Nations, Erstveröffentlichung 1776

Streit, M. E./Wohlgemuth, M.: „The Market Economy and the State, Hayekian and ordoliberal conceptions", Diskussionsbeitrag 06-97, Max-Planck-Institut zur Erforschung von Wirtschaftssystemen

Walter, N./Deutsch, K. (Hrsg.): Mehr Wachstum für Deutschland, Campus Verlag, 2004

Wolf, M.: Why Globalisation Works, Routledge, 2004

Das unabhängige Online-Magazin für Wandel in Wirtschaft und Gesellschaft

changeX

- ○ Täglich neu.
- ○ Reportagen, Interviews, Buchrezensionen, Essays und Berichte.
- ○ Von bekannten Journalisten und Autoren.

Das Online-Magazin changeX ist das führende Medium für Entscheider und Multiplikatoren, die den Wandel in Wirtschaft und Gesellschaft konstruktiv mitgestalten wollen. Im Partnerforum von changeX schalten Anzeigenkunden Inserate in Form von Texten. Sie erreichen direkt eine hochinteressierte Leserschicht von Entscheidern und Multiplikatoren in Wirtschaft und Gesellschaft.

»changeX, eines der lebendigsten und ideenreichsten Online-Portale zu Wirtschafts- und Gesellschaftsfragen ...«
Carl Hanser Verlag, München

»changeX beschreibt den Wandel in der deutschen Wirtschaft und Gesellschaft. Die Texte signalisieren: Sei mutiger, entfalte Eigeninitiative, jammere nicht – wie es viele Deutsche nun einmal gern tun.«
Tanja Busch, *Financial Times Deutschland*, Berlin

»Immer auf der Höhe der Zeit.«
Dagmar Deckstein, *Süddeutsche Zeitung*, München

»Wirtschaft im Internet kann sogar spannend sein.«
Die Welt, Berlin

»Eine der ersten Adressen im Netz.«
Wolf Lotter, *brand eins*, Hamburg

Kontakt:
changeX gmbh
Kordonhausgasse 6
85435 Erding
Tel.: 08122 892063 30
Fax: 08122 892063 59
E-Mail: *redaktion@changex.de*
www.changex.de

Abopreise
Halbjahresabo   25 Euro
Jahresabo   48 Euro

Bestellen unter
www.changeX.de/abo.html